구 약
지 혜
문학의
이 해

구약 지혜 문학의 이해

발행 2014년 12월 27일
2쇄 2024년 4월 30일

지은이 이용호
발행인 윤상문
편집인 이은혜, 이대순
디자인 표소영, 박진경
발행처 킹덤북스
등록 제2009-29호(2009년 10월 19일)
주소 경기도 용인시 기흥구 동백동 622-2
문의 전화 031-275-0196 팩스 031-275-0296

ISBN 978-89-94157-80-1 (03230)

킹덤북스 Kingdom Books 킹덤북스(Kingdom Books)는 문서사역을 통해 하나님의 나라를 확장하고, 한국 교회와 세계 교회를 섬기고자 설립된 출판사입니다.

* 이 책은 2014년도 서울신학대학교 교내 연구비 지원에 의한 저서임

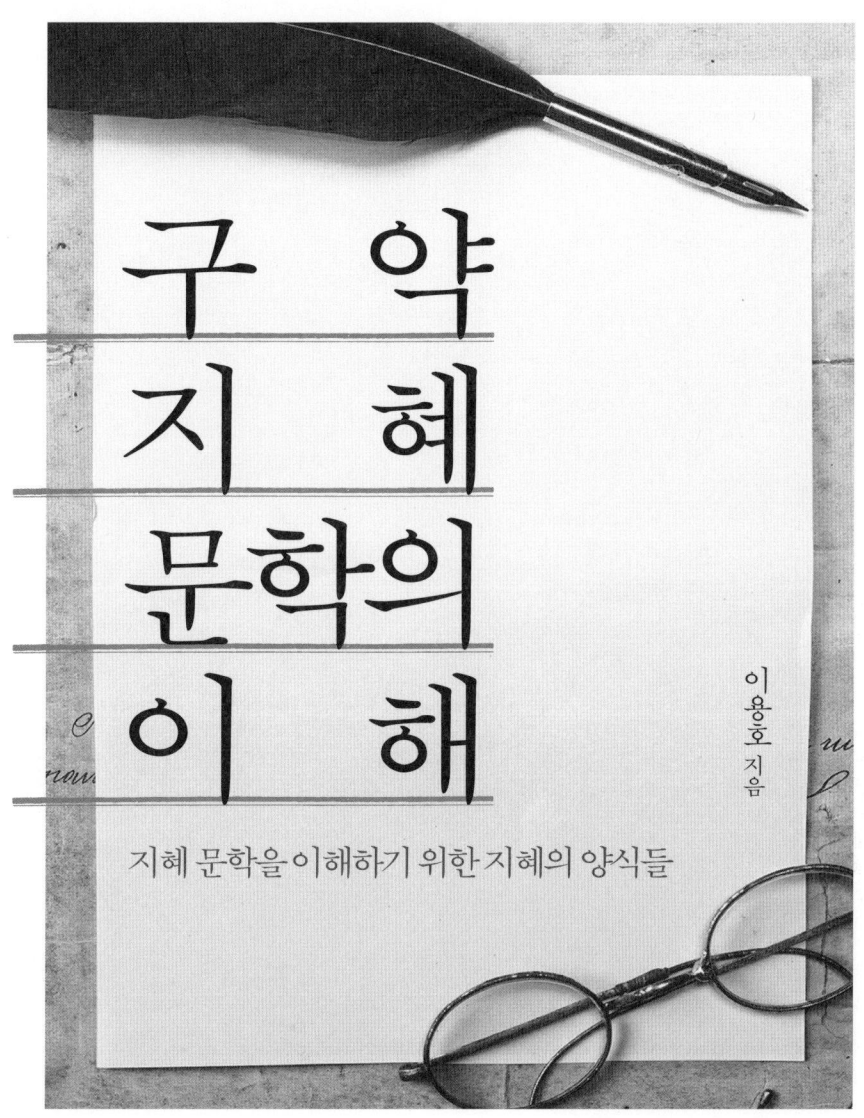

구 약
지 혜
문학의
이 해

이용호 지음

지혜 문학을 이해하기 위한 지혜의 양식들

킹덤북스
Kingdom Books

성서에서 지혜 문학인 잠언, 전도서 그리고 욥기는 구약성서 안에서 자신만의 중요한 자리를 갖고 있음에도 불구하고 여전히 윤리적, 교훈적인 책이라는 한계 속에 갇혀 있다. 그러나 지혜가 윤리와 공통분모를 갖지만 지혜가 윤리를 포함한다는 점에 비추어 볼 때, 우리는 지혜 문학에 독특한 자리를 내어줄 수 있겠다. 1960년대를 거치면서 지혜 문학은 구약성서의 사고와 사상의 중요한 기초를 제공하는 학문으로 연구되었다. 인간 중심의 윤리적 차원으로 여겨졌던 지혜 문학이 구약성서의 신학적 차원으로 주목받기 시작한 것이다. 이러한 지혜 문학에 관한 미세한 자리 변화는 새로운 관점으로 지혜 문학에 대한 연구를 구체화하는데 도움을 주었다.

책을 쓰는 목적은 매우 다양하지만 학생들을 가르치는 선생의 입장에서 강의에 적합한 책을 저술하고 싶은 바람이 이 책을 집필하게 된 가장 큰 이유이자 목적이다. 이 책은 지난 8년간 몇 번의 지혜 문학 강의를 기초로 만들어진 책이다. 따라서 단지 지혜 문학에 대한 지식적 습득에만 국한된 것이 아니라, 지혜 문학의 사고 체계와 사색을 끌어내 지금을 살아가는 학생들과의 경험을 나누었던 실천적인 책이기도 하다.

이 책은 다음과 같이 구성되었다. 첫 단원에서는 지혜 문학 개념을 정리하고, 지혜 문학의 연구사를 통해 다른 구약성서와 지혜 문학의 차이점을 간략하게 살펴보았다. 두 번째 단원에서는 지혜 문학을 이해하기 위한 지혜의 양식들(평행법, 화법, 우화, 경구, 수수께끼 등)을 살펴보았다. 세 번째 단원에서는 잠언, 전도서, 욥기서에 대한 신학적 주제를 개괄적으로 살펴보았다. 이러한 주제들은 단지 지혜 문학에서만 사용되는 주제들이 아니라, 구약성서에서 기초적으로 사용되는 중요한 주제들과 연관된다. 역사를 움직이시는 야훼의 개념이 오경과 역사서의 중심 주제이지만, 그 사상의 틀을 제공한 것은 지혜 문학에서 제시하는 삶의 관찰에서 정립된 것이다. 이에 대한 부분은 마지막 부분인 예언자들과 지혜의 관련성에서 보여준다.

'역사의 주관자 야훼'라는 사상, '행위 – 결과의 관련성'(인과응보), '인간 삶에 관여하시는 하나님의 실체'를 삶의 자리에서 그 이론의 깊이를 제공한 것이 지혜 문학이다. 인간의 한계와 인식의 극복 그리고 잠언 전체의 틀을 세운 야훼의 잠언들을 구약성서 전체와 비교하여 신학적 방향을 유도하였고, 욥기와 전도서 역시 특별한 주제를 가지고 신학적 재조명을 시도하였다.

이 책을 마무리하면서, 지혜 문학에 대해 더 많이 알게 되었고, 더 많은 공부가 필요하다는 생각을 갖게 되었다. 노자의 도덕경에 나오는 '거거거 중지(去去去 中知), 행행행 리각(行行行 裏覺)'이라는 말이 새록새록 나의 마음을 두드린다. "가고 가고 가다 보면 그 와중에 알게 되고, 행하고 행하고 행하다 보면 나의 내부에서 깨닫게 된다." 한 분야를 알기 위해서 가다보면 그 분야에서 더 깊은 깨달음을 얻게 되고, 그 깨달은 바를 행하다 보면 하나님이 나에게 원하시는 바를 마음 깊이 깨닫게 되지 않을까? 우리는 하나님과의 관계 안에서 그리고 하나님의 형상으로 지음받은 인간과의 관계 안에서 이 깨달은 바를 행하면서 살아가게 될 것을 고대하며 잠시 행복과 기쁨을 누린다.

마지막으로 이 책이 나오기까지 여러 돕는 손길에 감사하고 싶다. 먼저 4년 동안 서울신학대학교 고전어 발전을 위해 애쓴 나의 제자들인 히브리어 튜터들에게 이 책을 바치고 싶다. 어려운 환경에서도 자신들의 시간을 내어 후배들을 돕고자 했던 그 마음에 감사를 전한다. 그리고 이 책을 꼼꼼하게 읽어가면서 조언과 상의 그리고 수정을 해준 정소영 전도사와 박현정 전도사에게도 감사한 마음을 전하고 싶다. 그리고 책의 출판을 위해 애써준 전석재 박사와 항상 어려운 상황에서도 가정의 따스함을 만들어 가는 아내와 아이들에게도 감사를 전한다. 특별히 이 책의 출판을 기꺼이 허락해 주신 킹덤북스(Kingdom Books) 대표 윤상문 목사님께도 깊은 감사를 전한다.

저자 이용호

목 차

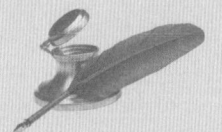

들어가는 말

성서를 읽는 대부분의 사람들은 성서를 계시의 책으로 이해한다. 성서는 한편으로는 하나님이 말씀하시고, 다른 한편으로는 우리가 그것을 경청하고 마음으로 받아서 믿음의 근원을 이룬다. 그리고 삶 속에서 하나님을 선택할 수 있는 가부의 결정권을 인간 스스로 소유한 것이 아니라 반드시 하나님이 선택해야만 한다고 말하는 것이 구약성서이다. 우리는 구약성서의 하나님을 언제나 두렵고 엄격한 하나님으로 생각한다.

그러나 이러한 생각을 멈추게 하는 부분이 있다. 하나님의 목소리가 작아지고, 인간의 소리가 커지는 곳, 그곳이 바로 시편과 지혜 문학이다. 과연 구약성서는 하나님에 대한 말씀과 계시의 목소리가 작아지는 그곳에서 무슨 말을 하고 있을까? 먼저는 인간의 기쁨과 슬픔 그리고 인간의 고뇌를 말하고 있는 곳이라고 할 수 있다. 시편은 전적으로 하나님의 목소리가 아니라, 인간이 하나님께 드리는 기도이다. 그 때문에 시편에는 인간의 삶의 여러 정황 속에서 얽혀지는 하나님과의 또는 사람들 사이의 관계가 녹아 있다. 하나님에게 버림받았다고 느끼는 인간의 절망(시 22:1)이 그대로 묻어나는 것이 바로 시편이다. 또한 그 절망에서 벗어났을 때, 인간에게서는 느낄 수 없는 신의 사랑을 극대화하여 느낄 수 있는 것이 시편이다(시 77:13-15).

또 한 가지의 색다른 분야가 바로 이 책에서 말하려 하는 지혜 문학이다. 성서에는 잠언, 전도서 그리고 욥기로 알려진 책이다. 많은 사람들이 이 책을 읽으면서 무슨 생각을 할까? 아마도 잠언은 극도의 윤리적인 책으로, 전도서는 구약성서에서 찾아 볼 수 없는 허무주의를 제시하는 책으로, 그리고 욥기는 의인의 고난과 극복을 다룬 책으로 생각할 수도 있다. 그러나 이 책들을 조금만 세심하게 접근하면, 고대인들도 역시 현재 우리가 갖고 있는 고민과 경험들을 동일하게 경험하고 있었다는 것을 알게 될 것이다.

현대인들의 관심은 대부분 "어떻게 하면 사람은 자신의 사회에서 성공할 수 있을까?" 또한 "이 세상에서 가장 사람답게 사는 것이 무엇일까?" "사람이 정직하게 살면 하나님으로부터 복을 받는가(물론 믿는 사람에 한에서 말이다)?" 반대로 "복을 받지 못할 때 과연 인간은 누구를 원망해야 하는가?" "하나님(신은)은 과연 우리의 삶에 얼마만큼 관여하고 계실까?" "인간의 계획과 하나님의 계획이 다르다면 인간은 어떻게 처신을 해야 하는가?" "볼 수도 없고 만질 수도 없고, 들을 수도 없는 하나님의 목소리를 어떻게 듣고 분별할 수 있는가?" "우리를 향한 하나님의 계획이 있다고 하는데 어떻게 알 수 있는가?" "한 치 앞도 못 보는 한계를 갖고 있는 인간이 자신이 걸어가야 할 길을 어떻게 알 수 있을까?" "모든 것이 상대적인 것으로 간주되는 세상에서 절대적인 가치가 과연 존재하는가?" 하는 등등. 그런데 이러한 관심은 현대에 와서 갑자기 생긴 것이 아니라, 이미 고대인들도 고민하였다. 그리고 고대인들의 고민과 해결하고자 하는 방법이 오늘날 보다 더 올바르다고 생각한다.

사실상 이스라엘의 지혜는 얼마 전까지만 해도 구약성서에서 하나님의 말씀과 행위와는 조금은 동떨어진 것이라고 생각했기에 다른 책들보다는 가볍게 취급되었던 것도 사실이다. 또한 믿는 사람이든 믿지 않는 사람이든, 지혜를 세계 어디서나 공통적으로 나타나는 현상으로 취급하였기 때문에 종교성이 강한 다른 책보다 지혜 문학을 더욱더 경시하였다. 이스라엘의 위치는 이집트와 메소포타미아를 연결하는 통로로서 자리 잡고 있기 때문에 고대의 거대한 문물과 사상을 쉽게 접할 수 있다는 장점이 있었다. 그래서 이스라엘의 지혜 문학 연구는 거의 고대 근동의 지혜 사상에서 빌려온 것이라고 생각하고 출발하였다.[1] 이러한 생각은 거의 1970년까지 지속되었다.[2] 물론 1930년대부터 이러한 고대 근동의 영향의 연관에서 벗어나려는 노력과 이스라엘 지혜의 독특성을 찾으려는 노력이 있었다.[3] 이러한 노력은 1970년대부터 강력하게 주장되었으며[4] 그러한 주장은 이스라엘 지혜 문학의 거대한 발전을 가져왔다.

---

1   이와 같은 견해의 대표적인 학자들은 다음과 같다: H. Gunkel, Ägyptische Parallelen zum Alten Testament, in: ZDMG 63 (1909), 531-539; A. Erman, Die Literatur der Ägypter, Leipzig 1923; H. Gressmann, Die neugefundene Lehre des Amen-em-ope und die vorexilische Spruchdichtung Israels, in: ZAW 42 (1924), 272-296; J. Fichtner, Die altorientalische Weisheit in ihrer israelitisch-jüdischen Ausprägung, Eine Studie zur Nationalisierung der Weisheit in Israel, BZAW 62, Gie en,1933 등등.

2   1960년대에 지혜 문학은 거의 고대 근동의 유사성과 고대 근동의 문학의 복사판이라는 연구에서 벗어나지 못하였다. 여기에 해당하는 학자들은 다음과 같다: H. Gese, Lehre und Wirklichkeit in der alten Weisheit. Studien zu den Sprüchen Salomos und zu dem Buche Hiob, Tübingen 1958; H. H. Schmid, Wesen und Geschichte der Weisheit. Eine Untersuchung zur altorientalischen und israelitischen Weisheitsliteratur, BZAW 101, Berlin, 1966; U. Skladny, Die ältesten Spruchsammlungen in Israel, Göttingen 1962; H.-J. Hermisson, Studien zur Israelitischen Spruchweisheit, WMANT28, Neukirchen-Vluyn, 1968; G. von Rad, Weisheit in Israel, Neukirchen-Vluyn ³1985; C. B. Kayatz, Studien zu Proverbien 1-9, Neukirchen-Vluyn, 1966; C. Bauer-Kayatz, Einführung in die alttestamentliche Weisheit, BSt 55, Neukirchen-Vluyn, 1969 등등

3   O. Eissfeldt, Der Maschal im Alten Testament. Eine wortgeschichtliche Untersuchung nebst einer literargeschichtlichen Untersuchung der den genannten Gattungen »Volkssprichwort« und »Spottlied«, BZAW 24, Giessen, 1913; A. Jolles, Einfache Formen. Legende - Sage - Mythe - Rätsel - Spruch - Kasus - Memorabile - Märchen - Witz, Halle 1930, Tübingen ⁶1982; Bultmann, R., Die Geschichte der synoptischen Tradition, FRLANT 12, Göttingen, ⁹1979, 73-113.

4   이와 관련하여 'I. 5. 지혜 문학 연구사'를 참조하라.

현재는 구약성서의 지혜 문학이 고대 근동의 산물이라는 범위를 넘어서 이스라엘 정신사뿐만 아니라, 세계 기독교 정신의 중요한 주제들의 배경을 이루는 정신사를 만들었다고 생각한다. 오경의 법에 근거한 이스라엘의 사상을 이해하기 위하여[5] 이스라엘 지혜를 알아야 한다. 예언자들의 정신 세계와 그들이 행하는 비판 정신을 이해하기 위하여[6] 이스라엘 지혜를 알아야 한다. 그만큼 지혜는 이스라엘의 사회 사상 및 그 속에 녹아 있는 신앙과 믿음을 형성하는 밑바탕이다. 또 이스라엘이 고대 근동에서 수용하고 나아가 자신들의 사상으로 재창조한 것이다. 이 세상을 주관하시고, 세상의 역사를 움직이시는 분은 야훼시다. 그러나 고대인과 더불어 현대인들은 그러한 사상 체계를 어떻게 인식할 수 있는가?

"사람의 마음에 많은 계획이 있어도,
성취되는 것은 오직 주님의 계획뿐이다."(잠 19:21)

이 단순한 잠언의 말은 '야훼가 역사의 주관자'라는 것이다. 이스라엘 주변 나라의 사람들이 역사를 움직이는 것은 인간이며, 신은 단지 멀리 있다고 생각하고 있을 때, 즉, 세상의 모든 역사가 신 중심이 아니라, 오히려 인간 중심이라고(고대에는 왕) 생각하고 있을 때, 이스라엘의 지혜는 당당하게 세상을 움직이는 분은 야훼라고 선언하였다. 그리고 그 현상에 맞추어서 자신들의 정신사적 사상을 발전시켜 갔다.

그러나 우리는 그동안 불행하게도 지혜 문학을 오경과 예언서 그리고 성문서의 시편보다 그 질적인 면의 가치를 낮게 취급해 왔다. 그래서 아직 우리의 현실은 지혜 문학을 이해하기 위한 기초적인 지침서를 가지고 있

---

5   Gerstenberger, E., Wesen und Herkunft des »apodiktischen Rechts«, WMANT 20, Neukirchen-Vluyn, 1965.

6   H. W. Wolff, Amos' geistige Heimat, WMANT 18, Neukirchen-Vluyn, 1964 등등.

지 않다. 그 때문에 이 책은 교과서처럼 만들려고 노력하였다. 이 책은 세 단위로 나누어져 있다. 첫째, 지혜 문학 이해를 위한 기초 단계이다, 여기서는 지혜 문학을 이해하기 위한 여러 가지 기초적인 개념과 연구사를 다루었다. 둘째, 지혜 문학을 이해하기 위한 두 번째 단계로서 주로 지혜 문학에 나타난 양식과 어떻게 지혜 문학을 읽어야 하는가 하는 방법을 제안하였다. 셋째, 잠언, 전도서와 욥기를 개론적으로 다루면서 그 책들에서 나타난 기초적인 주제들을 서술하였다. 이 주제의 서술은 전체적인 이스라엘 지혜를 이해하는데 도움이 될 것이다. 마지막으로 지혜는 자체적으로도 매력이 있지만, 그것이 가지는 영향력에도 매력이 있다. 구약성서 전체에 걸쳐서 지혜의 영향이 감지되지만, 무엇보다도 흥미 있는 것은 '예언서'이다. 그 중에서도 문서 예언서부터 예루살렘 멸망 전까지 예언자인 그들이 사용했던 말과 그 세대를 진단할 수 있었던 능력이 지혜로부터 왔다는 사실이다. 그래서 마지막 장에서 예언자와 지혜 문학의 관련성을 진술하였다.

PART 01

지혜 문학을 이해하기 위한 기초 단계

1. 색다른 목소리로서 지혜 문학

성서에서 말하는 지혜 문학을 어떻게 해야 잘 이해할 수 있을까? 일반적으로 성서에서 지혜 문학은 잠언·전도서·욥기이다. 이 책들은 이스라엘이 주전 10세기부터 주전 3세기까지 이스라엘에서 일어나는 삶의 행위에 대한 규칙을 기록한 책들이다. 이 책들의 특징은 '성서는 전적으로 하나님의 말씀과 그의 행위만 기록된 책'이라는 고정된 틀을 깨뜨린다. 그리고 우리로 하여금 새로운 사상의 틀로 안내한다.

지혜 문학의 책들은 오경의 책들과 같이 하나님이 인간에게 내려준 계시의 책이 아니다. 토라(Torah)라고 불리는 책들에서 하나님은 직접 인간에게 나타나셔서 자신의 말씀을 전하며, 교훈과 훈계로 인간이 지켜야 할 절대적인 진리를 말씀하신다. 그런 의미에서 모든 계명을 요약하고 있는 십계명의 첫 번째 계명은 다음과 같이 말한다:

"너는 나 이외에 다른 신을 네게 두지 말라."(출 20:3)

마땅히 해야만 하는 규례와 규범들은 반드시 절대적인 법으로 지켜야 하며, 인간은 그 법의 테두리에서 살아가야만 한다. 그 때문에 그 속에는 무조건적으로 지켜야 하는, 절대적인 말씀이 들어있다. 그러나 지혜 문학에서는 규례와 규범과 같은 절대적인 법들은 뒤로 물러난다. 인간의 삶에서 발생되는 다양한 상황 속에서 올바른 길을 추구하기 때문에 그 안에서 절대적인 선과 절대적인 악의 구별이 확실하지 않다. 오직 반복되는 삶의 경험에서 얻은 규칙을 통해 자신이 가진 경험의 정당성이 자신의 가는 길에 도움을 주는 것으로 제시된다.

또한 지혜 문학은 예언서처럼 미래의 일을 고지하지 않으며, 자신의 시대를 살아가는 사람들에게 하나님의 심판을 선언하는 말씀도 없다. 특히 자신의 시대에 하나님을 버린, 또는 하나님을 떠난 사람들에게 멸망을 선언하거나 그들의 파멸을 외치지도 않는다.

"아모스야 네가 무엇을 보느냐!
내가 가로되 여름 실과 한 광주리니이다 하매,
여호와께서 내게 이르시되
내 백성 이스라엘의 끝이 이르렀은즉
내가 다시는 저를 용서치 아니하리니!"(암 8:2)

게다가 가장 독특한 점은 그동안 오경(토라), 예언서(네비임) 그리고 성문서(케투빔)¹에서 보여주는 신 명칭이 지혜 문학에서는 감소된다는 것이다.

---

1   성문서는 히브리 성서 구조를 제시한 것으로, 70인역 구조를 통한 현재 우리 성서 구조와는 다르다. 히브리 성서는 토라(창세기, 출애굽기, 레위기, 민수기, 신명기), 네비임: 예언자들(전기 예언자와 후기 예언자) 그리고 케투빔(성문서)으로 구성되어 있다. W.H. Schmidt, 『구약성서입문』,

신명칭	전체	잠언	욥기	전도서
יהוה(야훼)	5790	87	23	
אלהים(엘로힘)	2247	17	5	36

성서 전체에서 야훼라는 신명칭은 5,790번이 발생한다. 그런데 지혜 문학에는 신 명칭의 빈도수가 낮아지는데 잠언과 욥기에서는 110번, 그리고 전도서에는 아예 나타나지 않는다. 또한 엘로힘이라는 신 명칭은 잠언, 욥기, 전도서를 통틀어서 58번만 나타난다. 이러한 통계는 지혜 문학이 성서의 다른 책들과 다르다는 것을 제시한다. 즉, 지혜 문학을 제외한 성서의 책들은 하나님이 주인공이다. 그러나 지혜 문학에서는 하나님이 주인공이 아니다. 하나님이 사건의 전면에 서 있는 것이 아니라, 오히려 뒤로 물러나 있고 대화의 주제들마저도 인간 중심으로 바뀌어 있다.

"맑은 눈은 마음을 기쁘게 하며,
좋은 소식은 뼈의 원기를 회복한다."(잠 15:30)

"유순한 대답은 진노를 멈추게 한다.
그러나 자존심을 상하게 하는 말은 화를 일깨운다." (잠 15:1; 비교
15:13; 16:24 등)

하나님을 바라보기보다는 지금 나에게 말하고 있는 사람을 바라보도록 한다. 그리고 사람에게 임한 다양한 정황들에 대해서 사색하도록 이끈다.
성서에서 지혜 문학은 모세 오경과 예언서를 통해 하나님에게만 향하던 나의 생각을 인간의 삶과 생활 속에서 일어나는 일로 향하게 한다. 물론

차준희외 1 역, 기독교서회, 2007, 26.

지혜 문학이 하나님 중심에서 완전히 벗어났다고 말할 수 없다. 기본적으로 지혜 문학의 지혜자들 역시 하나님의 전능성을 인정한다.

> "무릇 하나님의 행하시는 모든 것은 영원히 있을 것이다.
> 그 위에 더 할 수도 없고 덜 할 수도 없나니
> 하나님이 이같이 행하심은 사람으로
> 그 앞에서 경외하게 하려 하심인 줄을 내가 알았도다." (전 3:14)

그러나 지혜자는 하나님의 전능성과는 별개로 그들이 살고 있는 세상 가운데 삶의 모순이 있으며 이해할 수 없는 사회적 현상들에 대해 깨우치려고 시도한다. 예를 들어, 하나님이 계시는데 선한 자가 왜 고난을 받는가에 대한 깨우침이다. 그리고 그 깨우침을 가지고 신과 인간, 인간과 인간 그리고 인간과 자연과의 관계성을 세워나가려 한다. 그러므로 지혜는 언제나 자신의 책을 읽는 이에게 대화하기를 원한다.

> "내 아들아! 그들과 함께 길에 다니지 말라.
> 네 발을 금하여 그 길을 밟지 말라." (잠 1:15)

현재 자신의 사고의식을 다양하게 적용하라고 하며, 현재 어디에 서 있는가를 점검하도록 계속적으로 요구한다.

2. 지혜와 지성의 관련성

　인간은 항상 자신이 알고 있는 지식이 전부라고는 생각해선 안 된다. 인간은 자신이 살아가는 생활에서 지혜적인 사고보다는 지성의 힘을 우위로 두고 판단하고 믿고 따르는 일이 더 많다. 바로 여기에 고대인들과 현대인들의 생각의 차이점이 있다. 아마도 현대인들의 사고보다 고대인들의 사고가 더 지혜롭다라고 해야 할 것이다. 지혜와 지성은 원래 같은 곳에서 나왔으며, 고대인들의 마음에 서로 뒤엉켜 있던 것이 시간이 흐르면서 두 개의 특별한 영역으로 나누어진 것이다. 서구의 계몽주의의 영향으로 지혜로운 자와 지식 있는 자를 구별하기 시작하였다. 고대인들은 지혜가 단순히 이성의 습득을 통하여 얻는 지식만이 아니라 인간의 마음에서 출발하며 모든 인간의 감각과 경험이 축적된 것으로 여겼다. 따라서 고대인들은 이 지혜를 실생활 속에서 적용했고, 그 안에서 올바른 길을 판단하려고 하였다. 반면에 현대인들은 지혜로운 사람을 인간의 삶에 관련된 분야로 한정지으며, 지성을 가진 지식인은 인간을 가르치고, 지배하는 사람으로 인식되었다. 분명한 것은 사람들 사이에서 경험으로 만들어진 지혜는 더 이상 지식이라는 이름으로 취급되지 않았다.[2] 그 결과 현대인들은 지혜를 인간의 지식 안에 가두었다. 현대인들은 많이 알고 있는 사람, 즉, 이성의 습득을 통하여 많이 알고 있는 사람을 '지혜자' 또는 '가르치는 자'로 생각한다. 그러나 고대인들은 지혜자는 많이 알고 있는 자뿐만 아니라, 또한 알고 있는 것을 올바르게 실천하는 자라고 생각하였다.

　현대인들이나 고대인들이나 '지혜'는 사색과 인간의 깨우침과 관련이 있다는 생각은 동일하다. 그렇지만 고대인과 현대인에게 있어서 지혜의 기본적인 접근은 분명히 다르다. 현대인들은 지식이 물질을 이해하고 만

2　L. Lux, 『이스라엘의 지혜』, 구자용 역, 한국학술정보, 2012, 22-23.

물의 움직임을 깨우치는 동력이라고 생각한다. 곧 지식은 인간에게 주는 물질문명을 만드는 힘으로써 이해한다. 그러나 고대인들은 이 두 가지를 분리하여 생각하지 않는다. 예를 들어, 현대인들은 행복해지기 위하여 반드시 인간이 체계적으로 마련한 지식을 가져야 한다고 생각할 뿐 아니라 그 체계적 지식이 인간에게 부와 안락함을 가져다 줄 수 있다고 생각한다. 반면에 고대인들은 인간의 행복을 위해서 지식이 아닌 지혜로운 마음을 가져야 한다고 생각한다. 현대인들에게 지식(지혜)은 물질을 만드는 힘으로 생각한다. 그 때문에 인간은 자신의 이익을 얻기 위한 사회 구조 속에서 부속품으로 전락하였다. 더 이상 인간미가 흐르는 따뜻한 사람이 아니라, 서로를 이용하는 기계로 전락하게 된다. 반면에 고대인들의 지혜는 지혜와 지식을 구별하지 않는다. 지식이 지혜보다 앞서지 않기 때문에 누가 누구를 지배하고, 통제하는 것보다는 '인간의 마음'이 우선이며, 서로가 서로를 어떻게 배려하고, 살펴 줄 수 있는가에 집중한다.

또한 현대인들은 지혜와 지식을 동일시하기 때문에, 현대의 문화가 아닌 오히려 문명과 관련을 갖는다. 문명 안에서 인간은 더 편리하고 잘 사는 것 같지만 오히려 행복보다는 위기를 더 많이 경험한다. 왜냐하면 문명을 통한 과학과 물질이 인간의 삶을 기계화하고 획일화하며, 남을 배려하는 사회가 아니라, 남을 이용하는 사회를 만들기 때문이다. 이처럼 지식만을 추구한 결과 현대의 물질문명은 과정을 무시하며 결과중심주의로 인간을 이끌었다. 예를 들어, '개 같이 벌어서 정승과 같이 써라'라는 격언이 있다. 이 의미는 어떻게 돈을 벌든지 상관없다. 즉, 과정은 필요 없다. 살인을 해서 돈을 벌든, 사기를 쳐서 돈을 벌든 아무런 상관이 없다. 단지 그 번 돈을 가지고 남을 살리는 일에 사용한다면, 그 사람은 천사가 되는 세상이 현대의 모습이다.

고대인에게 있어서 결과는 물질을 모으기 위해 노력하는 과정보다 덜 중요한 것이었다. 그러므로 사색과 깨우침을 통해 지성인이 되기 위한 노력을 하는 현대인들은 마음의 성숙을 위해 고대인들이 가르쳐주는 지혜로운 생각을 배워야 한다. 현대인들은 지식이 인간을 지배하는 힘이라고 생각한다. 그러나 과연 현대인들이 물질에 지배당하지 않고 물질을 자신에게 맞게 활용하고 행복해 하고 있는가 하는 물음에는 선뜻 '그렇다'라고 답을 하지 못한다. 마음이 물질을 끌고 가야 하는데, 우리 사회는 물질이 마음을 끌고 가는 사회가 되었다.

왜 이러한 생각의 차이가 나는가? 그것은 고대인들과 현대인들이 사용한 언어적 메타포가 다르기 때문이다. 다음에 제시한 문장을 살펴보자:

"나는 꽃과 같이 아름다운 당신을 사랑합니다."

이 문장에서 고대인들과 현대인들은 비유로 드러난 대상에 대해 동일한 관점을 가지고 있다. 즉, 아름다운 꽃과 상대방(당신)을 동일한 존재로 생각한다는 것이다. 그러나 중요한 것은 고대인들과 현대인들이 한 인간과 사물 중 어디에 초점을 맞추고 있는지가 다르다는 점이다. 현대인들에게 아름다운 꽃은 단지 사물이며, 영어의 3인칭 단수인 'it'이다. 현대인들은 '아름다운 꽃'과 '아름다운 당신'에서 전자를 강조하고, 사물과 아름다운 당신을 동일시한다. 이때 '아름다운 당신'에서 '당신'(you)은 'it'로 변하게 된다. 즉, '아름다운 당신'은 물건으로 취급되는데 여기에서 현대인들은 인간을 'it'로 보는 습관적인 행위를 찾아 볼 수 있다. 나 이외에 모든 것은 'it'로 보는 습관적인 생각이 현대인들에게 만연해 있다. 이처럼 인간을 물건 또는 사물로 보는 것이 계속된다면 미래의 인간상은 서로를 연민 없이 죽고 죽이고, 각자 자신의 필요에 따라 이용하고 이용당하는 사회가 될 것이다. 그러나 고대인들의 관점은 후자에 강조점을 두어 '아름다운 당신'을 '아름다운 꽃'과 동일시한다. 그 때문에 아름다운 꽃은 인격체가 된다. 고대인들에게 '아름다운 꽃'은 단지 의미 없는 'it'이 아니라, 자신이 좋아하는 대상과 동일한 '당신(you)'이라는 인격체이다. 그래서 내 앞에 아름다운 여인은 항상 고대인에게는 인격체로서 존재하게 된다. 고대인들이 우리에게 전해준 지혜는 바로 이것이다. 내 곁에 있는 사람은 나의 이용물이 아니라, 오히려 함께 가야 하는 사람들이며, 그들도 한 분이신 하나님이 창조하신 나와 동일한 인격체라는 것이다. 이러한 인식을 통해 사람을 사람답게 깨우치게 하는 능력을 갖게 하는 것이 바로 고대의 지혜이다.

3. 지혜의 개념 이해(1)

성서에서 제시하는 지혜 개념은 일반적으로 학습에 의하여 습득된 지식만을 말하지 않는다. 특히 성서에서 이스라엘 지혜라고 하는 것은 인간이 가지는 영적인 움직임과 활동을 포함한다. 그 때문에 성서에서 말하는 지혜의 개념은 세상에서 말하는 지혜와 구별되는 것이 아니라, 오히려 세상의 지혜를 포함한다. 성서에서 습관적으로 말하는 '지혜'는 삶에서 올바른 길을 찾으려는 노력이다. 그러므로 지혜를 말하고 가르치는 지혜자는 항상 세상에서 일어나는 모든 일들을 자신과 인간들의 관련성에서 생각한다. 즉, 세상에서 발생하는 일들의 반복되는 경험들을 관찰하고 거기에서 규칙을 찾아내려고 노력한다.[3]

예언서들은 계시의 관점에서, 미래를 제시하고자 하는 의지를 가지고 하나님의 말씀을 말한다. 그러나 지혜 문학은 항상 단어 자체의 의미나 그 단어가 문맥에서 어떤 의미로 사용되었는가를 사색할 때 그 말씀의 의미

---

3   W. H. Schmidt, Vielfalt und Einheit alttestamentlichen Glaubens, Bd.II, in: "Wie kann der Mensch seinen Weg verstehen?" Weisheitliche Lebenserfahrung - ein Gespräch mit H.D. Preuss, Neukirchen-Vluyn, 1995, 287.

를 깨달을 수 있다. 그 때문에 성서에서 말하는 이스라엘 지혜의 개념을 이해하기 위한 가장 좋은 방법은 핵심 단어의 의미를 파악하는 것이다. 이스라엘 지혜 문학에서 가장 중심이 되는 단어는 חכם(하캄: 지혜로운)이다.[4] 하캄은 아래 도표에서 보듯이 구약성서에서 318번이 나온다. 그 중에서 102번이 잠언에서 나온다. 특히 지혜 문학을 대표하는 책인 잠언, 전도서 그리고 욥기를 합하면 전체 318번 중 183번으로 전체의 3분의 2에 해당하는 분포이다. 이것은 이 단어가 '지혜'의 개념을 이해하는데 중심이 되는 전문적인 용어라는 것을 의미한다. 또한 이 단어의 뜻은 하나의 의미만이 아니라, 다중의 의미를 지니고 있다. 전통적으로 חכם(하캄 : 지혜로운)은 '지혜롭게 된다'(weise sein), 명사는 '지혜자'(Weiser) 또는 추상명사인 '지혜'(Weisheit)를 의미한다.[5] 그러므로 이 단어는 사용 기능에 따라서 4가지로 분류할 수 있다:

	동사	형용사	명사	명사	전체
창	-	3	-		3
출	1	9	8	-	18
신	1	5	2	-	8
삿		1			1
삼하	-	4	2	-	6
왕상	1	3	17		21
사	-	9	5		14
렘	-	11	6	-	17
겔	-	3	5		8
호	-	2	-	-	2

---

4 동사의 경우 19번은 칼(Qal)이다. 그 중에서 잠언에 12번 나탄나다. 3번은 피엘(Piel)이며, 2번은 푸알(Pual), 2번은 히트파엘(Hithpael) 그리고 1번은 히필(Hifil)동사로 나타난다. 옆에 도표는 M. Saebe, חכם, THAT I, 1976, 558에서 인용한 것임; חכם은 지혜로운(하캄: 형용사) 또는 지혜자(하캄: 명사화), חכמה은 지혜(호크마: 지혜), חכמות는 지혜(호크모트)라고 번역한다.

5 H.-J. Hermisson, Studien, WMANT 28(1968), 11-12.

욥	–	1	–	–	1
슥	1	–	–	–	1
시	4	2	6	1	13
욥	2	8	18	–	28
잠	13	47	39	3	102
전	4	21	28	–	53
에	–	2	–	–	2
단	–	–	3	–	3
대상	–	1	1	–	2
대하	–	6	9	–	15
전체	27	138	149	4	318

1) 어떤 것을 잘 이해하고 만드는 기술과 예능을 의미한다.

> "오십부장과 귀인과 모사와
> 공교한 장인(하캄 חכם)과 능란한 요술자를 그리하실 것이다." (사 3:3)

이것은 주로 장인들을 지칭한다. 특히 이를 연구한 J. 마인홀드(J. Meinhold)에 의하면 기술과 예능(출 28:3-5; 35:10; 왕상 7:14; 시 40:20; 렘 10:9), 직물(출 35:25), 대장장이(렘 10:9), 곡하는 전문가(렘 9:16) 그리고 주술사(창 41:8; 왕상 5:10-12; 사 44:25)들이 이에 해당한다.

2) 궁중에서 왕을 보좌하고 자문하며, 국가를 지배하는 기술을 말한다.

> "그러므로 내가 이 백성 중에 기이한 일
> 곧 기이하고 가장 기이한 일을 다시 행하리니
> 그들 중의 지혜자의 지혜가 없어지고
> 명철자의 총명이 가려지리라." (사 29:14; 비교 삼하 20:22; 사 47:10; 렘

49:7 등등)

이사야에서 사용한 지혜자의 용어는 현자와 교사로서 지혜자가 아닌, 국가를 잘 운영할 수 있는 능력을 말한다. 특히 이 자문과 국가 운명 기술은 신명기 사가에서 몇 명의 인물에게 부여된다. 여호수아(신 34:9) 또는 다윗(삼하 14:20)에게 지혜자의 용어를 사용하며, 그 외에 대부분의 단어는 솔로몬(왕상 2:6; 3:28; 5:9-10 등등)에게 집중되어 있다.

3) 인간 삶의 경험을 제시하는 곳에서 사용한다.

"무릇 지혜로운 여인은 그 집을 세우되
미련한 여인은 자기 손으로 그것을 허문다." (잠 14:1)

4) 남을 가르치거나 또는 교육 목표의 지향점에서 교육하는 지혜자와 경험과 지식으로 학교의 초년생에게 지식을 넣어주거나 교육하는 지혜자로서 사용된다. 이때 지혜자는 한 신분의 대표자보다 단순하게 어리석은 자, 초심자 또는 아직 다듬어지지 않은 사람과 대치되는 경륜이 깊은 사람들을 의미한다.

"미련한 자는 교만하여 입으로 매를 자청하고
지혜로운 자는 입술로 스스로 보전하느니라." (잠 14:3)[6]

이 경우 하캄은 어리석은 자와 미련한 자들과 대조하여 사용되며, 여기서 하캄, 곧 지혜는 인생의 문제를 극복하게 하는, 타인에게 상담을 통하여

---

6   참조, 잠 14:24; 15:2, 7; 21:20; 29:11.

자신의 경험을 전달해 주는 사람을 의미한다.

그 외에 지혜의 기술적인 기능을 다양하게 나누면 다음과 같다: 자연지
혜(왕상 5:12), 사법 지혜(왕상 3:16-28), 정치 지혜(삼하 16), 생활 지혜(잠
22:17), 지파 지혜(렘 35:6-7), 궁중 지혜(잠 22:17-23:14), 예능 지혜(잠
30:15-33) 그리고 신학적 지혜 등등이다.[7]

4. 지혜의 개념 이해(2)

다음은 학자들이 지혜의 개념에 대해 주장한 것을 정리한 것이다.

1) G. 폰 라드(G. von Rad)[8]: 이스라엘의 지혜적인 생각은 이스라엘을
위하여 대부분 일반적인 인간들이 살아가는 경험으로 나타난다. 지혜는
인간을 전체적인 삶과 함께 관여하게 하며, 모든 삶의 영역에 관계한다. 지
혜는 삶을 지배하는 모든 영역에서 범위를 가지며, 자신의 삶의 혼란을 스
스로 극복하는 기술이다. 그러므로 지혜는 자기가 깊은 절망 속에 빠졌을
때, 그것에서 극복할 수 있는 힘을 제공한다.

2) H. H. 쉬미드(H. H. Schmid)[9]: 지혜는 거의 세상의 규칙과 질서가 있
다는 것을 인식하게 하기 위하여 사람들에게 교육시킨다. 그리고 세상의
질서와 정돈을 유지하게 하기 위하여 활동한다. 그 때문에 인간은 지혜를
통하여(구두적 또는 문자적) 자신이 표현하는 수고, 알려진 경험 그리고 사
건을 포함한 모든 것을 표현하며 정리한다. 그러므로 지혜는 경험이 아니

---

7   구덕관,『지혜와 율법』, 대한기독교출판사, ⁵1996, 23-24.

8   G. 폰 라드,『구약성서 신학 III』, 허혁 역, 분도출판사, 1984, 24.

9   H. H. Schmid, Wesen and Geschichte, BZAW 101, 1996, 144-145.

라, 습득을 통해서 자기의 삶을 아주 잘 정돈시키게 하는 기술이다. 그 때문에 지식의 습득이 없는, 배우지 못한 사람은 지혜가 없다.

3) J. L. 크렌쇼우(J. L. Crenshaw)[10]: 지혜는 사물, 인간 그리고 창조주가 있다는 것을 인식하게 한다. 그 다음에 사물, 인간과 창조주 서로 관계를 이해하게 하기 위해 추구한다.

4) H. D. 프로우스(Horst Dietrich Preuss)[11]: 지혜는 구체적인 삶의 요구에 근거하여 사색하게 하는, 그리고 그 때문에 능숙하게 자신이 경험한 삶을 객관적인 관계로서 표현하는 기술이다.

5) R. N. 와이브레이(R. N. Whybray)[12]: 잠언, 욥기, 그리고 전도서들은 한정된 진리가 아니며, 과거에서부터 지금까지만이 아니라 미래에도 계속 진행되는 인간의 삶의 문제를 지적(知的)으로 파악하게 하는 고유한 지적 전승이다. 이스라엘 지혜자의 주제들은 습관적이며 개인의 일상적인 생활의 문제이다. 그들의 일상적인 삶과 그들 자신이 속한 공동체에서 서로의 관계를 죽음에서 생명으로 인도한다. 또한 그들의 사색을 통하여 그들의 자녀 및 자손의 일들을 포함한 각자 개인적인 운명의 정당성과 불의를 알게 한다.

6) W. H. 쉬미트(W. H. Schmidt)[13]: 지혜는 일반적으로 '삶에 대한 가르침'(Lebenslehren)이라고 부른다. 이러한 표현은 지혜 문학의 동기와 주요 내용을 잘 표현해 주고 있다. 지혜자는 -이웃에게 대한 행동뿐만 아니라 세상 속에서의 행동까지도 포함한- 인간의 행동과 그 결과들에 대해 반

---

10 J. L. Crenshaw, Method in Determining Wisdom Inflünce upon "Historical" Literature, JBL88, 1969, 129-142, 특히 132.

11 H. D. Preuss, Einführung in die alttestamentliche Weisheitsliteratur, UB 383, Stuttgart [u.a.], 1987, 12.

12 R. N. Whybray, The intellectual Tradition in the Old Testament, BZAW 135, Berlin [u.a.], 1974, 3.

13 W. H. Schmidt, 『구약 신앙』, 차준희 역, 대한기독교서회, 2007, 617-618.

성하며 자신의 인생 경험과 아울러 많은 시련을 통과한 전통적인 인생 경험을 전달해 주었다. 거기에는 실제적이고, 숙련된-전문적인 지식(예로써 장인의 기술을 들 수 있음: 사 40:20; 왕상 7:14; 출 28:3; 31:3 등)이 보다 이론적인 지식과 결합하여 시적인 언어로 표현되어 있으며, 또한 전달이 가능하다. 지혜는 자연적이고 사회적인 환경, 물질적이고 개인적인 환경을 이해하려는 노력에서부터 생겨났으며, 반복되는 경험들로부터 어느 정도의 규칙성을 파악해 내려고 노력하며, 이를 통해서 사람들이 세상 속에서 자신의 나아갈 길을 찾고 위험들을 의식하며 해를 피할 수 있게 해 주었다.

지혜의 개념을 종합해 보면, 지혜는 현대인이 생각하는 지식의 단순한 갈래가 아니라 오히려 그 반대로 지적인 지식을 포함하는 삶의 모든 것을 말한다. 특히 고대의 지혜는 -메소포타미아와 이집트까지 그리고 그리스와 로마까지- 광범위하게 퍼져 있었던 삶을 바르게 이어가려는 인간이 지각할 수 있는 사물의 모양이나 상태, 즉, 사람들이 경험을 통하여 습득한 그리고 그 경험적 삶의 실용성을 목표로 하는 현상이다. 또한 지혜는 지적이며, 추상적인 그리고 세상의 질서와 법칙을 찾아가려는 지식을 함께 포함한다. 그곳에서 지혜자는 올바른 지식을 사용하여 자신과 자신이 속한 공동체를 바르게 인도하는 사람이다. 그 때문에 지혜는 삶의 올바른 지식을 다루며, 그 판단의 근거는 행위-결과-관련성이다.

5. 지혜 문학의 연구사

어떤 분야를 잘 이해하기 위해서는 학자들에 의하여 지금까지 어떻게 연구되어 왔는가 하는 연구사를 통해서 그 분야의 전체적 의미를 파악할 수 있다. 구약 해석 방법론에 있어서 역사비평은 1900년 전부터 주목받기 시작하였다. 그러나 모든 성서의 중심은 오경이었다. 그 당시에 대부분의 학자들은 신앙에 있어서 제일 중요한 부분을 모세 오경에 두었다. 그리고 그 다음 중요한 문서로는 예언서였다. 지혜 문학 연구에 있어서 가장 중요한 출발은 아마도 고대 근동 연구의 발전으로 볼 수 있다. 19세기 중엽부터 시작된 고대 근동의 연구는 인류의 정신 분야에 획기적인 발전을 가져왔다. 특히 고대 근동에서 발견된 수많은 토판에 나타난 내용은 인간의 삶에서 발생하는 문제를 보여준다.

1) 1950년대 이전 연구의 방향

지혜 문학 연구에 있어서 출발은 이스라엘의 지혜는 처음부터 고대 근동의 발전과 더불어 인류가 가졌던 지혜와 성서에서 제시된 지혜의 내용과 비슷하다는 것이다. 그 때문에 성서의 지혜 문학은 고유한 이스라엘의 지혜가 아니라 고대 근동의 산물로서 간주되었다. 왜냐하면 지혜 문학은 고대 근동의 지혜를 그대로 가져왔다고 생각했기 때문이었다. 이와 같은 견해의 대표적인 학자들은 다음과 같다: 성서의 지혜 문학을 처음으로 학문적인 대상으로 연구한 J. 마인홀트(J.Meinhold)는 이스라엘 지혜를 유형론적으로 고대 근동의 지혜와의 의존성을 연구하였다.[14] 이집트의 잠언시와 히브리의 잠언시의 의존성에 관해서 연구한 H. 궁켈(H. Gunkel)[15],

---

14   J. Meinhold, Die Weisheit Israels in Spruch, Sage und Dichtung, Leipzig, 1908.

15   H. Gunkel, Ägyptische Parallelen(1909), 531–539; 궁켈의 이 연구는 자체적으로 많은 모순을 가지고 있다. 궁켈의 견해는 지혜의 기본적인 삶의 자리가 이집트에서와 같이, 젊은 관리들을 교육하는 학교(개념과 추상적)와 동시에 성문 앞 거리에서 잠언을 나누는 사람들에 의해서 형성되었을 것(구두 전승)이라고 말한다. 많은 사람들이 앉아 있거나, 지나다니면서 많은 정보를 교환하는 장소인 성문 앞이 지혜의 삶의 자리라는 것이다. 지혜는 무엇인가 가르칠 수 있는 장소가 있어야 성립이 된다. 즉, 지혜의 기원이 왕궁을 중심으로 하는 학교와 사람들의 왕래가 잦은 성문 앞이라는 동시적인 자리는 나올 수 없다. 궁켈이 이 점을 같은 선상에서 보았다는 것은 모순이다.

성서의 잠언(잠 22-24)과 이집트의 교훈시인 아멘-엠-오페(Amen-em-ope)와의 관련성과 이스라엘 지혜의 근원을 '학교'로 간주한 A. 에어만(A. Erman)[16], 지혜의 국제적인 운반자로서 '서기관'을 제시하며 이집트의 지혜 문서를 이스라엘에게 전달한 전달자(삼하 8:17)를 이집트의 서기관으로 간주한 H. 그레스만(H. Gressmann)이 있다.[17] 그리고 고대 근동의 지혜와 비교하여 유사성을, 또한 지혜에 대한 정신적이며, 추상적 개념을 연구하였으며, 지혜는 윤리가 그 기본적인 골격이라고 한 J. 피흐트너(J. Fichtner)[18] 가 있다.

그러나 위에서 제시한 견해들은 1930년대를 거치면서 많은 학자들로부터 계속적으로 제기되었다. 왜냐하면 위에서 제시한 학자들은 구약의 다른 부분처럼 구전의 단계를 지혜 문학에서는 생각하지 않았기 때문이다. 구전 단계의 연구는 잠언에서 나타나는 형태들의 비교를 통하여 밝혀진다. 만일 이스라엘 지혜가 문서로 전제되었다면, 구전을 통하여 짧은 속담으로 나타나는 형태들은 어떻게 이해할 것인지에 대한 의문이 제기된다.

"거기에 있던 사람 하나가
'이들이 도대체 누구네 집 아들이냐?'고 묻는 바람에
'사울도 예언자들 중 하나더냐?' 하는 속담이 생겼다." (삼상 10:12)

이러한 물음에서 연구를 진행한 학자들은 속담의 발생에 주목하였으며, 속담은 문서로 시작하는 것이 아니라, 구두로서 시작한다는 것을 제기하였다. 즉, 고대 이스라엘 지혜의 시작은 처음부터 문서로 시작된 것이 아

16　A. Erman, Die Literatur, 1923.

17　H. Gressmann, Die neugefundene Lehre, ZAW 42(1924), 272-296.

18　J. Fichtner, Die altorientalische Weisheit, BZAW 62, 1933.

니라 구두 전승이라는 것이다. W. 바움가르트너(W. Baumgartner)[19]는 처음으로 이러한 구두로 만들어진 속담으로 잠언의 언어적 형태의 차이 – 잠 1-9장과 10-21장-를 제시하였다.[20] 그는 지혜의 기원을 구두 전승으로 보고, 궁중의 학교도 인정하였지만, 궁켈(H. Gunkel)[21]은 교육의 장소가 성문 앞거리에서 잠언을 나누는 사람들에 의해서 만들어졌을 것이라고 주장했다. 또 O. 아이스펠트(O. Eissfeldt)[22]는 마샬(משׁל/속담, 격언) 이라는 단어가 '지키다, 지배하다'라는 의미와 더불어 또한 '속담'과 '격언'이라는 뜻으로 사용되며, 이러한 속담들은 사사 시대부터 사용되었다고 주장하였다. 또한 그는 그것을 성경에서 증명하였으며, 이런 속담들은 민중에서 발생되었다가 후에 잠언에서 편집되었다고 하였다. 이에 그는 잠언이 교훈적이지 않으며, 일반적이며 추상적인 개념으로서 이스라엘 지혜를 종속시킬 수 없는 삶의 다양한 언어라고 주장하였다. 그리고 잠언은 추상적 개념의 해석이 아니라 언어적 이해에서 해석할 수 있다고 한 A. 조엘스(A. Jolles)[23] 그리고 예수의 어록을 연구하여 짧은 잠언의 언어적 연구 양식으로서 속담이 출발했다고 본 R. 불트만(R. Bultmann)[24] 등이 있다.

한편 C. 베스터만(C. Westermann)은 이 두 방법론의 차이점을 연구하고 비판적 입장에서 지혜에 대해 연구하였다.[25] 우리는 베스터만의 비판

---

19 W. Baumgartner, Die israelitische Weisheitsliteratur, in: ThR 5, 1933, 259-288: 그러나 바움가르트너 역시 고대 지혜-잠언의 양식과 구두 전승의 전달자는 서기관이며, 지혜의 사용은 교육에서 시작한다고 보았다.

20 언어적 차이는 34p의 도표를 참조.

21 H. Gunkel, Einleitung in die Psalmen. Die Gattungen der religiösen Lyrik Israels, zu Ende geführt von J. Begrich, Göttingen, 1933.

22 O. Eissfeldt, Der Maschal, BZAW 24, 1913.

23 A. Jolles, Einfache Formen. Legende - Sage - Mythe - Rätsel - Spruch - Kasus - Memorabile - Märchen - Witz, Halle, Tübingen, [6]1982.

24 R. Bultmann, Die Geschichte, FRLANT 12([9]1979), 73-113.

25 C. Westermann, 『지혜 문헌 연구사』, 소형근 역, 한들출판사, 2005, 30-32.

을 이해하기 위하여 다음과 같은 잠언의 양식적 차이를 알아야 한다. 아래의 표에서 보는 것과 같이 잠언 1-9장은 짧은 격언으로 이루어진 것이 아니라 긴 기교적인 잠언으로 이어져 있다. 또한 잠언 1-9장은 격언들이 동일한 주제를 가진 시의 형식을 보이고 있는 반면에, 10-29장(잠 22:17 - 23:11 제외)의 잠언은 짧은 격언으로 한절에 모든 주제를 함축하고 있다. 마지막으로 잠언 1-9장의 모든 내용은 '지혜의 신학화'가 이루어진 형태를 나타내며, 10-29장의 잠언은 잠언의 초기 형태인 격언의 양식을 그대로 보이고 있다.

잠언 1-9장에 있는 지혜시 유형	잠언 10-29장의 짧은 속담
1 지혜가 그 집을 짓고 일곱 기둥을 다듬고, 2 짐승을 잡으며 포도주를 혼합하여 상을 갖추고 3 그 여종을 보내어 성중 높은 곳에서 불러 이르기를 4 무릇 어리석은 자는 이리로 돌이키라 또 지혜 없는 자에게 이르기를 5 너는 와서 내 식물을 먹으며 내 혼합한 포도주를 마시고 6 어리석음을 버리고 생명을 얻으라. 명철의 길을 행하라 하느니라. 7 거만한 자를 징계하는 자는 도리어 능욕을 받고 악인을 책망하는 자는 도리어 흠을 잡히느니라. 8 거만한 자를 책망하지 말라 그가 너를 미워할까 두려우니라. 지혜 있는 자를 책망하라 그가 너를 사랑하리라. 9 지혜 있는 자에게 교훈을 더하라 그가 더욱 지혜로워질 것이요 의로운 사람을 가르치라 그의 학식이 더하리라. (잠 9:1-9)	2 불의의 재물은 무익하여도 의리는 죽음에서 건지느니라. 3 여호와께서 의인의 영혼은 주리지 않게 하시나 악인의 소욕은 물리치시느니라. 4 손을 게으르게 놀리는 자는 가난하게 되고 손이 부지런한 자는 부하게 되느니라. 5 여름에 거두는 자는 지혜로운 아들이나 추수 때에 자는 사람은 부끄러움을 끼치는 아들이니라. (잠 10:2-5)
- 여러 절로 이어진 교훈 시(Lehrgedichte), 교훈 진술(Lehrreden) - 거대한 언어 통일체 - 왕궁에서 가르치기 위한 교재로 사용	-짧은 한 줄짜리 격언 -구두 진술 현상 주목 -대중이 일반적으로 사용한 격언

위의 두 양식들의 차이는 학자들로 하여금 이스라엘 지혜의 기원을 두 가지로 나뉘게 하였다. 짧은 격언을 주로 연구한 학자들은 이스라엘 지혜의 기원을 '민족 지혜'로 보았고, 잠언 10-29장에 이르는 속담의 짧은 잠

언에 대한 일치성이 이를 증명한다고 말한다. 반면에 이스라엘 지혜를 질서 유지와 추상적 개념에서 시작했다고 생각한 학자들은 그 추상적 개념 지혜의 가르침과 사용 그리고 기원을 '왕국의 학교'로 보았다. 그들은 잠언 1-9장의 지혜 교훈시를 고대 근동의 지혜 교훈시와 동일한 양식으로 보았는데 특히 잠언 22:17-23:11이 아멘-엠-오페(Amen-em-ope)에 나타난 이집트 지혜 교훈에 문학적으로 의존해 있다는 사실이 그 증거라고 말했다.

이와 같이 다른 양식적 형태의 발전은 주전 3000년-2000년전에 이집트와 고대 근동의 지혜로 거슬러 올라간다. 고대 근동의 지혜는 발전하여 잠언 1-9장과 같이 지혜 교훈시로 발전하였을 것이다. 사실상 양식적인 형태에서 잠언 22:17-23:11이 아멘-엠-오페(Amen-em-ope)에 나타난 이집트 지혜 교훈시와 동일한 것이 증거가 될 수 있다. 이 점에는 모순이 없다. 고대 근동의 지혜 양식은 지혜의 기원을 시작한 이래로 최소한 천 년 동안 발전한 양식적 형태로서 이루어진 지혜 교훈시이다. 그러나 고대 근동의 지혜 시작 시기와는 다르게 이스라엘 지혜의 시작은 주전 1000년경으로 아마도 서기관을 받아들인 다윗 시대로 추정할 수 있다. 만일 이스라엘의 지혜가 고대 근동을 그대로 받아들였다면, 최소한 잠언의 양식은 잠언 1-9장과 같이 전적으로 지혜 교훈시로 채워졌을 것이다. 그러나 우리에게 주어진 잠언의 양식은 두 가지의 서로 다른 양식으로 분리되어 있다. 개념 지혜와 왕궁 기원을 주장하는 사람들은 이 점에 대하여 설명할 수 있어야 한다.[26]

다음은 잠언에서 역사적 시기를 제시한 유일한 구절이다. 히스기야 왕의 신하들이 편집한 부분은 잠언 25-29장이다. 편집이라는 용어는 이미 기존에 있는 격언들을 모으고 수집했다는 의미이다.

---

26   윗글(C. Westermann), 30-32.

"이것도 솔로몬의 잠언이요

유다 왕 히스기야의 신하들의 편집한 것이니라." (잠 25:1)

히스기야 왕의 연대를 8세기로 본다면 격언의 발생과 시기는 아마도 주전 10세기 또는 주전 9세기로 볼 수 있을 것이다. 또한 사사기(삿 14:18)나 사무엘서(삼상 10:12)에서 나타난 속담은 적어도 주전 10-11세기까지 거슬러 올라간다. 이스라엘 지혜가 고대 근동의 지혜를 받아들였다면 왜 이런 짧은 양식의 잠언이 들어가 있는가? 양식적 차원에서 지혜가 이집트의 영향이라면 이스라엘 지혜는 잠언과 속담이 없고, 단지 교훈 지혜로만 통일되어 있어야 하지 않는가? 또한 양식적으로 서로 다른 것이 섞여 있다면, 그 곳에서 우리는 단계적 편집 흔적을 찾아 볼 수 있지 않을까? 이러한 비판을 통하여 전승사적 잠언의 발전을 주목해 볼 필요가 있다. 고대 근동의 지혜 교훈시는 이스라엘이 지혜를 받아들일 때 개별적이며 짧은 한 절로 이루어진 잠언이 아니었다. 이러한 고대 근동의 양식은 처음 지혜의 양식이 시작될 때 전승사적으로 민족(민중)에서 기원한 구두의 짧은 잠언에서 문서로의 발전을 전제로 한다. 마찬가지로 이스라엘 지혜의 시작도 역시 구두로 시작했으며, 후에 편집될 당시 문서로 전환되었을 것이다.

2) 1950년-1970년도 연구 방향

1950년-1970년, 대략 이십 년간 연구 방향은 앞서 제시한 고대 근동의 지혜와의 연관성에 관한 연구가 절대적인 우위를 차지하였다. 이 연구의 가장 중요한 논쟁은 '학교의 기원'에 관한 것이었다. 사람을 교훈하는 장소가 궁중의 학교인가 또는 백성이 대화하는 곳인 성문 앞 뜰 또는 대가족 제도의 가정이냐 하는 논쟁이었다.

이 시기의 중요한 학자와 그 학자들이 주장하는 주요한 내용은 다음과 같다: 고대 근동의 지혜와 이스라엘 지혜의 연관성에 관한 연구를 중심으로 진행한 학자들은 H. 게제(H. Gese)[27]이다. 그의 중심적인 연구의 내용은 이집트의 지혜 핵심인 '마아트(Ma'at)'[28]를 중심으로 우주 질서와 인간의 삶의 질서를 중점으로 연구하였다. 이스라엘 지혜의 교훈과 이집트의 마아트와 지혜의 정신적 개념화를 동일시하는 것이다. 또한 H. H. 쉬미드 (H. H. Schmid)[29]는 이집트의 마아트의 질서를 통하여 세계 이해와 역사 이해를 다루었다. 그는 지혜의 역사화는 지혜의 신학화(행위 결과의 관련성)를 이루기 위한 시작으로 이해하였다. 그 때문에 그는 지혜의 정신적 발전과 양식적 발전에 대부분의 관심을 가졌다. 처음부터 그의 관심은 이스라엘 지혜의 출발을 문서로 보았으며 구두 양식은 관심을 두지 않았다. U. 스크라드니 (U. Skladny)[30]는 잠언의 주제를 개별적으로 분류하고 그에 따른 개념을 설명하였다. 그는 잠언을 관리 교육의 지침서로 보았으며, 세상의 질서가 야훼로부터 보증되었다는 것을 운명의 관련성에서 이해하려고 하였다. H. J. 헤어미손 (H. J. Hermisson)[31]은 잠언의 삶의 자리는 궁중의 학교로서 그곳의 지혜자 그룹에서 잠언을 사용하였다고 보았다. 그 때문에 궁중에 학교가 있었다는 것을 의심 없이 전제하였다. 인간의 행위는 질서에서 인식하고 추측할 수 있다는 전제하에 그 질서가 지혜이며 결국 인간을 교육하고 교훈하는 양식이라고 하였다. G. 폰 라드(G. Von Rad)[32]는 지혜의

---

27   H. Gese, Lehre und Wirklichkeit, 1958.

28   이집트의 지혜의 여신 이름

29   H. H. Schmid, Wesen und Geschichte, BZAW 101, 1966.

30   U. Skladny, Die ältesten Spruchsammlungen, 1962.

31   H.-J. Hermisson, Studien, WMANT 28, 1968.

32   G. von Rad, Weisheit, ³1985; 폰 라드의 입장은 처음 구약성서 신학(Theologie des AT)을 –
      G. von Rad, Theologie des Alten Testaments, Bd. I: Die Theologie der geschichtlichen
      Überlieferungen, München, 1957. – 이 책을 집필할 때 민속 속담들을 승인하였다. 그러나 그
      후에 그는 – Weisheit in Israel, Neukirchen-Vluyn 1970 – 에서 민족 속담과 이스라엘 지혜 사

광범위한 이해는 개념 지혜에서 제공하며, 전승과 교훈의 장소는 궁중 학교이며 그리고 전달자는 교사인 지혜자로 보았다. 그리고 지혜의 양식보다는 정신적 발전을 중요시하였다. 그러나 폰 라드는 이스라엘 지혜의 추상적 성격보다는 실용성을 강조하였다. 여기에 폰 라드의 고민이 항상 내재되어 있었다. 마지막으로 부녀인 C. 카야츠(C. Kayatz)[33]와 C. B. 카야츠(C. Bauer-Kayatz)[34]의 연구는 개별 잠언(10-29장)과 거대한 교훈시(1-9장) 사이에 차이가 없으며, 또한 초기 왕정 시기에 동일하게 발생하였다는 결론을 내렸다. 이스라엘에서 경험 지혜와 신학적 지혜는 전승적 차이가 아니라 같은 시기에 발전하였다고 주장하였다. 또한 이집트의 '마아트'는 이스라엘의 신적 영감에 영향을 미쳤다고 생각하였다.

이 시기의 다른 방향의 학자들은 짧은 언어적 속담의 연구를 넘어서 속담의 양식적 연구로 나아갔다. 이러한 방향으로 연구한 학자들은 다음과 같다: R. B. Y. 스코트(R. B. Y. Scott)[35]는 이스라엘 지혜의 기원이 궁중의 학교에 있다는 것을 반박하였다. 잠언 25장 1절의 히스기야 신하들의 편집은 그동안 민중들에게 사용된 구두적 속담들이 비로소 문서화되었다는 것을 의미한다고 하였다(Solomon and the beginnings of wisdom in Israel). 그리고 속담은 학문적인 도덕화이며, 교훈적이라는 의견에 반대하면서 속담의 특징을 다음과 같이 정의하였다(Folk Proverbs of the Ancient Near East): "그것들은(속담들은) 자체적으로 짧고, 간결하지만 자체적으로 완벽하다."[36]:

이에 차이점을 제시하였다. 이와 같은 그의 초기 견해의 수정은 그의 제자 헤어미숀의 견해에 영향을 받은 것이다.

33   C. Kayatz, Studien, WMANT 22, 1966.

34   C. Bauer-Kayatz, Einführung, BSt 55, 1969.

35   R. B. Y. Scott, Solomon and the beginnings of wisdom in Israel, in:VTS3 (1955): Wisdom in Israel and in the Ancient Near East, 262-279.

36   R. B. Y. Scott, Folk Proverbs of the Ancient Near East, in: Transactions of the Royal

38 · 구약 지혜 문학의 이해

"마음의 즐거움은 얼굴을 빛나게 하여도,

마음의 근심은 심령을 상하게 한다." (잠 15:13)

　그는 속담의 특징이 시대적으로 동일하며, 세계 도처에 동일한 속담들이 산재해 있다고 함으로써 처음으로 속담의 양식과 범위를 체계적으로 연구하였다.[37]

　H. W. 볼프(H. W. Wolff)[38]는 이스라엘 지혜가 귀족을 교육시키기 위한 산물이 아니라, 오히려 이스라엘 지혜는 부족에서 부족으로, 즉, 후 세대를 가르치기 위한 수단으로 사용되었다고 보았다. 또한 그는 이러한 지혜들이 다른 문서 특히 예언자 아모스(암 1:3-5과 잠 30:15b-19 등등)에게 영향을 미쳐 그들의 예언의 권위와 사회 비판에 힘과 강력함을 더하였다고 주장하였다.

　E. 게르스텐베르그(E. Gerstenberger)[39]는 이스라엘 잠언의 기원을 이스라엘 절대법에서 기원을 찾으려고 시도하였다. 절대법은 그 사회에서 처음에는 법이 아니라 부족의 질서를 세우기 위한 교훈과 훈계라고 하였다.

　O. 카이져(O. Kaiser)[40]는 지혜의 유형적 접근을 시도하였다. 그는 전승

Society of Canada 55, 1961, 48.

37　C. Westermann, 『지혜 문헌 연구사』, 재인용. 41: "그는 양식과 범위들에 관한 잠언들을 체계화하기 시작했다(삶의 경험에 대한 직관적인 종류로서 분류), 그리고 다음과 같이 예들을 언급했다: 1) 동종(Gleichartigkeit), 2) 대조 그리고 역설(Kontrast und Paradox), 3) 유사성(Ähnlichkeit), 유추(Analogie), 4) 모순(das Absurde), 5) 인물(전형성)들과 행동들의 특징화(Charakterisieren von Personen (Typen) und Handlungen), 6) 광고성의 잠언들(Sprüche der Werbung), 7) 원인 그리고 결과(Ursache und Folge). 그것과 함께 그는 잠언을, 일반적인 개념들(Allgemeinbegriffen)로부터 (질서의 추구로서) 나타나는 연역적인 방법과는 반대로, 개별적인 잠언으로부터 공통성을 추구하는(그렇게 또한 E. 게르스텐베르거도 역시), 귀납적인 방법으로 설명하였다."

38　H. W. Wolff, Amos, WMANT 18, 1964.

39　E. Gerstenberger, Wesen und Herkunft des apodiktischen Rechts , WMANT 20, 1965.

40　O. Kaiser, Einleitung in das Alte Testament. Eine Einführung in ihre Ergebnisse und Probleme, Gütersloh 1969, ⁵1984, 366-422. (Kap.: Die israelitische Weisheit und ihre

사적 측면에서 지혜의 후기 단계에 들어서야 교훈 지혜가 이스라엘 속담과 결합한다고 주장했다. 고대 근동의 지혜 문서가 이스라엘 지혜에 영향을 미쳤다는 것은 어느 정도 인정되지만 어떻게 진행되었는가는 불확실하다. 그 때문에 각각 개별 잠언 연구가 중요하다고 주장했다.

종합하자면, 이 시기의 이스라엘 지혜의 연구 방법은 초기에는 고대 근동의 영향을 통한 이스라엘 지혜 연구가 지배적이었으나, 점차적으로 고대 근동과 이스라엘 지혜의 연관성보다는 이스라엘 지혜 자체의 독특성에 주목하였다. 이것은 마샬(משל/잠언 격언)이라는 단어로서 이스라엘 속담을 연구한 O. 아이스펠트(O. Eissfeldt)[41]의 연구를 발전시키는 것에서 찾아 볼 수 있다. 또한 전승에 의한 연구가 서서히 주목받기 시작하였다. 즉, 이스라엘 지혜는 다른 민족들과 같이 자체적으로 자신들의 삶에서 구두로 생성된 속담에서 발생하였으며, 시간이 지나면서 구두에서 문서로 발전되었다는 연구가 시작되었다.

3) 1970년-1990년도 연구 방향

1970년대로 넘어오면서 지혜 문학 연구의 새로운 방향이 시작되었다. 짧은 격언을 주로 연구한 학자들은 60년대를 지나면서 잠언 1-9장에 나타난 짧은 잠언들이 지혜 교훈시와 다른 양식을 보인다고 개진하면서 먼저 구두에 의한 속담 기원을 주장하였으며 시간이 지나면서 문서로 받아들였을 것이라는 구두 문서 양식과 전승사적 입장을 받아들이기 시작했다.

'민족 지혜'로서 지혜의 기원을 생각하는 경우에 지혜는 세 가지 단계로

Gattungen, Die Sprüche Salomos, Das Buch Hiob, Kohelet oder der Prediger Salomo)

41   O. Eissfeldt, Der Maschal, BZAW 24, 1913.

발전하였다: a) 첫 번째 단계: 아직 문서가 존재하지 않는 이스라엘 초기에 잠언 10-29장의 잠언들은 민족의 삶을 표현하는 격언의 양식과 기능을 가진다. b) 두 번째 단계: 격언들이 수집되었고, 그 격언들은 관리를 육성하기 위한 학교에서 교육을 목적으로 하는 기교적인 잠언으로 변하게 된다. 진술 잠언(잠 10-29장)들의 수집 단계는 초기 왕정 시기와 함께 시작하며, 그리고 수집된 진술 잠언은 왕궁의 뜰에서 보존된다. 그러한 보존과 함께 정해진 상황에서 수집물의 원래적인 삶의 자리(Sitz im Leben)에 대한 질문은 결국 수집물의 단계 그 자체에서 연구해야 한다는 과제에 놓여진다.[42] c) 세 번째 전승 단계: 포로 후기에 잠언 1-9장에서 신학적인 문학 작품들과 함께 '지혜의 신학화(Theologisierung der Weisheit)'가 실행된다."[43]

이러한 단계적 진행의 연구를 가능하게 한 연구들이 이 시기에 집중적으로 다루어졌다. R. B. Y. 스코트(R. B. Y. Scott)[44]는 문서로 정착된 이스라엘 지역 외의 지혜 문서를 소개하였다. 이러한 연구의 움직임은 문화인류학이 발전하면서 시작된다. 그동안 비교적 관심이 적었던 원시 사회에서 구두로 전달되는 교육적 언어인 속담과 격언들의 연구가 진행되면서 구두로 전달된 속담이 원시 부족 사회에서 어떤 영향을 주었는가에 대한 연구가 중요시 되었다. 이러한 연구에 C. 베스터만(C. Westermann)[45]은 탁월한 위치를 차지한다. 속담의 발생은 아직 문서가 존재하지 않는 원시 부족 사회에서 그 삶의 자리를 가진다고 하였다. 그리고 속담은 그 사

---

42 역자 주: 잠 25장 1절을 보라. 이 의미는 초기에 발생한 잠언들이 편집 단계를 걸치면서, 원래의 삶의 자리를 잃어버리고, 다른 장소에서 새로운 삶의 자리를 획득한 것을 의미한다. 그 때문에 첫 번째 단계의 삶의 자리(민족 또는 부족)가 아니라, 오히려 두 번째 단계(왕궁)의 삶의 자리를 추적해야 하는 과제가 주어진다.

43 P. Doll, 『지혜 문학을 통해 본 창조 이해』, 이용호 역, 프리칭아카데미, 2008, 19.

44 R. B. Y. Scott, The way of wisdom in the Old Testament, New York, 1971.

45 C. Westermann, Weisheit im Sprichwort, in: Schalom. Studien zu Glaube und Geschichte Israels. Alfred Jepsen zum 70. Geburtstag, hrsg. v. K.-H. Bernhardt, ATh 46, 1974, 73-85.

회의 상황과 언어의 발전에 따라서 소멸되거나 문서로 만들어진다고 보았다. 구약의 잠언 중 10-29장을 구두에서 문서로 넘어가는 과정으로 보았다. 그러나 당시 이 연구는 주목 받지 못하였다.

70년대에서 80년대로 넘어가면서 이 두 방향의 연구를 통합하려는 시도가 이어졌다. 이러한 통합에 대한 J. M. 톰슨(J. M. Thompson)[46]의 가장 강력한 관심은 속담의 사회적 작용에 대한 연구이다. 먼저 그는 속담의 짧은 형태가 쉽게 사람에게 기억되므로 구두적 전달의 우선성을 제시하면서도 속담이 왕궁에서 기원한다는 모순을 보였다. 그럼에도 불구하고 그의 탁월성은 구두로 시작되는 속담의 보편성을 지적한 것이다. 즉, 속담은 민중에서부터 구두로 시작하여 이스라엘에서 잠언으로 수집될 때 기교적인 잠언으로 정착 되었다는 것이다.

이러한 연구의 뒷받침을 계속 제공한 사람은 R. N. 와이브레이(R. N. Whybray)[47]이다. 그는 이스라엘 지혜를 전달하는 지혜자의 존재에 대하여 질문하면서 구약에서 지적 전승과 전승자가 누구인가를 질문한다. 특히 포로기 전에 이스라엘 지혜자는 계층과 계급으로 존재하지 않았으며 증명되지도 않는다고 하였다. 이러한 견해는 이스라엘의 학교와 지혜자의 그룹을 당연하게 취급한 학자들[48]의 주장을 반박하는 것이었다. 그러나 그는 『The Intellectual Tradition: 지적 전승』에서 이스라엘 지적 전승의 전달자를 지방 귀족과 상류 계층으로 보고 지혜 문학을 문서화한 장본인으로 주장하였다. 그의 연구는 애초에 구두 전승을 지적하지 않았기 때문에 시간이 지

---

46   J. M. Thompson, The Form and Function of Proverbs in Ancient Israel, The Hague, 1974.

47   R. N. Whybray, The Intellectual Tradition, BZAW 135, 1974.

48   H. Ermann, Eine ägyptische Quelle der Sprche Salomos, in: Sitzungsberichte der Preussischen Akademie der Wissenschaften, Berlin, 1924, 86-93; H. Gressmann, Die neugefundene Lehre, ZAW42(1924), 272-296; H. Gese, Lehre und Wirklichkeit, 1958; H.-J. Hermisson, Studien, WMANT 28, 1968 등등.

남에 따라 주장이 애매해졌다. 또 다른 그의 연구 논문이 그 후에 나왔다.[49] 그는 개별 잠언인 잠언 10-29장을 야훼의 어록을 위한 통일체로 보았다. 그는 잠언 10-29장을 잠언 중 15%를 차지하는 야훼의 잠언으로 보았고, 잠언 15장 33절-16장 9절을 중심으로 두었다. 이 절은 야훼의 어록 중심에서 인간과 야훼 그리고 인간과 인간의 관계를 형성하는 요소라고 한다. 이러한 관점은 다분히 잠언의 문서적 생성에 기반을 둔 생각이다.

70년대 후반에 잠언의 중심 주제를 이스라엘 지혜에 둔 책들이 나오기 시작하였다. 이러한 중심 주제로 잠언의 편집적 사례를 지적한 사람이 R. E. 머피(R. E. Murphy)[50]이다. 그는 지혜의 기원을 '창조'라는 주제로 이끌어 두 연구의 방향을 통합하려고 시도하였다. 창조에 기원을 둔 지혜의 기원은 민족에서 뿐만 아니라, 왕궁의 지혜 문학에서도 찾아 볼 수 있다고 하였다. 그 때문에 이스라엘 지혜는 어느 한쪽의 일방적인 기원보다는 두 기원을 다 포함한다고 주장했다. 그러나 그의 연구는 잠언에서 제시하는 창조의 형태와 양식의 차이 때문에 포용할 수 없다. 왜냐하면 창조에 대한 기원이 다르기 때문이다. 창세기에 나타난 세상 창조 중심(P: 창 1:1-2:4a)과 인간 창조 중심(E: 창 2:4b-25)이 명백하게 다른 것과 같이, 잠언 내에 창조도 두 개의 다른 전승(세상 창조: 잠 3:19-20; 8:22-31과 인간 창조: 잠 14:31; 16:4; 17:5; 20:12; 22:2; 29:13)이 나타난다. 즉, 잠언에서 창조의 부분이 다른 것은 전승사적 측면에서 서로 다르게 개별적으로 존재하고 발전했다는 것을 전제로 한다. 머피는 이러한 점을 간과했다. 세상 창조와 인간 창조가 서로 얽혀 있다면 이스라엘 지혜의 기원을 민족에서 뿐만 아니라, 왕궁

---

49 R. N. Whybray, Yahweh-Sayings and their Contexts in Proverbs 10,1-22,16, in: La Sagesse de l'Ancien Testament, hrsg. v. M. Gilbert, BEThL 51, 1979, 153-165.

50 R. E. Murphy, Wisdom-Theses and Hypotheses, in: Israelite Wisdom, Theological and Literary Essays in Honor of Samuel Terrien, hrsg. v. J. G. Gammie/W. A. Brueggemann/W. L. Humphreys/J. M. Ward, Missoula, 1979, 35-42.

의 지혜 문학에서도 찾아 볼 수 있을 수 있지만, 잠언은 이 두 부분을 철저히 분리한 상태로 각각 전승되었다. 뒤이은 J. L. 크렌쇼(J. L. Crenshaw)[51]는 창조의 주제에서 잠언의 창조가 두 가지 전승적 구조로 나누어진다고 하였다. 그는 특별히 잠언 1-9장과 10-29장이 양식뿐만 아니라, 또한 지혜의 개념에서도 차이를 발견하고 따로 연구해야 한다고 주장하였다. 속담의 문서화 이전 단계는 짧은 진술어이며, 그것이 구두 전승의 시작이라고 주장하였다. 그러나 그 당시에 인구의 97%가 문맹이었기 때문에 지혜의 구두적인 측면보다는 문서적인 면을 치중해야 한다고 하면서 다소 모순적인 주장을 하였다.

80년대부터는 다양한 측면에서 이스라엘 지혜 연구가 시작된다. 대부분 개념 지혜에 대한 연구보다는 '속담'의 발생과 기원 그리고 기능에 대한 연구가 시작되었다. 그리고 창조를 통하여 잠언의 두 가지 다른 양식을 증명하려는 시도가 이어졌다. C. R. 폰타인(C. R. Fontaine)[52]은 지금까지 잠언을 중심으로 속담을 연구하던 방법과는 달리 구약성서의 이야기체 본문(삿 8:2; 21장; 삼상 16:7; 24:14; 왕상 20:11)을 연구하기 시작했다. 그는 그것과 함께 속담의 생성에 대하여 연구하였다. 속담은 처음에 사람의 상황과 행위에서 구두로 만들어진다. 그리고 상황에 따라서 약자의 무기로 사용된다:

"옛 속담에 말하기를 악은 악인에게서 난다 하였으니
내 손이 왕을 해하지 아니하리이다." (삼상 24:13)

그리고 사람에게 회자된 상황 속에서 살아남은 속담은 후에 문서로 보

---

51   J. L. Crenshaw, Prolegomenon, in: Studies in Ancient Israelite Wisdom, hrsg. v. J. L. Crenshaw, New York, 1976, 1-60.

52   C. R. Fontaine, Traditional Sayings in the Old Testament, Sheffield, 1982.

존된다. 또한 그는 문서가 없는 민족, 즉, 문자가 없는 민족의 말을 연구하여 '속담'은 구두로 이루어진 교육의 방법이라는 결론을 내렸다. 특히 그는 포로 전 시기에 '학교'가 이스라엘에 존재한다고 주장한 A. 크로스터만(A. Klostermann)[53]의 주장을 전면적으로 부인했다. 그는 구약성서에는 '학교'라는 기록이 없다고 주장하며, 외경인 예수 시락서(집회서 51장 23절)에 가야 이 단어가 발견된다고 주장하였다.

> "배우지 못한 사람들아!,
> 나에게로 와서 내 학교에 들어오라."(예수 시락서 51:23)

이러한 관점에서 폰타인의 연구를 뒷받침하는 연구 결과를 제시한 F. W. 골카(F. W. Golka)[54]의 두 편의 논문은 먼저 속담의 발생이 구두로 만들어진다는 것을 전제로 한다. 특히 그는 아프리카 에바 부족의 잠언을 중요하게 연구하였다. 에바 부족은 문자를 가지지 않았기 때문에 모든 것을 구두로 전하는 민족이다. 골카가 그들의 속담을 연구한 결과 이스라엘의 잠언 중 왕에 대한 잠언들과 유사성을 보인다고 주장하였다. 따라서 왕에 대한 잠언은 왕궁에서 기원한 것이 아니라, 민중들이 처한 상황에서 발생했다고 주장했다. 왜냐하면 왕의 잠언은 왕을 찬양하는 것이 아니라, 비판하는 것이기 때문이다.

지혜와 창조의 관계에서 이스라엘 지혜의 기원을 밝히려는 노력을 시도한 P. 돌(P. Doll)[55]의 연구는 창조를 통하여 잠언의 양식적 연구를 다루었

---

53 A. Klostermann, Schulwesen im Alten Israel, FSTh. Zahn, Leipzig, 1908.

54 F. W. Golka, Die israelitische Weisheitsschule oder »des Kaisers neue Kleider«, in: VT 33, 1983, 257-270; Die Königs- und Hofsprüche und der Ursprung der israelitischen Weisheit, in: VT 36, 1986, 13-36.

55 P. Doll, Menschenschöpfung und Weltschöpfung in der alttestamentlichen Weisheit, SBS 117, 1985.

다. 그는 성경 전체의 구조에서 세상 창조와 인간 창조가 구별되어 전승되어 내려왔듯이, 잠언의 창조에서도 세상 창조와 인간 창조를 구별했다. 그는 세상 창조는 잠언 1-9장에만 나타나며, 인간 창조는 잠언 10-29장에서만 나타난다고 하였다. 인간 창조는 사회에서 인간의 삶의 기능과 자리를 가지지만, 반면에 세상 창조는 질서와 개념을 중요하게 생각한다고 하였다. 이 같은 연구에서 그는 이 두 가지의 창조를 통하여 이스라엘 지혜의 발전 단계를 다음과 같이 추적할 수 있다고 하였다: ① 민족의 삶을 표현하는 격언의 양식과 기능(잠언 10-29장) ② 기교적 문서로서의 잠언과 관리의 지침서로 발전(잠언 1-9장) ③ 외경에서 지혜의 신학적 종합화가 이루어짐.

1985년부터 1990년까지는 지속적으로 위에서 제시한 두 가지의 연구 방법을 택하기보다는 '개별 잠언들의 질서와 구조적 내용의 관련성'을 추구하였다. 잠언 10-29장에서 내부에 언어의 쌍(지혜로운 자와 미련한 자(잠 10:1) 또는 의인과 악인(잠 10:11) 등등)을 체계적으로 분류한 T. 힐더브란트(T. Hildebrandt)[56], 잠언 25-27장을 각각의 동일한 주제에 속하는 잠언의 고유한 생각이 연속적으로 발전하는 단계를 통해 증명하려는 R. C. 반 레위벤(R. C. Van Leeuwen)[57], 문자가 없는 민족들의 속담을 전제로 이스라엘 속담을 연구한 학자들도 있다.[58] 특히 C. 베스터만[59]은 양식사적 발전

---

56   T. Hildebrandt, Proverbial Pairs: Compositional Units in Proverbs 10-29, in: JBL 107, ²1988, 207-224.

57   R. C. Van Leeuwen, Context and Meaning in Provorbs 25-27, SBL Diss. Series 96, 1988.

58   G. Vanoni, Volkssprichwort und JHWH-Ethos. Beobachtungen zu Spr 15, 16, in: Biblische Notizen 35, 1986, 73-108; A. A. Sitompul, Weisheitliche Mahnsprüche und prophetische Mahnrede im Alten Testament auf dem Hintergrund der Mahnungen im Leben der Tobabatak auf Sumatra, Diss. Mainz 1987; F. Gollka, Die Königs- und Hofsprüche, VT 36(1986), 13-36; - Die Flecken des Leoparden. Biblische und afrikanische Weisheit im Sprichwort, 1989, 149-165.

59   C. Westermann, Wurzeln der Weisheit, 1990. 특히 152-159 참조.

에 근거하여 일반적인 진술어와 권고의 말의 발전 순서를 연구하였다. 이러한 연구를 통해 원역사 이야기에 나오는 민족과 문자가 없는 민족 사이에 구두로 교육을 위한 속담을 사용한다고 증명하였다. 그는 개별 잠언(잠 10-29장)의 구조와 문자 없는 민족 사이에 현존하는 속담과 잠언의 유사성을 강조하였다.

4) 1990년-현재

지혜 문학의 연구는 1990년 후반에 들어서서 다시 진보된 양상을 보인다. 그것은 잠언 연구의 주제별 연구이다. 주제별 연구는 지혜의 기원에 대한 연구에 비해 그동안 거의 주목 받지 못하고 소외된 채로 연구되어 왔다.[60] 그러나 이 시기에는 빈번하게 지혜의 주제별 연구가 진행되었다: G. 바우만(G. Baumann)[61]은 잠언 1-9장은 제시된 지혜의 형상을 고대 근동의 지혜와 연결하여 상세하게 다루었다. 『Die Weisheitsgestalt in Proverbien 1-9』에서 그녀는 지혜의 형상을 잠언 8장에서 나오는 세상 창조와 관련하여, 창세기의 1:1-2:4a와 비교 연구를 통하여 지혜의 형상을 밝히려고 노력하였다. 그녀는 지혜를 창조된 것으로 전제하고 지혜의 의인화는 고대 근동의 신과 달리, 상징적인 이스라엘 여성을 나타낼 수도 있다고 주장하였다. 그러나 G. 바우만의 연구는 단지 지혜의 형상에만 치중하였기에 잠언 8장을 제외한 연구 주제들은 다소 미흡한 점이 있다. 그 결점을 보완한 사람이 A. 뮐러(A. Müller)[62]이다. 그는 G. 바우만의 여성

---

60 지혜의 기원에 대한 연구보다는 현저하게 적은 자료에 의존한다: 예를 들어, 행위-결과의 관련성, 야훼의 경외 등.

61 G. Baumann, Die Weisheitsgestalt in Proverbien 1-9, FAT 16, Tübingen, 1996.

62 A. Müller, Proverbien 1-9 : Der Weisheit neü Kleider, BZAW291, Berlin(u.a.), 2000.

지혜에 대한 지혜 형상의 연구는 완벽하다고 인정하였다. 그러나 그 부분을 제외하고 잠언 1-9장은 하나님의 교육적인 이론이 전개되고 있다고 주장하고 이를 증명하였다. A. 쉐러(A. Scherer)[63]는 구두적인 단계를 위한 편집적인 관점에서 잠언 10:1-22:16을 연구하였다. 그리고 J. 하우스만(J. Hausmann)[64]은 잠언 지혜의 다양한 주제를 가지고 잠언 10-13장을 접근하였다. 또한 H. V. 키베러(H. V. Kieweler)[65]는 히스기야 수집물인 잠언 25-27장, 28-29장을 교육적인 측면에서 연구하였다. 그는 인간의 선한 관계와 올바른 경건성이라는 주제로 이 연구를 이어갔다.

지혜 문학 연구사를 종합하면, 1900년대부터 지금까지 지혜 문학의 연구는 완벽하게 일치된 견해들이 없다. 특히 지혜의 기원에 관한 연구는 아포리(Aporie)적인 난제를 지적한다. 그럼에도 불구하고 현재의 흐름은 지혜의 연구가 양식적인 연구를 넘어서 전승사에 이르기까지 언어와 양식적 접근 방법인 '민족 지혜'의 기원에 근접하게 다가선다. 현행 연구의 결과물에서 확실한 것은 잠언 1-9장은 포로 후기 시기로, 잠언 10-29장(아멘-엠-오페 제외)은 포로 전 최대 10세기 또는 주전 9세기로 서로 다른 시기에 기원을 둔다. 이러한 연구의 결과는 속담의 발생이 문서가 아니며, 처음에 구두에서 시작되었다는 것을 전제로 하며, 문서로 전환될 때 살아남은 속담의 양식적 형태가 잠언 10-29장의 형태와 동일하다는 것이다. 이러한 편집의 증명은 잠언 25장 1절이 증명한다. 또한 잠언에서 제시된 창조의 두 방향 -세상 창조와 인간 창조- 도 역시 이를 증명하고 있다.

---

63   A. Scherer, Das weise Wort und seine Wirkung, WMANT 83, Neukirchen-Vluyn, 1999.

64   J. Hausmann, Studien zum Menschenbild der älteren Weisheit(Spr 10-12.), FAT 7, Tübingen, 1995.

65   H. V. Kieweler, Erziehung zum guten Verhalten und zur rechten Frömmigkeit, BEAT 49, Frankfurt(u.a.), 2001.

6. 이스라엘 지혜의 기원

1) 궁중 학교 지혜와 민족 부족 지혜

고대 근동의 영향을 통한 개념질서의 지혜를 연구한 학자들의 증거물들은 "학교 지혜"의 증명이었다. 고대 근동과 동일한 제도화된 학교 지혜에 관한 연구를 처음으로 제기한 학자는 A. 클로스터만(A. Klostermann)[66]이다. 이러한 방향은 많은 개념 질서를 지혜 문학의 기원으로 보는 학자들에 의하여 주장되었다.[67]

(1) 궁중에서 시작된 지혜를 주장하는 학자들은 성서에 나타난 몇 가지의 증거들이 이스라엘에서도 궁중에 학교가 있었다는 것을 증명한다고 말한다:

> "주 여호와께서 학자(숙련된 자)의[68] 혀를 내게 주사
> 나로 곤핍한 자를 말로 어떻게 도와줄 줄을 알게 하시고
> 아침마다 깨우치시되 나의 귀를 깨우치고,
> 학자와 같이 알아듣게 하시도다." (사 50:4)

이사야의 말은 세 번째 종의 노래에서 나오는 말씀이다. 하나님과 종의 관계를 스승과 제자의 관계처럼 말하고 있다. 이것을 학교의 배경으로 말

---

66   A. Klostermann, Schulwesen im Alten Israel, FSTh. Zahn, Leipzig, 1908.

67   H. Ermann, Eine ägyptische Quelle(1924), 86-93; H. Gressmann, Die neugefundene Lehre des Amen-em-ope, 272-296; L. Dürr, Das Erziehungswesen im AT und im antiken Orient, Leipzig 1932; G. 폰 라드, 『구약성서 신학 III』, 허혁 역, 분도출판사, 1980, 25-27; H.-J. Hermisson, Studien, WMANT 28, 1968.

68   한글 성경에는 '학자'라는 명사로 되어 있지만, 히브리 성서는 형용사로서 '숙련된, 익숙한' 뜻이다.

한다.

"17 너는 귀를 기울여 지혜 있는 자의 말씀을 들으며 내 지식에 마음을
둘지어다.

…

20 내가 모략과 지식의 아름다운 것을 기록하여
21 너로 진리의 확실한 말씀을 깨닫게 하며
또 너를 보내는 자에게 진리의 말씀으로 회답하게 하려 함이 아니냐!"
(잠 22:17-21)

이 말씀은 학자들이 지적하듯이 이집트의 아멘-엠-오페(Amen-em-
ope)와의 유사성을 지적하는 구절이다. 그 때문에 이집트에 학교 지혜가
있었듯이, 이스라엘에서도 이와 유사한 학교 지혜의 배경이 있었을 것이
라고 추측한다.

또한 이사야에서 이스라엘 사람들이 알파베트를 외우기 위하여 사용했
다는 것을 말하는 구절이 있다:

"대저 경계에 경계를 더하며 경계에 경계를 더하며,
צו לצו קו לקו (차브 라차브 카브 라카브)
교훈에 교훈을 더하며 교훈에 교훈을 더하되
여기서도 조금, 저기서도 조금 하는구나 하는도다." (사 28:10)

한글 성경에는 위와 같이 번역되어 있지만, 히브리 성서에는 아무런 의
미 없는 문자(צו לצו/차브 라차브)를 그대로 반복한 경우이다. 사람들은 이
러한 반복적 현상에 관해 학생들이 문자를 반복하여 익히는 경우라고 주
장한다.

마지막으로 이스라엘에서 궁중의 지혜가 있었다는 명백한 증거로서 열

왕기상 4장 30-34절(BHS 왕상 5:10-13)에서 증거하고 있다고 한다.

> 30 "솔로몬의 지혜가 동양 모든 사람의 지혜와 애굽의 모든 지혜보다 뛰어난지라
> 31 저는 모든 사람보다 지혜로와서 예스라 사람 에단과 마홀의 아들 헤만과 갈골과 다르다보다 나으므로 그 이름이 사방 모든 나라에 들렸더라
> 32 저가 잠언 삼천을 말하였고 그 노래는 일천 다섯이며
> 33 저가 또 초목을 논하되 레바논 백향목으로부터 담에 나는 우슬초까지 하고 저가 또 짐승과 새와 기어 다니는 것과 물고기를 논한지라
> 34 모든 민족 중에서 솔로몬의 지혜의 소문을 들은 천하 모든 왕 중에서 그 지혜를 들으러 왔더라." (왕상 4:30-34)

이 구절들은 솔로몬이 궁중에서 사람들에게 자신의 문학적인 작품을 남긴 기록이다. 이러한 기록이 어디에서 저작되었으며, 어떤 사람들에게 사용되었을까? 아마도 학교와 같은 곳에서 저작되고 그들을 위한 교재로 사용되었을 것이다.

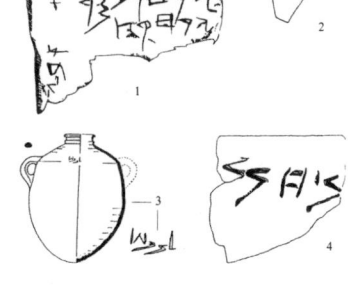

(2) 옆에 제시한 그림[69]들은 이스라엘에서 발견된 게제르 달력과 토기에 사용된 글자들이다. 특히 라기쉬(Lachisch: 주전 8세기)나 쿤틸렛 아즈룻(Kuntilet 'Ajrud)에서 발견된 질그릇에 쓰인 문자 형태들은 시기적으로 왕정의 시작과 더불어 이루어지며, 반복적인 문자를 사용한 것은 아마도 학생

---

69 J. Renz, Die althebräischen Inschriften I, Darmstadt, 1995, 29-37; 주전 10세기경으로 추정된다. 특히 위쪽의 토판은 게제르에서 발견된 달력이다.

들이 알파벳을 익히기 위한 반복 글쓰기였을 것이라고 추측한다.[70] 그 때문에 이러한 발견물들은 이미 이스라엘에 문자가 있었다는 것을 전제로 한다. 글자가 반복적인 형태들로 나타나는 것은 문자를 익히기 위한 학교에서의 교육 수단일 수 있다.

(3) 이러한 연구의 결과는 문자가 어디에서 사용되었으며 배울 수 있을까 하는 물음에서 시작한다. 즉, 학교 지혜는 그 시대의 지적인 그룹인 왕들과 귀족들에 의하여 만들어졌다. 그리고 학교 지혜는 주로 왕자 교육과 관리 교육에 사용한다(대상 27:32; 대하 22:4; 왕하 10:1, 5-6)[71]. 왜냐하면 교육적인 상황 아래에서는 경고(Mahnung)의 양식이 지배적이기 때문에 그와 같은 교육적인 교재들은 지배층에게 전적으로 사용되었다는 것을 전제로 한다.[72] 특히 폰 라드는 그의 제자인 H. 헤어미숀의 영향을 받아 자신의 초기 견해인 민족 지혜를 버리고 질서 추구로서 방향을 잡은 방법을 제시하였다. 그는 결코 잠언서의 초기 요소들에 소급하여 질문하지 않았고 오히려 잠언들의 수집가로부터 제공된 문서 과정을 추적하였기 때문에 지혜를 제도화된 학교 지혜로서 취급하였다. 이것이 지혜의 전통적인 보존 장소가 왕궁의 뜰이라는 그의 주장을 뒷받침할 충분한 근거를 가진다고 말했다.[73]

(4) 양식적으로 고대 근동의 학교에서 교육을 위하여 사용된 권고의 말

---

70   B. Lang, Schule und Unterricht im alten Israel, in: ders., Wie wird man Prophet in Israel?, Düsseldorf, 1980, 104-119.

71   H. D. Preuss, Einführung, UB 383(1987), 45.

72   C. Westermann, Weisheit, Ath 46(1974), 77.

73   G. 폰 라드, 『구약성서 신학III』(1984), 25-34 비교. 이것에 대한 비판으로 H. W. Golka, Die israelitische Weisheitsschule, VT 33(1983), 266-267쪽을 보라.

에 대한 양식이 실제적으로 잠언의 일정한 부분[74]과 이집트의 가르침 간의 유사점을 찾아 볼 수 있다. 잠 22:17-23:11이 아멘-엠-오페(Amen-em-ope)의 이집트 지혜 교훈시에 내용과 양식적인 면에서 전적인 영향을 받은 것에서 생각해 볼 수 있다. 이러한 지혜 교훈시에 속하는 이집트적 유형과 가르침(Instruction)들은 고대 근동의 궁중 지혜와 그 궁중에 속한 궁중 학교 지혜의 교과서와의 연관성을 분명하게 보여준다.

그러나 이에 대한 성서의 증거와 궁중 학교에 대한 가설들은 증명하기가 대단히 어렵다. 왜냐하면 다음과 같은 여러 가지의 모순이 보이기 때문이다.

① 성서에서 제시된 구절들은 언뜻 보기에 학교의 상황을 보여주는 것 같지만, 좀 더 깊은 맥락에서 살펴보면 결코 학교를 지칭하는 의미를 발견할 수 없다. 첫째, 이사야의 종의 노래인 이사야 50장 4절의 단어는 명사가 아니라 형용사이다. 즉, למוד(림무드: 숙련된)는 배운 사람이나, 학식이 있는 지식적인 용어보다는, 장인과 같이 '숙련된, 솜씨 좋은'을 의미하는 형용사이다. 한글 성경은 이러한 부분을 단지 학자로 번역하여 뜻을 애매하게 하였다. 또한 이사야 28장 10절의 용어는 צו לצו קו לקו(차브 라차브 카브 라카브)가 계속 반복된다. 한글 성경은 KJV(킹제임스 번역)을 따른 것 같다. 그러나 이 단어의 뜻은 아무런 의미가 없는 단어이다. 물론 그렇기 때문에 연습생들이 글씨를 연습하는 것이라고 오해할 수도 있지만, 28장 7절에서 그 해답을 찾을 수 있다. 즉, 술에 취하여 이리저리 비틀거리는 상황을 설명하는 것이다(사 28:7).

② 그리고 앞에서 제시한 토판에서 발견된 편지들이 글쓰기를 한 것이며, 이것이 학교라는 증거는 아주 빈약한 논리이다. 왜냐하면 22개로 이루어진 히브리어 알파벳 문자는 고대 근동의 문자보다 상당히 쉽고 빨리

---

74   잠 22:17-23:11; 31:1-9(레무엘(Lemuel)의 말) 그리고 잠 10-29장(권고의 말/Mahnwort).

배울 수 있기 때문이다. 또한 문자를 익히기 위한 반복적 행위라면 어느 정도 문자가 규칙적으로 반복되어야 하는데 발견된 토판들은 규칙적으로 반복된다기보다는 여러 단어의 나열로 이루어진 문장들만 발견되기 때문이다.[75]

③ 이집트와 메소포타미아의 학교 지혜의 존재는 확실하게 증명된다.[76] 그러나 과연 이스라엘에서 증명될 수 있는가 하는 것이 문제이다. 고대 근동의 학교 지혜를 근거로 삼는 학자들이 주장하는 문제점은 고대 근동의 학교 지혜가 이스라엘이 왕국을 형성하기 전인 1000년 전에 존재했다는 것이다. 이미 고대 근동은 제도화된 학교의 존재를 말하고 있다. 그러나 이스라엘에서는 어디에도 제도화된 교육 기관을 찾아 볼 수 없다. 만일 왕궁의 시작과 더불어 다윗과 솔로몬 시대에 고대 근동의 학교를 받아들였다면 왜 성서 또는 그 이외의 증거들이 제도화된 교육 기관에 대하여 침묵하고 있는가를 명백하게 증명해야만 한다. 성서의 잠언과 다른 지혜 문서들은 제도화된 교육 기관보다는 가정에서 부모가 교육하는 모습을 보여준다.[77] 사실상 제도화된 교육 기관을 말하는 것은 성서가 아니라, 오히려 주전 125년경에 집필된 예수 시락서(집회서)에서 나타난다.

이러한 문화적 시기의 차이는 이스라엘이 처음부터 문자가 없는 반 유목민 체제에서 민족의 삶을 출발하였기에 이스라엘 초기 시기에는 학교가 없었다는 것을 전제로 해야 한다. 이 후에 왕정의 성립은 어느 정도의

---

75 A. Lucas, 『시편과 지혜서』, 박대영 역, 성서유니온선교회, 2008, 153-154.

76 파라오의 메리카레(주전 2200-2100)와 프타호텝(주전 2500) 그리고 바벨론의 고헬렛(주전 1500) 등등; 이집트와 메소포타미아의 지혜 학교를 알기 위하여 H. Gressmann, Die neugefundene Lehre, ZAW 42(1924), 272-296; L. Dürr, Das Erziehungswesen, Leipzig 1932, 참조; 구덕관, 『지혜와 율법』, 18-23; L. Lux, 『이스라엘의 지혜』(2012), 28-30; 99-104 참조.

77 아버지: 잠 1:8; 3:12; 4:1; 6:20; 10:1; 13:1; 15:5,20; 17:6,25; 19:13,26; 20:20; 23: 22,24; 27:10; 28:7; 29:3; 30:11,17; 어머니: 1:8; 6:20; 10:1; 15:20; 17:25; 19:26; 20:20; 23:22,25; 29:15; 30:11,17.

교육적 필요가 있었다는 것은 부정할 수 없다. 그러나 이스라엘의 왕정 시대에는 고대 근동처럼 체계적으로 그리고 직업적으로 학생들을 가르치는 교사보다는 장인과 견습공의 제도인 마스터 조교 제도(Famlussystem)에 의지하였을 것이다.[78] 숙련된 관원 또는 글을 쓰고 읽을 줄 아는 서기관들이 자신의 문하에 몇 명 정도 제자를 받아서 견습공의 역할을 하게 하였을 것이다. 마스터조교제도는 성서의 여러 곳에서 증명될 수 있다.[79] 이런 제도에서 아버지가 마스터의 역할을 했다는 것을 생각한다면, 처음에 이스라엘의 가정에서 흔히 부모들이 행하는 인성 교육과 기술적인 또는 교육적인 교육이 같이 이루어졌을 것이다. 그리고 시간이 흐른 뒤에 예수 시락서(집회서)에서 제시하는 것과 같은 제도적인 교육이 이루어졌을 것이다.

④ 이스라엘 왕정 초기와 포로 전 이스라엘의 교육적인 제도는 추측할 수 있다. 특히 잠언 1-9장은 구두로 전달될 수 없는 교육 재료를 담고 있다. 인성 교육과 종교 교육 모두를 담고 있는 1-9장의 잠언은 아마도 학교의 좋은 교육 재료라고 할 수 있다.[80] 이러한 정황은 양식사로서 그 발전을 추적할 수 있다. 잠언 1-9장의 긴 교훈시(지혜 교훈시)와 10-29장의 짧고, 단음절의 완전한 잠언에 나타난 양식적인 차이가 명백하기 때문에 이 두 종류의 잠언은 편집의 시기가 다를 수 있다. 즉, 잠언 1-9장은 포로기로, 잠언 10-29장은 잠언 25장 1절과 속담의 양식과 편집에 따라서 포로 전 최대 주전 10-9세기까지 추정할 수 있다.[81]

---

78 R. N. Whybray, The Intellectual Tradition, BZAW 135(1974), 32; L. Lux, 『이스라엘의 지혜』(2012), 102.

79 삼상 2:11(엘리와 사무엘); 삼하 20:25(다윗의 서기관 스와); 왕상 4:3(솔로몬과 엘리호렙과 아히야 서기관); 왕하 22:3(요시야와 사반) 등등.

80 이러한 교육 프로그램에 대해 A. Müller, Proverbien 1-9, BZAW 291, 2000의 책은 이러한 점을 명백하게 밝혀준다.

81 O. Plöger, Sprüche Salomo(Proverbia), BK XVII, Neukirchen-Vluyn, 1984, XIII-XXXVII; P. L. Nel, The Structure and Ethos of the wisdom Admonitions in Proverbs, BZAW158, Berlin(u.a.), 1982.

2) 직업으로서 지혜자의 존재

　이스라엘 왕정 시기에서부터 예루살렘 멸망 전까지 이스라엘 내부에 '지혜자'라고 불리는 특정한 계급이 있었는가? 이 물음은 지혜의 기원을 밝힐 수 있는 좋은 문제 제기이다. 지혜의 가장 큰 기능 중 하나가 '교육'이라는 것은 말할 필요도 없다. 그 때문에 만일 적어도 교육을 전담하여 직업적 엘리트층을 길러내는 계층이 있었다면, 아마도 이스라엘 지혜는 왕궁의 산물이며 고대 근동의 모방 속에서 발전하였을 것이다. 그러나 그와 반대로 성서에서 그러한 정황을 찾을 수 없다면 우리는 이스라엘 지혜의 독특성에 대하여 말할 수 있을 것이다. 그 때문에 교사로서 지혜자의 계층이 존재하는가 하는 물음은 이스라엘 지혜 기원 연구에 가장 핵심적인 요소를 차지한다. 우리는 지혜자의 계층에 대한 성서의 증언을 찾아보아야 한다. 이스라엘에서 뚜렷하게 계층으로서 '지혜자'를 생각할 수 있는 시기는 왕정 시대가 되어야 가능할 것이다. 물론 경험을 많이 지니고 있는 연장자 또는 현명한 사람이 더 이른 시기에 이스라엘에 없었다는 것은 아니지만 교육적 환경을 고려하여 위에서 제시한 지혜의 개념에 적합한 지혜자의 계층을 찾으려고 한다면 아마도 최초의 시기는 초기 왕정 시기부터라고 할 수 있을 것이다.

　초기 왕정 시기에 지적인 집단을 대표할 수 있는 계층은 '서기관' 집단이라고 할 수 있다. 이들의 기능은 군주에게 충언을 하고, 군주의 정책 수립을 위하여 행정적인 일을 관장하는 일을 맡았을 것이다:

> "아히둡의 아들 사독과 아비아달의 아들 아히멜렉은 제사장이 되고
> 스라야는 서기관이 되고…."
> (삼하 8:17; 참조: 삼하 19:5-8; 삼하 12:17; 17:3, 4, 15; 왕상 20: 7-9)

이들이 직업적으로 미래의 정치를 짊어질 요원들을 훈육했을까? 이들이 행정적인 부분을 감당했다는 것은 틀림없다. 또한 이들이 다른 일반 백성들보다는 지혜로왔다는 것을 부인할 수 없다. 서기관이라는 관직이 단지 기록하는 기술적인 기능을 넘어서 왕의 최고 관리들이었으며 왕의 뛰어난 자문기관인 것이 확실하다(왕하 18:18, 37; 22:3-5).[82] 그러나 가장 중요한 문제는 성서에서 이들이 미래의 관리나 고위 관직 또는 왕자들의 교육에 종사한 특정한 지혜자의 집단으로 지칭되지 않는다는 점이다.[83]

서기관 이외에 왕은 주위에 정치적 집단을 가졌다. 즉, 왕이 어떤 정책을 진행하는데 도움과 충고를 주는 이들이 존재했다. 이들은 왕에게 적당하게 충고하면서, 자신의 정치적 역량을 행사하는 사람들이다. 그들이 행하는 충고를 통하여 왕이 올바른 정치를 한다면, 아마도 이러한 행위가 그들 지혜의 상징으로 간주되었을 것이다.[84] 이러한 정치적 충고가 얼마나 중요한가는 압살롬의 반역에서 등장하는 후새와 아히도벨의 모략에 관한 이야기에서 증명된다(삼하 15:1-17:23). 그렇다면 이들을 현자라고 할 수 있을까? 이들도 지식 계층 또는 엘리트 계층인 것은 분명하지만 미래의 지도자와 사람을 키우는 교사의 자격을 가진 집단이라기보다는 오히려 정치적인 집단이라고 할 수 있다.

이 정치적인 집단에 대한 비판은 이사야의 비판에서 잘 나타난다. 이사야는 이들 집단을 '지혜로운 집단'(사 5:21; 29:13, 14 등등)으로 평가한다. 그러나 이들은 결코 지혜 문학에서 말하는 현자의 모습이 아니라 자신의 지식을 믿고 교만의 극치를 보여주는 정치적 집단으로 평가받고 있다:

---

82   L. Lux, 『이스라엘의 지혜』, 106-107.

83   구덕관, 『지혜와 율법』, 28-29; N. K. Gottwald, 『히브리 성서2』, 김상기 역, 한국신학연구소, ²2007, 301.

84   W. Mckane, Jeremiah and the Wise, in: Wisdom in ancient Israel, FS J. A. Emerton, J. Day(ed.), New York: Cambridge, 1995, 142-143.

"스스로 지혜롭다 하며 스스로 명철하다 하는 그들은 화 있을진저!"

(사 5:21)

13 "주께서 가라사대 이 백성이 입으로는 나를 가까이하며 입술로는 나

를 존경하나,

그 마음은 내게서 멀리 떠났나니,

그들이 나를 경외함은 사람의 계명으로 가르침을 받았을 뿐이라.

14 그러므로 내가 이 백성 중에

기이한 일 곧 기이하고 가장 기이한 일을 다시 행하리니

그들 중의 지혜자의 지혜가 없어지고 명철자의 총명이 없어지리라."

(사 29:13-14)[85]

위에서 제시한 성경 구절들은 모든 정치적인 집단들이 남 유다가 외세
의 침략을 받았을 때 취한 반응을 보여주는 구절들이다. 특히 이사야 29장
의 구절들은 주전 701년 앗시리아가 침략을 하였을 때 관리와 정치적인
집단들이 이사야에게 예배를 요청하는 과정에서 이사야의 비판이 이어지
는 내용들이다.[86]

많은 학자들에 의해 포로 전에 '지혜자'의 그룹의 존재를 계층으로 표시
하는 책이 예레미야에 있다고 주장되어 왔다.[87] 정치적인 집단을 지혜자의
계층으로 표현하는 결정적인 구절로서 예레미야 18장 18절이 있다:

---

85   참조: 사 30:1-3; 31:1-3.

86   W. Dietrich, Jesaja und die Politik, BEvTh74, 1976, 173; 그 외에 이사야 30:1-3; 31:1-3에
      서 나타나는 집단적인 지혜 그룹의 표현 역시 정치적인 집단의 표시로서 이해된다. 여기서 지혜자
      의 지혜는 이집트와 함께한 연합으로서 정치적인 계획을 구체화한다; H.-J, Høgenhaven, Gott
      und Volk bei Jesaja, AThD29, 1988, 173-174; S. Weeks, Early Israelite Wisdom, OTM,
      Oxford, 1994, 83-84.

87   J. Fichtner, Jesaja unter den Weisen, AzThII/3, Stuttgart, 1965, 18-26, 특히 21; J.
      Lindblom, Wisdom in the Old Testament Prophets, VT.S3, 1955, 192-204, 특히 195; W.
      McKane, Prophets and wise men, SBT 44, London, 1965, 89-90.

"그들이 말하기를 오라 우리가 꾀를 내어 예레미야를 치자!
제사장에게서 율법이, 지혜로운 자에게서 충고(에차/עצה)[88]가, 선지자
에게서 말씀이 끊어지지 아니할 것이니,
오라! 우리가 혀로 그를 치고 그의 아무 말에도 주의치 말자 하나이다."
(렘 18:18)

렘 18:18절은 포로 전에 이스라엘에서 지혜자의 그룹을 명백하게 지칭
하는 것으로 여겨졌다. J. 피휘트너(J. Fichtner)는 지혜자의 그룹이 포로
전에 존재하고 있었다고 다음과 같이 말한다: "포로기 시기까지 그 사회에
가장 큰 영향력을 발휘하고 외교적으로도 아주 중요한 위치의 지혜자들
이 존재하고 있었다는 것을 볼 수 있다. 그리고 그 후에 장로에게 그의 자
리를 넘겨주었다."[89] 그는 이러한 증거로서 예레미야 18장 18절을 사용하
였다. 지혜자의 임무가 과연 '(정치적인)충고 또는 모략'을 주는 것일까? 예
레미야에서 지혜자는 모략을 부여하는 자로서 분류된다. 그러나 잠언에
서 '충고(עצה)[90]'라는 단어와 함께 사용된 진술들은 지혜자의 임무가 정치
적인 충고(모략 또는 책략)가 아니다.

"미련한 자는 자기 행위를 바른 줄로 여기나
지혜로운 자는 충고(עצה)를 듣느니라." (잠 12:15)

---

88 이 단어는 후에 다시 언급하겠지만, 지혜 문학과 이스라엘의 역사 기술에 있어서 서로 영향
    을 주고받는 아주 중요한 단어이다. 특히 이 단어가 하나님이 주어일 경우는 '계획' 또는 '경영'
    으로 번역되지만, 그러나 인간이 주어일 경우는 '모략' 또는 '충고'라고 번역된다; H.-P. Stähli,
    עיץ, THATI, 751-752; L. Ruppert, עיץ, ThWAT III, 738-739; M. Schmidt, Prophet und
    Tempel, Zürich, 1948, 233 Anm. 33; J. Fichtner, Jahwes Plan in der Botschaft des Jesajas,
    AzThII/3, 1965, Stuttgart, 27-43, 특히, 29-30.

89 J. Fichtner, Jesaja, AzThII/3(1965), 21.

90 잠 12:15; 19:20; 21:30.

잠언 12:15절은 사람들이 삶에서 자유롭게 서로 주고받을 수 있는 일 상적인 충고를 말한다. 또한 사람들이 이 충고를 받아들일 경우 현명한 사 람이 될 수도 있다고 말한다.[91] 특히 잠언[92]에서 사용된 요체(יֹעֵץ 분사/ 모 사, 책략가)라는 단어는 지혜자의 기능이 아니라, 오히려 정치적인 계층(잠 11:14)[93]의 조언자 혹은 고문으로서 또는 일상적인 관점에서도(잠 15:22; 24:6)[94] 사용하는 전문 용어로서의 특징을 볼 수 있다.

또한 예레미야 18장 18절과 같은 예레미야 본문이면서 계층을 달리 표 시하는 구절이 있다:

> "제사장들은 여호와께서 어디 계시냐 하지 아니하며
> 법 잡은 자들은 나를 알지 못하며 관리들도 나를 항거하며
> 선지자들은 바알의 이름으로 예언하고 무익한 것을 좇았느니라."
> (렘 2:8)

렘 2:8절에서 제시하는 사회 계층의 부류(법 잡은 자, 관리, 선지자)에는 18장 18절이 제시하는 지혜자들의 계층이 따로 존재하지 않는다.[95]

다윗 시대에서부터(삼하 17:4, 14, 15) 충고(정치적 의미)를 하는 역할은 지혜자들 대신에 공식적으로 장로에게 있었다. 장로들이 궁중에서 왕에 대하여 조언을 하는 기능을 담당하였다.[96]

---

91   R. N. Whybray, The intellectual Tradition, BZAW 135(1974), 133.

92   잠 11:14; 15:22; 24:6

93   비교: L. Ruppert, יעץ, ThWAT III, 724.

94   참조: B. Gemser, Sprüche Salomo, HAT I/16, Tübingen, ²1963, 89; J. Hausmann, Studien, FAT 7(1995), 250-251.

95   C. Levin, Die Verheissung des neuen Bunds, FRANT137, Göttingen, 1985, 259.

96   L. Ruppert, יעץ, ThWAT III, 727-723.

"이에 후새가 사독과 아비아달 두 제사장에게 이르되

아히도벨이 압살롬과 이스라엘 장로들에게

여차여차히 모략을 베풀었고 나도 여차여차히 모략(יעץ)을 베풀었으

니…." (삼하 17:15)

우리는 장로의 기능을 잘 알 수 있는 사건을 르호보암의 세겜 사건에서
볼 수 있다(왕상 12:6, 8). 왕이 되려는 르호보암에게 솔로몬이 그동안 북
이스라엘에게 요구했던 것을 감해달라고 요청하는 정치적 요구 또는 충
언을 한 북 이스라엘 장로들의 기능에서 보듯이 충고(עצה)를 행하는 기능
은 장로의 기능이다. 이 기능은 에스겔까지 연결된다(겔 7:26b).[97]

"환난에 환난이 더하고 소문에 소문이 더할 때에

그들이 선지자에게 묵시를 구하나 헛될 것이며

제사장에게는 율법이 없어질 것이요

장로에게는 모략(עצה)이 없어질 것이며." (겔 7:26b)

성서 내의 역사 시기로 본다면 이스라엘에게 있어서 장로들의 존재는
출애굽 시기(출 3:16)로 볼 수 있다. 장로는 명백하게 한 계층으로 존재했
다는 것을 볼 수 있다. 아마도 장로의 기능은 포로기까지 충고를 주는 계
층으로 이해할 수 있을 것이다. 그러나 왕정 시대에는 정치가들이 장로들
의 역할을 대신하였을 것이다. 왜냐하면 다윗이 북 이스라엘을 통합하는
과정에서 장로의 역할이 줄어들고 대신 관리들 또는 왕에게 자문하는 정
치가의 역할이 더 강조되었기 때문이다. 그러므로 예레미야 18장 18절에
서 지혜자로 표현되는 그룹은 정치가로서 볼 수밖에 없다.

---

97   R. N. Whybray, The intellectual Tradition, BZAW 135(1974), 27.

종합해 보면, 궁중에서 지혜자의 그룹으로 지혜로써 남들을 교육하는 직업을 가진 계층은 발견되지 않는다. 다만 민중보다는 더 많은 생각과 정책을 계획하고 실행을 할 줄 알았다는 것이다. 그리고 그들이 일할 수 있는 힘이 바로 지혜였다. 따라서 지혜자는 특수한 지식 – 지도자를 향한 충고, 조언 – 이 포함된 지혜를 통하여 일을 하는 것이지 한 계층을 지칭하는 것이 아니라는 결론에 도달한다. 따라서 이스라엘에서 학교와 지혜자의 문제는 존재의 문제보다는 점차적으로 발전되는 지속성에서 이해할 수 있을 것이다.

PART 02

지혜 문학을
이해하기 위한
두 번째 단계로서
지혜의 양식들

　지혜의 표현들은 처음부터 문서로서 이루어지지 않았다. 특히, 격언은 처음에 삶의 상황 속에서 구두로 만들어진다. 인간 자신에게 주어진 상황을 극복하거나, 또는 그 상황을 탈피하고자 하는 상황에서 형성되기 때문에 일반적으로 대화 형식으로 형성된다. 그리고 시간이 흐르면서 격언은 인간의 말하는 유행 속에서 살아남을 것인가 아니면 사라질 것인가 하는 검증 과정을 거친다. 이후에 그 시대의 대중적인 언어에서 살아남은 격언들은 문서화 과정을 겪는다. 문서화되는 과정에서 격언들은 지혜의 양식을 갖게 된다. 가장 간결하게 자신의 생각과 남의 생각을 설득할 수 있는 양식은 무엇인가? 지혜 문학은 아름다움을 표현하는 문학 작품이라기보다는 상대방이 미처 생각하지 못하는 부분을 일깨우는 언어로 표현되었다.

1. 지혜서 읽기

　시편과 마찬가지로 지혜의 언어는 두 가지의 관점에서 이해해야 한다. 첫째, 언어적 표현의 이해이다. 일반적으로 언어의 표현은 두 가지의 기능을 가진다. 한편으로는 남에게 자신이 알고 있는 지식과 정보 전달을 하기 위한 '정보 전달'의 수단으로 사용된다. 이것은 정확하게 자신에게 있는 정보나 상황을 묘사하는 기능으로, 자신이 처해진 상황을 말하고, 자신의 지식이나 정보를 전달하며 보고하는 기능을 한다. 언어의 또 다른 기능은 '관계 언어'를 이해하는 것이다.[1] 무미건조한 정보의 교환을 의미하는 것이 아닌, 감정의 교감을 의미한다. 성서에서의 언어는 시편에서 전달하려는 관계 언어와 지혜 문학에서 전달하려는 관계 언어가 있다. 시편의 관계 언어는 의미와 의도가 있는 정감 있는 감정 언어의 전달로 인간의 영혼을 생각하는 언어이다. 인간이 하나님을 변화시키려고 하는 노력이 담긴 언어가 바로 시편의 언어이다.

> 5 "여호와여 내가 주께 부르짖어 말하기를
> 주는 나의 피난처시요 생존 세계에서 나의 분깃이시라 하였나이다."
> 6 "나의 부르짖음을 들으소서! 나는 심히 비천하나이다.
> 나를 핍박하는 자에게서 건지소서! 저희는 나보다 강합니다."
> (시 142:5-6)

　시 142:5-6절은 인간이 하나님에게 이미지를 통한 관계 언어를 표현하고 있다. 즉, "하나님은 나의 피난처"라는 이미지를 제시하면서, 환난 속에 있는 나에게 피난처라는 관계 언어를 통해 하나님의 마음을 움직이고 있

1　E. 샤르팡티에, 『구약성서의 길잡이』, 안병철 역, 바오로의 딸,⁶1997, 253.

는 것이다.

반면에 지혜 문학에서 전하는 언어는 관계의 언어에서도 '생각하게 만들어논 진리의 말'을 의미한다. 말하는 사람의 모습과 정직성 그리고 진리가 혼연일체가 되는 말과 언어의 형태를 찾으려고 노력한다. 지혜의 언어는 처음에는 생각없이 들려오는 정보의 언어인 것 같지만, 그러나 시간이 지날수록 자신의 행동과 삶에 그리고 생각의 영역에 영향을 미치는 지속성을 가진다.

> "지혜자의 말은 가시와 같고
> 그리고 박힌 말뚝과 같다." (전 12:11)

지혜의 언어의 일차적 대상은 하나님이 아니라, '인간'이며, 인간의 생각을 변화시키려고 노력한다. 그 때문에 지혜 문학을 잘 이해하기 원한다면 이러한 관계 언어를 이해해야 한다.[2]

중요한 것은 어떻게 해야 지혜 문학의 책을 잘 이해할 수 있는가? 먼저는 지혜서의 다른 양식들에 대한 이해이다. 일반적인 큰 부류로서 짧은 잠언 부류들이다. 짧은 잠언 부류들은 현실에서 일어나는 사실을 인식하게 하며, 그것을 열거하여 사건의 진행을 깨닫게 한다. 따라서 그 안에는 사람들의 삶이 드러난다. 짧은 잠언 부류들은 그 진술 안에서 효과적인 표현으로 양식의 형태를 가지고 있다. 이 형태는 히브리어의 명사 문장[3]과 분사

---

2   L. Lux, 『이스라엘의 지혜』, 52-53.

3   현대 언어는 한 문장에 동사가 반드시 하나 들어가야만 한다. 그러나 히브리어에서 문장은 동사 문장과 명사 문장 두 종류로 나뉜다. 동사 문장과 다르게 명사 문장은 최소한 두 개의 명사 또는 서로 관련을 가지는 명사 그룹으로 만들어진다. 이 같은 형태는 우리말 "A는 B다(A is B)"로 번역된다. 서술어가 be 동사와 보어(complement)로 제시되는 문장이다. 그러나 히브리어 문장에서 be 동사인 הָיָה(be 동사)는 나타나지 않는다. 이러한 점은 우랄 알타이어족과 인도 유럽어족의 특징에서 벗어난다. 한 문장은 반드시, 그것이 일반 동사이든, 아니면 be 동사이든지 간에, 반드시 하나의 동사가 들어 있어야 한다는 원칙에서 히브리어 문장은 벗어나 있다. 명사 문장은 הָיָה(be

문장을 사용한다. 그런데 이러한 짧은 부류의 잠언 격언들은 우리 말 성서에서는 대부분 서술어로서 번역되었기 때문에 명사 문장과 분사 문장의 독특성을 인식할 수 없다. 이러한 번역은 사람이 상상할 수 있는 힘을 축소한다. 잠언 10장 15절을 예로서 설명하고자 한다.

잠언 10장 15절	
서술 문장	명사 문장
부자의 재물은 그의 견고한 성이요 가난한 자의 궁핍은 그의 멸망이니라	부자의 재물(+) ◀───▶ 그의 견고한 성(+) 가난한 자의 궁핍(-) ◀───▶ 그의 멸망(-)

위에서 나타난 서술식 문장이 한글 성경의 잠언들이다. 서술식 문장에서는 원래 시적인 형태에 계사(Kopula)[4]를 사용하여 산문으로 만들어 번역하였다. 어떤 정보를 전달하는 과정에서 서술식의 문장은 좋은 방식이지만, 듣는 사람과 읽는 사람의 상상력을 자극하는 데는 적합하지 않다. 즉, 여러 가지 생각이 결합될 수 있는 상상력을 사라지게 한다. 반면에 오른쪽의 명사 문장은 시문으로 표현한 문장이다. 왜 시문으로 잠언이 쓰였을까? 아마도 시문이 서술문보다 소리와 이미지를 사용하여 더욱더 강력한 설득력을 갖게 하기 때문일 것이다. 그러므로 짧은 잠언을 읽는 독자들에게 되도록 서술식 문장처럼 하나의 개념으로 이해하기보다는 한 개념 (부자의 재물, 가난한 자의 궁핍)을 읽으면서 다른 개념들과(그의 견고한 성, 그의 멸망) 결합하여 제시되는 영향력을 스스로 질문해 보라고 나는 권하고 싶다. 부자의 재물, 그의 견고한 성, 가난자의 궁핍, 그의 멸망이라는 네

동사)를 사용하여 번역한다. 이러한 경향은 명사 문장의 전체적인 특징을 제시한다. 동사 문장은 동사를 통하여 사건의 진행을 묘사하는 반면에, 명사 문장은 주어의 상황과 배경을 설명하는 역할을 한다; 이용호, 『히브리어의 구문론과 문장론』, 도서출판 바울, 2012, 188-189.

4   다음국어사전) 명제의 주사(主辭)와 빈사(賓辭)를 연결하여, 긍정이나 부정의 뜻을 나타내는 말. 예를 들어, '나는 사람이다.'에서 '이다'가 이에 해당한다.

개의 어구는 독자에게 깊은 뜻을 생각하게 하는 힘을 갖는다. 어느 정도까지 부자는 그의 재물에 의지할 수 있는가? 그들의 재물은 그 어떤 역경도 견디어 낼 수 있는 견고한 성인가? 또는 부자의 재물이 멸망을 가져올 수 있는가? 궁핍은 패망의 원인인가? 가난한 자에게 소망이 없는가? 또는 가난이 견고한 성이 될 수 있는가? 짧은 잠언은 언제나 다른 잠언과 결합함으로써 더욱더 그 의미가 분명해진다.

짧은 잠언과 반대로 교훈시 혹은 교훈 잠언들은 비교적 긴 교훈의 내용을 가진 시로 구성되어 있다. 짧은 잠언이 단어의 개념을 가지고 상상력을 동원하도록 권하는 반면에, 긴 교훈시들의 경우 그 생생한 묘사에 집중해야 한다.

> 11 "그들이 네게 말하기를 우리와 함께 가자!
> 우리가 가만히 엎드렸다가 사람의 피를 흘리자!
> 죄 없는 자를 까닭 없이 숨어 기다리다가,
> 12 음부 같이 그들을 산 채로 삼키며 무덤에 내려가는 자 같게 통으로 삼키자!
> 13 우리가 온갖 보화를 얻으며 빼앗은 것으로 우리 집에 채우리니,
> 14 너는 우리와 함께 제비를 뽑고 우리가 함께 전대 하나만 두자! 할지라도
> 15 내 아들아 그들과 함께 길에 다니지 말라
> 네 발을 금하여 그 길을 밟지 말라." (잠 1:11-15)

이러한 긴 잠언은 '피를 흘리자', '산 채로 삼키며' 등등 풍부한 그림 언어를 읽으며 그 의미를 폭넓게 키워 나갈 수 있다. 이러한 언어들은 때로는 직유법과 은유법으로 우리의 생각을 뒤흔들 때가 있다.

14 "이는 지혜를 얻는 것이 은을 얻는 것보다 낫고,

그 이익이 정금보다 나음이니라.

15 지혜는 진주보다 귀하니,

너의 사모하는 모든 것으로 이에 비교할 수 없도다!

16 그 우편 손에는 장수가 있고 그 좌편 손에는 부귀가 있나니

17 그 길은 즐거운 길이요 그 첩경은 다 평강이니라." (잠 3:14-17)

또한 어떤 때는 다양한 삶의 재료가 우리의 상상력을 발휘하는 재료가 되기도 한다(잠 6:6; 11:22; 26:2, 3 등등). 다양한 삶의 재료들은 보이는 외면을 통하여 비유와 직유로서 내면의 생각을 이끄는 방법으로 사용된다.

2. 지혜 언어의 기본적인 양식

1) 평행법(Parallelismus)

구두로 전승된 지혜의 언어가 후에 문서화 과정을 거치면서 문학적인 옷을 입기 시작하였다. 그 문학적인 옷의 대표적인 양식이 시문 양식이다. 시 문체를 이해하는데 가장 중요한 양식은 평행법(Parallelismus membrorum)이다. 평행법은 동일한 형태가 반절이나 한절, 또는 행과 절 그리고 어구와 절을 형성하여 내용을 반복 혹은 그 사상을 심화하는 형태를 말한다. 의미상의 짝을 이룰 수 있으며, 서로 반대되는 내용을 반복할 수도 있다.[5]

---

5   W. H. Schmidt, 『구약성서 입문』, 413.

(1) 동의적 평행법(ein synonymer Parallelismus)

동의적 평행법은 동일한 의미의 사상이 반복되는 평행법인데, 첫 반절(A)의 사상과 그 다음 반절(B)의 사상이 동일한 의미를 가진 말로 평행된다. 즉, a:b=a′:b′ 또는 a:b:c=a′:b′:c′의 형태로 동일한 사상을 표시한다:

> A: "**무덤(a)을 파는 자**는 *그것에 빠진다(b)*.
> B: **돌을 굴리는 자(a′)**는 *도리어 그것에 치인다(b′)*." (잠 26:27)

> A: "범죄자(a)를 변호하는 것(b)은 선하지 않으며(c),
> B: 정의로운 자(a′)를 재판에 오게 하는 것(b′)은 선하지 않다(c′)." (잠 18:5)

어떤 일을 꾸미는 원인이 무덤과 돌이라면 그 때문에 나타난 결과는 '그것에 빠지는' 것과 '그것에 치이는' 것이다. A 반절과 동일한 사상을 B의 반절에서 다른 단어로 전개하고 있다. 범죄자와 정의로운 자가 대조되는 것 같지만 결국 옳고 그름의 관계를 보면 동일한 사상을 반복하고 있다.

(2) 반의적 평행법(ein antithetischer Parallelismus)

잠언 10-15장까지 대부분 90%에 달하는 평행법이 반의적(대구법)이다. 반의적 평행법은 대체로 한절의 첫 반절(A)과 다음 반절(B)의 사상이 대립되거나, 또는 처음 반절은 긍정적으로 말하나, 다음 반절은 부정적으로 말하여 서로 반대되게 하는 평행법이다.

> A: "바른 길로 가는 자는 안전하게 간다.
> B: 그의 길을 굽게 하는 자 알려지게 된다." (잠 10:9)
> A: "타인을 위하여 보증하는 자(는) 손해(를 당한다)

B: 보증을 싫어하는 자(는) 염려 없음(이다)." (잠 11:15)

A 반절과 B의 반절은 서로 비슷한 표현이 아니라, A 반절을 중심으로 B 반절은 A 반절의 부정적인 생각(잠 10:9) 그리고 사상의 대립(잠 11:15)을 기록하고 있다. 예문에서 보는 것과 같이 각 대구들은 엄격하게 대립적인 사고로 되어 있다.

(3) 종합적 평행법(ein synthetischer Parallelismus)
종합적 평행법은 먼저 사용된 시구나 절들이 두 번째 절에서 동일하게 또는 반대로 반복되는 것이 아니라, 오히려 변형하여 앞의 사상을 확장하고 심화하는 평행법이다. 후반절은 새로운 것을 향하여 부연한다.

A: "총명한 종은 B: 부끄러운 아들을 다스린다.
C: 또는 그는 그의 형제들 중에서 유산을 얻는다." (잠 17:2)

A와 B에 관련된 생각이 C에서 종합적인 생각으로 발전한다. 첫 절은 어리석은 아들과 총명한 종의 관련성을 지적한다. 그리고 둘째 절은 둘의 관계에 상반되거나, 동일한 반복을 하는 것이 아니라, '유산'이라는 단어로서 그들의 관련성을 발전시키며 보충한다.[6]

(4) 비유적 평행법(ein parabolischer Parallelismus)
비유적 평행법은 앞서 제시한 평행법과 구별된다. 이 평행법은 반절(또는 한절)이 비유로서 표현된 그림언어로서 채워진다. 그리고 비유, 비교를 제시하는 히브리어 전치사 케(כְּ /kᵉ)가 처음 반절에 나온다. 나머지 반절

---

6   K. Koch, 『구약성서의 방법론』 양식사학이란 무엇인가?, 허혁 역, 분도출판사, 1975, 147.

(또는 한 절)은 저자가 말하고자 하는 내용으로 나타난다. [7]

> A: "개가 토한 것을 도로 먹는 것과 같이(י/keⁱ: 비유)
> B: 미련한 자는 어리석은 짓을 되풀이 한다." (잠 26:11)

> A: "바가지를 긁는 아내와 함께 사는 것보다는 (י/keⁱ: 비교)
> B: 다락방 한 구석에서 사는 것이 낫다." (잠 25:24)

(5) 점층적 평행법(ein stufenartigen Parallelismus)

점층적 평행법은 거의 두 절 또는 한 절의 반절과 반절로 된 것이 아니라, 오히려 세 어구로 된 구절로 구성된다. 이 평행법은 단순한 생각을 반복하면서 그 생각을 심화하고 발전시킨다. 즉, 한 개의 시행으로서 끝나지 않고 또 다른 시행으로 점진적(漸進的)으로 그 사상이 발전해 간다. 말하자면 첫 시행의 첫 반절 또는 첫 문장에서 그 사상 표현을 완결시키지 않고 단지 다음 반절(또는 문장)로 넘어가는 출발점 역할을 하며, 이런 사상의 계단적 발전이 한 개의 시행에서 종결되지 아니하고 다른 시행으로 확장되어 가는 것이 이 평행법의 특징이다. 지혜 문학에서 이 점층적 평행법은 다른 문학적 양식[8]과 결합하여 나타난다. 여기서는 시편의 구절을 예로 제시한다.

> 3 "여호와여 큰 물이 소리를 높였고(중심 단어: 소리)
> 큰 물이 그 소리를 높였고(반복 강조)
> 큰 물이 그 물결을 높이나이다.(소리 물결)
> 4 높이 계신 여호와의 능력은 (중심 단어: 능력)

---

7   H. Ringgren, W. Zimmerlie, 「잠언/전도서」, 『국제성서주석』, 한국신학연구실 번역, 한국신학연구소, 1992, 27.

8   아마도 이러한 양식의 결합은 거의 수 잠언과 결합하여 한 단계, 한 단계 높여서 올라간다.

많은 물소리보다,(많은 물)

바다의 큰 파도보다,(큰 파도)

위대하시니이다." (잠 93:3-4; 참조, 24:7,8; 29:1,2)

위의 제시한 평행법들은 잠언에서 다음과 같은 분포로 나타난다:

	A(잠 10-15장)	B(잠 16-22:16)	C(잠 25-27장)	D(잠 28-29장)
반의적 평행법	89.1	24.7	11.0	61.8
종합적 평행법	3.3	19.5	6.1	3.6
동의적 평행법	4.9	27.4	11.0	5.5
비유적 평행법	1.1	2.1	18.2	3.6
계	98.4%	73.7%	46.3%	74.5%
평행법이 아님	1.6	26.3	53.7	25.5

　짧은 잠언의 평행법들은 잠언에서 각각 다른 특징을 보여준다. 평행법은 처음 잠언이 형성된 것보다 문학적 양식이 첨가된 것이기 때문에 평행법의 발생 퍼센트에 따라서 잠언의 연대를 정할 수 있다. 문학적 발전에서 '문학적 기교'가 많은 것은 그만큼 더 원본에 수정이 가해졌다고 보기 때문에 연대가 후대일 수밖에 없다. 즉, 문학적 기교가 적은 반의적-종합적 = 동의적-비유적 순으로 만들어졌을 것이다. 그러므로 C(잠언 25-27장)는 기교화 된 잠언 -평행법을 사용하지 않은 잠언이 53.7%를 차지한다- 이 적게 나타나기 때문에 연대가 가장 오래된 것이며, 그리고 거의 동일한 연대를 가지고 있는 것이 B와 D이며 그리고 마지막은 A이다. A(잠언 10-15장)는 반의적 평행법이 아주 높은 퍼센트를 차지하기 때문에 가장 늦은 연대를 차지한다.[9]

9　U. Skladny, Die ältesten Spruchsammlungen(1962), 67.

2) 다양한 화법

(1) 진술어(Aussage)

흔히 단독으로 된 문장성분으로 - '여름!, 해가 진다. 등등'- 속담, 금언
그리고 경구들에서 사용하는 화법이다. 진술어는 현실에서 일어나는 사
실을 직시하고, 그러한 사실을 나열하여 인식하게 하는 문장이다.[10] 또한
진술어는 강력하게 경험에 바탕을 두고 있다. 고대 이스라엘은 전통적인
진술어들이 경구로서 표현된다[11]:

> "갑옷을 입은 사람이
> 갑옷을 벗은 자람과 같이 자랑하지 못할 것이다."(왕상 20:11)

마찬가지로 지혜 문학에서도 진술어(직설법 표현)는 권고의 말(명령형의
표현)보다 더 먼저된 양식으로 사용되었다.[12] 따라서 모든 진술어로서 구성
된 속담, 금언 그리고 경구들은 두 행으로 이루어진 평행법이 주를 이룬다.

> "너희가 권고를 들으며, 훈계를 받으면,
> 그러면 네가 미래에 지혜롭게 될 것이다." (잠 19:20)

---

10 W. Zimmerli, Ort und Grenze der Weisheit im Rahmen der altt. Theologie, TB 19,
    München, 1963, 304.

11 R. E. Murphy, 『생명의 나무』, 박요한 영식 역, 성바오로, 1998, 30.

12 진술어로 이루어진 속담들과 명령형을 주로 하는 권고의 말에 대한 발생 시기의 논쟁이 있었다.
    이것도 역시 지혜의 기원이 어디인가를 묻는 물음 속에 있다. 진술어는 권고의 말보다 덜 기교적
    이다. 그 때문에 W. Zimmerli, Zur Struktur der altt. Weisheit, ZAW51, 1933, 177-204에서
    이러한 점을 지적하고 있다. 일반적으로 사람들은 가정에서 금지, 명령에 해당하는 언어를 먼저
    배운다. 그러나 인간에게 전달하는 속담과 경구들은 원초적으로 진술어에서 시작되었다고 주장
    한다. 그러면서 히브리어 어법상 진술어로 만든 속담은 권고의 말로 전환될 수 있지만, 권고의 말
    은 진술어로 전환이 불가능한 것을 증명하였다.

진술어는 현실을 포착하고 항상 삶에서 일어나는 일을 이해하게 하지만 결론을 내리지 않는다. 단지 '그렇게 될 것이다'라는 말을 통해 방향만 제시할 뿐이다. 지혜자는 그렇게 경험하였으며, 그것을 따를 것인지 또는 아닌지는 듣는 자의 몫이다. 그렇기에 진술어로서 구성된 속담, 금언 그리고 경구들은 언제나 올바른 판단을 위한 지침이 되며, 지혜자의 경험을 보고 따를 것을 은연중에 요구한다.[13]

(2) 권고의 말(das Mahnwort)

권고의 말은 듣는 자의 특정한 행위를 촉구한다. 거의 명령형과 '~을 해야만 하는 당위성'을 제시하는 양식으로 구성되어 있다. 그리고 결론으로 자신의 주장과 요구의 정당성을 위하여 '왜냐하면, ~때문에'라는 이유를 첨가한다. 또한 인간에게 자신이 처한 현 상황을 피하게 하며 더 나은 상황을 만들기 위한 조언을 위해 '~하기 위해서'라는 양식을 사용하기도 한다.

> 19 "악한 일을 행하는 자에게 분노하지 말라!
> 악인에게 노하지 말라! 〈명령·당위성 제시〉
> 20 왜냐하면 악한 일을 행하는 자에게 미래가 없고, 〈결론〉
> 악인의 등불은 꺼지기 때문이다." (잠 24:19-20)

진술어보다는 권고의 말이 더욱더 지혜의 교육적 의도를 완벽하게 이행한다. 또한 권고의 말은 사람들의 행동 규칙을 정하며, 삶의 법칙을 정형화한다.[14]

---

13   C. Westermann, Weisheit, TB55(1974), 151.

14   L. Lux, 『이스라엘의 지혜』, 65-66.

(3) 표상 언어 또는 그림 언어(Bildwort)

인간의 상상력을 극대화하여 마치 머릿속에서 그림을 그리듯이 현실의
상황을 표현하는 방법이다. '~와 같이'라는 비유를 통하여 다양한 영역을
사용하여 인간의 행위를 묘사한다. 특히 자연계 속에서 인간의 습성과 비
교하여 인간의 행위를 깨닫게 하는 언어이다. 이러한 경우 거의 강조점은
결론에 있다.

> "개가 그 토한 것을 다시 먹는 것과 같이,
>
> 미련한 자는 그 미련한 짓을 계속 행한다." (잠 26:11)

> "소는 그 임자를 알고 나귀는 주인의 구유를 알건마는
>
> 이스라엘은 알지 못하고 나의 백성은 깨닫지 못하는도다 하셨도다."
>
> (사 1:2)

첫 번째 행위를 부정으로, 그리고 그 다음에 행위를 긍정으로 평가함으
로써 두 개의 행위를 대조하고 비교하여 인간의 행위를 규정하기도 한다.
'~이 ~보다 좋다'고 하는 비교의 비유나 혹은 좋고 나쁨을 대조하여 인간
의 행위에 신중함과 올바름을 찾게 하는 작용을 한다. 이러한 것은 윤리적
영역과 신학적 영역(시 118:8-9)을 다 포함한다.[15]

---

15   W. H. Schmidt, 『구약성서 입문』, 446-447.

3. 지혜서에서 사용된 문학 양식들

1) 진술어를 사용하는 짧은 잠언 양식들

진술어로 만들어진 잠언들은 다음과 같은 특징을 가진다:

- 짧고 쉬운 문장: 한 행, 또는 두 행으로 이루어진 것들이 여기에 속한다.
- 경험에 기초: 처음에 자연세계 그리고 그것을 의인화하거나 또는 비유와 같은 그림 언어로 표현한다.
- 기억하기 쉬운 형식: 평행법을 기본으로 사용한다.
- 있는 그대로의 방식: 잠언은 관찰이지 법칙이 아니다. 발생한, 또는 발생하는 것을 그대로 묘사하여 듣는 자로 하여금 통찰력을 얻을 것을 추구한다.[16]

(1) (민족) 속담

명령도 없고, 경고도 하지 않으며, 본 그대로 단순하게 진술한다. 특히 속담은 학교 또는 책상 위의 사색으로부터 만들어지지 않은 민족의 삶의 현장 기록이다. 속담의 표현은 삶의 현장을 매우 노골적이며 그리고 그림과 같이 생생하게 표현한다.

"도적질한 물이 달고 몰래 먹는 떡이 맛이 있다."(잠 9:17)

그래서 속담이 교훈적인 것 같지만, 교훈은 속담이 밝히려는 도구일 뿐이다. 결국 인간에게 무엇이 더 나은가를 고민하게 한다. 속담을 청취한 사람은 자신 스스로 결론을 돌출하며, 실용적인 결론에 도달한다.

---

16   E. Lucas, 『시편과 지혜서』, 박대영 역, 성서유니온선교회, 2008, 175-177.

"소가 없으면 구유는 깨끗하려니와

소의 힘으로 얻는 것이 많으니라." (잠 14:4)

속담은 일상생활 속에서의 경험을 묶고 농축시키기 때문에 종종 진의가 드러나는 사회적-정치적 관련성을 숨긴다. 그 때문에 종종 그 진의를 파악하고 해석하는 것이 필요하다.[17]

"너희가 이스라엘 땅에 대한 속담에 이르기를

아비가 신 포도를 먹었으므로 아들의 이가 시다고 함은 어찜이뇨?"

(겔 18:2)

특히 속담은 그 기능에 따라서 비판적·교훈적·경험적·유희적 속담으로 나눌 수 있다. 비판적 속담은 '천재와 바보는 종이 한 장 차이'와 같이 상대편의 약점을 간파하여 기선(機先)을 제압하는 데 사용된다. 교훈적 속담은 격언이나 금언(金言)과 비슷한데, 중국의 고전이나 불교의 경전에서 온 '의식(衣食)이 족해야 예절을 안다'가 그 예이다. 경험적 속담은 오랜 경험 끝에 체득한 지식을 알기 쉬운 말로 정리한 것이 많은데, '등잔 밑이 어둡다'가 그 예에 속한다.

(2) 격언, 경구, 수수께끼

격언은 금언(金言) 혹은 잠언(箴言)이라고도 한다. 비슷한 말로 속담이 있는데, 이것은 서민들 사이에 유포되어 있는 경구(警句), 풍자(諷刺), 교훈, 익살 등을 짤막하게 나타낸 말이다. 인간의 도덕률과 행동 규범에 관하

---

17   L. Lux, 『이스라엘의 지혜』, 61-63; E. Zenger u.a., Einleitung in das Alte Testament, KStTh Bd1,1, Stuttgart, 2004, 332.

여 만인이 공감할 수 있도록 짧게 표현한 격언은 성현(聖賢)의 말씀 중에서 많이 발견된다. 예를 들어,『전국책(戰國策)』의 "많이 달리는 자는 많이 넘어진다", J. S. 밀의 "행복을 얻는 유일한 길은 행복을 잊고 행복 이외의 것을 인생의 목적으로 삼는 데 있다", 노자의 "대기만성(大器晚成)", 예수의 "칼을 쓰는 자 칼로 망한다."(마 26:52) 등은 잘 알려진 격언이다.

반면에 경구를 예를 들어, 파스칼의 "만약 클레오파트라의 코가 한 치만 낮았더라면 세계의 역사는 바뀌었을 텐데" 등과 같은 것이다. 따라서 경구는 사람의 의표를 찌르면서도 인간 세계의 진리를 정확하게 표현하고, 풍자와 함축성이 풍부하여 듣는 사람으로 하여금 수긍하게 한다. 일반적으로 격언이나 속담과 같은 의미로 취급되는 수도 있으나, 격언이나 속담이 언제 어디서나 통용되는 일반적인 뜻을 지니고 있는 반면, 경구는 대개 경구가 형성된 특수한 경우에만 표현 가치를 지닌다.

마지막으로 수수께끼는 어떤 사물에 대하여 바로 말하지 않고 빗대어 말하며 알아 맞히도록 하는 양식이다. 예를 들어, 개미네 집 주소는 '허리도 가늘군 만지면 부러지리', 또는 고기 먹을 때마다 따라오는 개는 '이쑤시개' 등등이다.

2) 진술어를 사용하는 긴 잠언 양식들

(1) 수수께끼 잠언

수수께끼의 한 종류로서 수수께끼의 잠언은 교육을 그 목적으로 한다. 수수께끼는 질문 형식으로 목적을 향해 비슷한 여러 가지 질문을 통해 원하는 답을 얻게 한다. 수수께끼는 기교적인 언어 형태로 그 삶의 자리가 상류층의 환경에서 기원하며 관리 교육을 위한 필요성에서 대두되었다.

29 "재앙이 뉘게 있느뇨? 근심이 뉘게 있느뇨?

분쟁이 뉘게 있느뇨? 원망이 뉘게 있느뇨?

까닭 없는 창상이 뉘게 있느뇨? 붉은 눈이 뉘게 있느뇨?

30 술에 잠긴 자에게 있고 혼합한 술을 구하러 다니는 자에게 있느니라!

31 포도주는 붉고 잔에서 번쩍이며 순하게 내려가나니 너는 그것을 보지도 말지어다!

32 이것이 마침내 뱀 같이 물 것이요, 독사 같이 쏠 것이며

33 또 네 눈에는 괴이한 것이 보일 것이요 네 마음은 망령된 것을 발할 것이며

34 너는 바다 가운데 누운 자 같을 것이요 돛대 위에 누운 자 같을 것이며

35 네가 스스로 말하기를 사람이 나를 때려도 나는 아프지 아니하고

나를 상하게 하여도 내게 감각이 없도다.

내가 언제나 깰까 다시 술을 찾겠다고 하리라." (잠 23:29-35)

(2) 수 잠언(Zahlenspruch)

수수께끼 잠언보다 한 단계 진보된 · 발전된 잠언 양식으로 사물과 행동에 관한 지시들을 세고 열거하는 것에서 질서를 발견하고자 하는 양식이다. 이러한 양식의 잠언은 숫자를 사용하여 원칙과 질서를 세우고 반영한다. 원래 수수께끼에서 기원을 가지고 있는 수 잠언인 경우[18] 잠언 30장 15b-30절과 고대 근동의 지혜 양식인 벤 시락서 시락[19], 아퀴나 본문[20]과 예언서인 아모스의 본문에서 나타나며, 이 분문들은 서로 동일한 양식을

---

18   다음에 제시되는 것들은 단계적으로 수가 높아지는 수 잠언으로 제시된다: 잠 6:16-19(6-7); 30:15ab-16(3-4), 18-19(3-4), 21-23(3-4), 24-28(3(?)-4), 29-31(3-4); 욥 5:19-22(6-7); 시락23:16-18(2-3); 25:7-11(9-10); 26:5-6(3-4); 50:25-26(2-3); 암 1:3(3-4) 외 다수.

19   집회서 23:16-18; 25:7-11; 26:5-6, 28-29; 50:25-26.

20   E. Schau (hg), Papyri (1911), plate 44 (papyrus 53, lines 14-15a).

사용하고 있다.

잠언인 경우 양식적인 차이는 두 가지로 나타난다:

첫 번째 양식은 단계적으로 한 수가 높아짐으로(x/x+1: 여기서는 3과 4) 최종적인 수에서 결론을 지시하는 양식이다:

> 18 "내가 심히 기이히 여기는 것 세 가지와
>
> 이해하지 못하는 것 네 가지가 있다.
>
> 19 독수리가 하늘을 지나간 자리, 뱀이 바위를 기어간 자리,
>
> 배가 바다 가운데 지나간 자리,
>
> 마지막으로 사내가 젊은 여인을 거쳐 간 자리이다." (잠 30:18-19)

이 구절은 다음과 같은 도표로 나타낼 수 있다:

제목줄	기이한 일(세 가지- 수 X)		정말 모를 일 (네 가지- 수 X+1: 저자의 의도)
목록줄		(X+1을 밝히기 위한 보조 요소)	본문 전체 클라이맥스
수 X	①독수리가 하늘을 지나간 자리	수 X+1	④사내가 젊은 여인을 거쳐 간 자리
	②뱀이 바위를 기어간 자리		
	③배가 바다 가운데 지나간 자리		
해석줄	간음하는 여인의 행색도 그와 같아 먹고도 안 먹은 듯 입을 씻고 "난 잘못한 일 없다"고 시치미 뗀다(20)		

제목 줄에서 언급된 수가 목록으로 제시된다. 이러한 양식의 의도는 취급된 현상들의 유사성을 두 단계로 구분하여(x와 x+1) 제시함으로써 작가가 의도하는 결론에 도달하게 한다. 잠 30장 18-19절의 경우 앞의 3가지(x)는 자연의 범위를 제시하는 반면에, 마지막의 x+1은 작가가 실제적으로 의도하고자 하는 절정의 결론으로 인간 세계의 복잡함을 표현하고 있

다. 결국에 x+1을 제외한 나머지는 절정의 결론(climax)을 이해하기 위한 장식품(x의 수)으로써 사용하고 있다(집회 25:7; 26:5). 마지막으로 뒤따르는 특징은 x+1의 현상을 확장하고 해석하는 절을 갖는 양식이 주어진다.[21]

잠언에 나타난 수 잠언의 두 번째 유형은 잠 30장 15b-16절에서 찾아볼 수 있다:

15b "족한 줄을 알지 못하는 것 셋,

족하다 하지 아니하는 것 넷이 있나니

16 곧 스올과 아이 배지 못하는 태와

물로 채울 수 없는 땅과 족하다 하지 아니하는 불이니라."

(잠 30:15b-16)

제목줄	아무리 먹어도 배부른 줄 모르는 것(세 가지)	"족하다" 할 줄 모르는 것(네 번째)
목록줄	① 지옥	
	② 애기 못 낳는 모태	
	③ 물로 채울 수 없는 땅	
	④ "만족하다" 할 줄 모르는 불	
	작가 의도의 특징 요소	
해석줄	"아비를 조롱하며 어미 순종하기를 싫어하는 자의 눈은 골짜기의 까마귀에게 쪼이고 독수리 새끼에게 먹히리라." (잠 30:17)	

이 수 잠언의 두 번째 양식(잠 30:15b-16; 비교 잠 30:24-28; 집회서 23:16-18)은 첫 번째와 차이가 난다. 즉, X는 X+1의 양식으로 단계적인 발전을 보이는 것이 아니라, 오히려 4개의 요소가 한 가지의 주제로 통합

---

21   잠 30:18-19, 20; 욥 5:19-22, 23-27; 집회 23:16-17, 18-21; 25:7-11, 11-12; 26:28a, 28b 비교, 잠 30:15b-16, 17; 30:29-31, 32-33 들은 이런 양식을 가진다. 그러나 잠 6:16-19, 21-23; 집회 50:25-26 들은 확장된 절을 가지지 않는다.

된다. 거기에서 x+1은 절정이 아니라, 앞의 세 요소와 마찬가지로 공통의 주제를 드러내기 위해 사용된다. 여기에서 공통적인 주제는 '인간과 자연의 끊임없는 욕심'[22]으로 생각할 수 있다: 처음에 스올과 관련하여 잠 27장 20절; 사 5장 14절 그리고 합 2장 5절이 증명하는 것과 같이 항상 채워지지 않는 죽음의 범위(잠 30:16a)가 제시된다. 인간 삶의 마지막을 지시하는 이 신화적인 범위는 두 번째로 인간의 삶의 탄생에, 아기를 잉태하지 못하는 자궁에 관련된 여인의 끊임없는 욕구의 범위로 변하게 된다. 아기를 임신하지 못하는 여인의 강력한 욕구는 창 30장 1절[23]에서 두드러지게 나타난다. 세 번째 그리고 네 번째 범위는 현실 세계와 결합한다. (불 그리고 땅) 땅은 항상 되풀이하여 흘러야 하는 물이 충분하지 않다고 하며, 많은 비가 내려야 한다고 한다. 그리고 불은 태우는 것이 존재하는 한 계속 어떤 것이든 태워 나간다.[24]

---

22 비교, A. Meinhold, Die Sprüche Kap. 16-31, ZBK 16.2, Zürich, 1991, 507 W. M. W Roth, Numerical sayings in the Old Testament : a form-critical study, VT.S13, 1965, Leiden, 29.

23 비교, 창 20: 18.

24 비교, A. Meinhold, ZBK 16.2(1991), 507; G. 폰 라드, 『구약성서 신학 III』, 47-50에서 채택한 잠 6:16-19은 숫자 잠언이 아니다. 숫자 잠언의 특징은 백과사전식의 잠언과 다르다. 수만큼 어떤 상황을 나열하는 것이 아니라, 오히려 단계적으로 발전하게 하여 화자가 목표에 도달하게 하는 효과를 가진다. 그 때문에 예를 들어, 잠 6:16-19은 목록과 백과사전식의 잠언에 대한 열거이지 수 잠언이 아니다; 특히 이 수 잠언에 관하여 다음을 참조하라: D. Sauer, Die Sprüche Agurs : Untersuchungen zur Herkunft, Verbreitung und Bedeutung, WMANT 84, Stuttgart, 1963; A. Bea, Der Zahlenspruch im Hebräischen und Ugaritischen, Bib21, 1940; W. M. W Roth, Numerical sayings, VT.S13(1965), Leiden; W. M. W Roth, Numerical sayings in the Old Testament : a form-critical study, VT 12, 1962, 300-311; M. Haran, The Graded numerical sequence and the Phenomenon of "Automatism" in biblical Poetry, VT.S22, 1971, 238-267; H. P. Rüger, Die gestaffelten Zahlensprüche des AT und Aram. Achikar 92, VT31, 1981, 229-234; M. Weiss, The Pattern of Numerical Seqünce in Amos 1-2, JBL 86, 1967, 416-423; 이용호, "지혜 문학의 수 잠언과 아모스의 이방 신탁의 양식 비교", 한국 구약 학회 70차, 2006, 133-151 등등.

(3) 목록과 사전(백과사전식 잠언)

"뱀, 왕뱀, 큰 뱀, 왕 애벌레, 코브라, 아포피스 뱀(신의 뱀)···."

다양한 동물의 종과 속들을 정리한 수메르의 목록 시리즈에서 발췌한 것이다.[25] 여기서 첫 부분을 인용한 뱀의 목록은 더 많다. 계속해서 여러 종류의 동물, 식물, 인간의 종류 그리고 하늘과 천체의 세계들을 열거한다. 이러한 양식을 목록과 사전(백과사전식 잠언)이라고 한다.[26] 이러한 양식은 교육적인 목적으로 만들어졌다. 학생들은 자신의 주변에 존재하는 것과 존재하지 않는 것까지도 알 수 있었다. 하지만 구약성서에는 이러한 목록과 사전 양식의 잠언 기록은 남아 있지 않다. 그러나 목록과 사전 양식에 대하여 추측할 수 있다. 열왕기상 4장 30-34절에서 우리는 목록과 사전 양식이 있을 것이라고 추측할 수 있다:

> 30 "솔로몬의 지혜가 동양 모든 사람의 지혜와 애굽의 모든 지혜보다 뛰어난지라!
>
> ···
>
> 32 저가 잠언 삼천을 말하였고 그 노래는 일천 다섯이며
>
> 33 저가 또 초목을 논하되 레바논 백향목으로부터 담에 나는 우슬초까지 하고
>
> 저가 또 짐승과 새와 기어 다니는 것과 물고기를 논한지라
>
> 34 모든 민족 중에서 솔로몬의 지혜의 소문을 들은
>
> 천하 모든 왕 중에서 그 지혜를 들으러 왔더라." (왕상 4:30-34)

25　H. H. Schmid, *Wesen und Geschichte*, BZAW 101(1966), 224.

26　L. Lux, 『이스라엘의 지혜』, 54-55.

아마도 목록과 사전 양식은 이스라엘에서 다른 긴 잠언의 유형들과 결합하여 발전하였을 것이다(잠언 30:24-28).

(4) 자서전적 이야기(문체화: Autobiographische Stilisierung)

지혜가 인간의 경험으로부터 시작되었다는 사실을 보여주는 가장 단순한 양식이 바로 자서전적 이야기이다. 지혜자들이 보고 들은 것을 자기 이야기식으로 말함으로써 교훈을 이끌어내려고 노력한다.[27]

> 30 "내가 게으른 자의 밭과 지혜 없는 자의 포도원을 지나며 본즉
> 31 가시덤불이 퍼졌으며 거친 풀이 지면에 덮였고 돌담이 무너졌기로
> 32 내가 보고 생각이 깊었고 내가 보고 훈계를 받았었노라
> 33 네가 좀 더 자자, 좀 더 졸자, 손을 모으고, 좀 더 눕자 하니 네 빈궁이 강도 같이 오며
> 34 네 궁핍이 군사같이 이르리라!"(잠 24:30-34)

(5) 우화와 알레고리

알레고리는 어떤 주제 A를 말하기 위하여 다른 주제 B를 사용하여 그 유사성을 적절히 암시하면서 주제를 나타내는 수사법으로 은유법과 유사한 표현 기교라고 할 수 있다. 은유법이 하나의 단어나 하나의 문장과 같은 작은 단위에서 구사되는 표현 기교라면, 알레고리는 이야기 전체가 하나의 총체적인 은유법으로 관철되어 있다는 차이점이 있다. 특히 알레고리 본문은 수수께끼와 관련을 가진다.

---

27   G. 폰 라드, 『구약성서 신학 III』, 50-51; J. L. Crenshaw, 『구약 지혜 문학의 이해』, 강성열 역, 한국장로교출판사, 1999, 50.

1 "너는 청년의 때 곧 곤고한 날이 이르기 전,

나는 아무 낙이 없다고 할 때가 가깝기 전에 너의 창조자를 기억하라

2 해와 빛과 달과 별들이 어둡기 전에, 비 뒤에 구름이 다시 일어나기 전에 그리하라.

3 그런 날에는 집을 지키는 자들이 떨 것이며, 힘 있는 자들이 구부러질 것이며,

맷돌질 하는 자들이 적으므로 그칠 것이며, 창들로 내어다 보는 자가 어두워질 것이며,

4 길거리 문들이 닫힐 것이며, 맷돌 소리가 적어질 것이며,

새의 소리를 인하여 일어날 것이며, 음악 하는 여자들은 다 쇠하여질 것이며,

5 그런 자들은 높은 곳을 두려워할 것이며, 길에서는 놀랄 것이며,

살구나무가 꽃이 필 것이며, 메뚜기도 짐이 될 것이며, 원욕이 그치리니!

이는 사람이 자기 영원한 집으로 돌아가고 조문자들이 거리로 왕래하게 됨이라.

6 은줄이 풀리고 금 그릇이 깨어지고 항아리가 샘 곁에서 깨어지고 바퀴가 우물 위에서 깨어지고

7 흙은 여전히 땅으로 돌아가고 신은 그 주신 하나님께로 돌아가기 전에 기억하라

8 전도자가 가로되 헛되고 헛되도다! 모든 것이 헛되도다."(전 12:1-8)

15 "너는 네 우물에서 물을 마시며 네 샘에서 흐르는 물을 마시라

16 어찌하여 네 샘물을 집 밖으로 넘치게 하겠으며

네 도랑물을 거리로 흘러가게 하겠느냐

17 그 물로 네게만 있게 하고 타인으로 더불어 그것을 나누지 말라.

18 네 샘으로 복되게 하라! 네가 젊어서 취한 아내를 즐거워하라!

19 그는 사랑스러운 암사슴 같고, 아름다운 암노루 같으니,

너는 그 품을 항상 족하게 여기며 그 사랑을 항상 연모하라!

20 내 아들아 어찌하여 음녀를 연모하겠으며 어찌하여 이방 계집의 가슴을 안겠느냐

21 대저 사람의 길은 여호와의 눈앞에 있나니 그가 그 모든 길을 평탄케 하시느니라

22 악인은 자기의 악에 걸리며 그 죄의 줄에 매이나니,

23 그는 훈계를 받지 아니함을 인하여 죽겠고

미련함이 많음을 인하여 혼미하게 되느니라." (잠 5:15-23)

전도서는 노년에 대하여 말하며, 잠언은 성실한 부부 관계에 대하여 말한다. 전자는 청년에게 말하는 것 같지만, 미래를 준비하지 않으면 노년에 얼마나 힘이 들 것인가 하는 점을 말한다. 잠언은 여자를 생명의 물을 길어 마시는 우물에 비유한다. 어떤 경우든 알레고리는 그것을 푸는 암호가 있다.[28]

반면에 우화는 인격화한 동식물이나 기타 사물을 주인공으로 하여 그들의 행동 속에 풍자와 교훈의 뜻을 나타내는 이야기식의 양식이다. 우화의 가장 중요한 목적은 참과 현실을 서술하는 것이다. 우화는 단순하게 도덕적인 목적을 추구하지 않는다. 우화의 기능은 일상적인 것을 은폐하고, 비현실적인 것과 동화적인 것을 꾸며서 사람들로 하여금 참이 무엇인지를 깨닫게 하는 방법이다. 구약성서는 우화가 적은데 이는 아마도 종교적인 성향이 강하기 때문일 것이다. 구약성서에는 대표적인 두 개의 우화가 있다. 다윗이 우리야의 아내와 부적절한 관계를 맺고, 우리야를 죽게 하였을 때, 다윗 앞에서 나단이 다윗에게 우화를 말한 것(삼하 12:1-13)과 사사기

---

28   J. L. Crenshaw, 위의 책, 49.

의 요단 이야기(삿 9:7-21)들이 전형적인 우화들이다.

(6) 교훈 연설(Die Lehrrede)

이 교훈 연설은 대부분 3가지의 중요한 구조로 구성된다. 연설은 독백적인 양식으로 형성(욥 32-37)되거나 혹은 대화체(욥 3-27)로서 구성될 수 있다.[29] 교훈 연설은 명백하게 교육적인 형태이다. 그리고 이 교훈 연설은 짧은 위트로서 순간적인 지식의 전달이 아니라, 오히려 아버지가 아들에게, 교사가 학생에서 전달하는 세대 간의 교육적 성향이 담겨져 있다. 그 때문에 현시대에만 국한된 것이 아니라, 다가오는 세대에 대하여 도움과 신뢰를 주는 연설이다. 교훈적 내용들은 다양하다. 생명과 죽음(잠 3:22), 정의(잠 1:8-19) 그리고 삶의 현장(잠 5:1-23) 등등이 있다. 아래에 제시된 것은 그 3부분의 구조를 보여준다[30]:

A	훈계의 서두(잠 4:1-4a)	특징들
	1 아들들아! 아비의 훈계를 들으며 명철을 얻기에 주의하라 2 내가 선한 도리를 너희에게 전하노니 내 법을 떠나지 말라 3 나도 내 아버지에게 아들이었으며. 내 어머니 보기에 유약한 외아들이었노라! 4a 아버지가 내게 가르쳐 이르기를 :	– 추천 : 교사의 주위 환기 외침 (나의 아들들아!) – 전달하려는 교훈을 위한 동기 부여
B	본문(잠 4b:5-7)	
	4b 내 말을 네 마음에 두라 내 명령을 지키라! 그리하면 살리라! 5 지혜를 얻으며 명철을 얻으라! 내 입의 말을 잊지 말며 어기지 말라! 6 지혜를 버리지 말라 그가 너를 보호하리라 그를 사랑하라 그가 너를 지키리라! 7 지혜가 제일이니 지혜를 얻으라! 무릇 너의 얻은 것을 가져 명철을 얻을지니라!	– 해석과 경고와 권고의 양식으로 사용 – 내용은 정의와 삶의 문제 해석

---

29 E. Zenger u.a., Einleitung, KStTh Bd1,1,(2004), 323.

30 L. Lux, 『이스라엘의 지혜』, 68-69.

C	결론 – 결과(4:8-9)	
8 그를 높이라 그리하면 그가 너를 높이 들리라 만일 그를 품으면 그가 너를 영화롭게 하리라 9 그가 아름다운 관을 네 머리에 두겠고 영화로운 면류관을 네게 주리라 하였느니라	– 지혜적 또는 어리석은 행위 의 결과 제시	

(7) 교훈시(지혜시: Lehrgedicht)

교훈시는 교훈 연설과 비슷한 것 같지만, 많은 면에서 차이가 난다. 교훈 연설에는 소위 교사의 주위환기 촉구(Lehrer ffnungsruf: 아들들아!)가 서두를 장식하지만, 교훈시에는 이런 점이 없다. 교훈시의 특징은 지혜자(교사)가 삶, 세상 인식 그리고 역사에 대한 기본적인 문제, 숨겨진 선한 원질서에 대한 문제들을 숙고하거나 또는 명상한다. 이러한 교훈시는 거의 전도서에서 발견된다.

> 1 "천하에 범사가 기한이 있고 모든 목적이 이룰 때가 있나니
> 2 날 때가 있고 죽을 때가 있으며
> 심을 때가 있고 심은 것을 뽑을 때가 있으며
> 3 죽일 때가 있고 치료시킬 때가 있으며 헐 때가 있고 세울 때가 있으며
> 4 울 때가 있고 웃을 때가 있으며 슬퍼할 때가 있고 춤출 때가 있으며
> 5 돌을 던져 버릴 때가 있고 돌을 거둘 때가 있으며
> 안을 때가 있고 안는 일을 멀리 할 때가 있으며
> 6 찾을 때가 있고 잃을 때가 있으며 지킬 때가 있고 버릴 때가 있으며
> 7 찢을 때가 있고 꿰맬 때가 있으며 잠잠할 때가 있고 말할 때가 있으며
> 8 사랑할 때가 있고 미워할 때가 있으며
> 전쟁할 때가 있고 평화할 때가 있느니라." (전 3:1-8)

시편에서는 4가지 형태의 다양한 삶의 현장에서 토론하는 지혜 교훈시

의 삶의 주제와 결합한 양식들을 볼 수 있다:

　a. 슬픔과 죽음의 경험에 직면하여 지혜로운 기도자는 삶의 가치와 행운에 대하여 명상한다(시 37; 49; 73).

　　7 "여호와 앞에 잠잠하고 참아 기다리라!
　　자기 길이 형통하며 악한 꾀를 이루는 자를 인하여 불평하지 말지어다.
　　8 분을 그치고 노를 버리라! 불평하여 말라!
　　행악에 치우칠 뿐이라." (시 37:7-8)

　b. 창조와 그것의 규칙성에 대한 관찰로부터 지혜자는 일상생활에서 믿음을 그리고 이 세상에서 근본적으로 긍정적인 동기를 부여하려고 노력한다(시 104).

　　5 "땅의 기초를 두사 영원히 요동치 않게 하셨나이다.
　　6 옷으로 덮음 같이 땅을 바다로 덮으시매 물이 산들 위에 섰더니
　　…
　　24 여호와여 주의 하신 일이 어찌 그리 많은지요?
　　주께서 지혜로 저희를 다 지으셨으니
　　주의 부요가 땅에 가득하니이다." (시 104:5-24)

　c. 행위-결과의 관련성에서 비롯되는 지혜의 관점은 민족 역사의 숙고에서 기원한다. 역사적인 성향이 드러나며 그 역사적 결과를 끌어온다(시 78; 105; 106).

　　5 "…여호와께서 증거를 야곱에게 세우시며 법도를 이스라엘에게 정하

시고 우리 열조에게 명하사 저희 자손에게 알게 하라 하셨으니

6 이는 저희로 후대 곧 후생 자손에게 이를 알게 하고 그들은 일어나 그 자손에게 일러서

7 저희로 그 소망을 하나님께 두며 하나님의 행사를 잊지 아니하고 오직 그 계명을 지켜서

8 그 열조 곧 완고하고 패역하여 그 마음이 정직하지 못하며 그 심령은 하나님께 충성치 아니한 세대와 같지 않게 하려 하심이로다

9 에브라임 자손은 병기를 갖추며 활을 가졌으나 전쟁의 날에 물러갔도다

…

12 옛적에 하나님이 애굽 땅 소안들에서 기이한 일을 저희 열조의 목전에서 행하셨으되,

13 저가 바다를 갈라 물을 무더기 같이 서게 하시고 저희로 지나게 하셨으며

14 낮에는 구름으로, 온 밤에는 화광으로 인도하셨으며

…

16 또 반석에서 시내를 내사 물이 강같이 흐르게 하셨으나

17 저희는 계속하여 하나님께 범죄하여 황야에서 지존자를 배반하였도다." (시 78:4-17)

d. 지혜시는 하나님을 믿는 민족을 위한 놀라운 삶의 교훈으로서 토라의 시들이 있다(시 1; 19; 119). 이 시들은 인간 행위 기준이 인간의 이성이 아니라, 오히려 하나님이 주신 토라(율법)에 있다는 것을 제시한다. 그리고 그것이 인간이 받아들일 수 있는 최고의 지혜라고 한다.

1 "복 있는 사람은 악인의 꾀를 좇지 아니하며 죄인의 길에 서지 아니하며 오만한 자의 자리에 앉지 아니하고

2 오직 여호와의 율법을 즐거워하여 그 율법을 주야로 묵상하는 자로다

3 저는 시냇가에 심은 나무가 시절을 좇아 과실을 맺으며

그 잎사귀가 마르지 아니함 같으니 그 행사가 다 형통하리로다

4 악인은 그렇지 않음이여 오직 바람에 나는 겨와 같도다

5 그러므로 악인이 심판을 견디지 못하며 죄인이 의인의 회중에 들지 못

하리로다.

6 대저 의인의 길은 여호와께서 인정하시나 악인의 길은 망하리로다."

(시 1:1-6)

지혜 문학의
책들

1. 잠언

잠언은 이스라엘인들이 자신들이 경험한 삶의 문제를 통해 인간들이 주위의 사람과 관계를 어떻게 성공적으로 이끄는가를 고민하며, 그 고민이 어떻게 하나님과 관련되는가를 알고자 하는 책이다. 그 때문에 다른 책들의 신학적 신앙적 접근 방식과-오경과 예언서 또는 지혜 문학을 제외한 성문서- 다른 방향으로 접근한다. 창조의 힘과 밀접하게 관련된(잠 3:19; 사 40:13-14; 렘 10:12; 51:15; 욥 9:4; 12:12-16; 시 104:24) 하나님의 지혜와 같이, 인간에게 하나님으로부터 부여된 지혜는 인간의 삶을 행복하게 하기 위한 힘을 부여한다.[1]

히브리 성서에서 잠언의 신앙적 신학적 접근 방법은 하나님으로부터 내려오는 계시가 아니라, 인간 삶의 성공과 실패에 그 우선순위를 둔다. 많은

---

1   B. Gemser, Sprüche, [2]1963, 1.

기독교인들은 이러한 우선순위 때문에 잠언의 설교를 꺼리는 경향이 있다. 왜냐하면 복음 전도나 교회의 부흥을 강조하기에는 인간적인 냄새가 너무 나기 때문이다. 그래서 잠언을 단지 윤리적 교훈의 지침서로 여기려 한다. 그러나 그 우선순위 뒤에 숨겨진 이스라엘인들의 신학적 사상을 찾아낸다면 잠언은 그 어떤 책보다도 신앙과 신학화를 위한 성서임을 알 수 있다.

1) 잠언의 명칭과 개요

히브리 성서에서 잠언의 명칭은 '마샬(משל)²'이다. 더 정확하게 말한다면 '이스라엘의 왕, 다윗의 아들 솔로몬의 잠언(마샬: משל)'으로서 나타난다(잠 1:1). 이것은 히브리 성서에서 가장 긴 명칭이다. 여기에서 주목해야 할 단어가 '마샬(משל)'이다. '마샬'은 다의적 의미를 가진 단어로서 지배와 잠언이라는 의미를 갖는다. 이처럼 다의적 의미의 단어 '마샬'은 책의 명칭인 '잠언'으로 사용되었다. 특히 히브리어에서 마샬은 단순한 속담만을 가리키는 것이 아니라, 속담류의 종류들인 양식을 지칭하는 말로 사용되었다. 70인역(LXX)은 'παροιμίαι Σαλωμῶντος'(파로이미아이 살로몬토스: 솔로몬의 속담/잠언들) 라는 말로 표제를 붙였다. 이처럼 이 표제는 솔로몬의 권위를 인정하고, 그를 저자로 간주하여 지은 것 같다.

랍비 전승에 의하면(Bab, Bath, 14b, 15a) 잠언은 시편과 욥기 다음에 온

2　히브리어에서 마샬은 다양한 의미를 가진다. 이 단어의 개념 내용은 아주 광범위하다. 언어학적으로 볼 때, 이 단어는 이중의 의미를 함축하고 있는 단어이다. 동사로서 1. '풍자하는 시를 읊다(겔 12:23; 18:3)', '비유로 말하다(겔 17:2; 24:3), 비슷하다, 같다(사 14:10)'로서 나타난다. 그러나 또 다른 뜻은 2. '다스리다, 주권자가 되다(잠 12:24; 슥 6:13)'라는 뜻을 가진다. 이러한 동사의 뜻에 따라서 명사도 역시 1. 비유, 격언, 속담, 잠언의 뜻을 가지며, 2. 지배, 치리의 뜻을 가진다; H. Ringgren외 1, 『잠언/전도서』, 국제성서주석(1992). 24.

다. 아마도 이러한 잠언의 순서는 잠언 저자를 히스기야로 보는 랍비 전승의 영향으로 보인다. 반면에 70인역의 분류는 잠언, 전도서, 솔로몬, 아가의 순서로 배열되었는데 이와 같은 배열은 아마도 잠언의 저자를 솔로몬이라고 보고 이를 한 단위로 분류하려 한 것으로 보인다.

그러나 히브리 성서에서는 지혜 문학을 성문서로 분류하고 있다. 성문서의 연대를 주전 4-2세기로 보는 경향으로 인해 지혜 문학의 연대는 포로 후기 작품으로 간주되었다. 사실상 잠언이 고대 근동의 차용으로 만들어진 것이라는 견해들은[3] 초기 지혜 문학 연구에서 일반적인 현상이었다. 그러나 이스라엘 영적 각성의 시점을 '솔로몬의 시기'로 본다면 이스라엘의 지혜 현상은 왕정 초기가 될 것이다. 또한 구약에서는 솔로몬이 지혜와 관련된 격언, 노래 그리고 시들을 집필(왕상 3장; 4:29 이하)하였다고 전하고 있다. 따라서 격언집 또는 개별 격언의 시작 시기를 후대라고 보기는 어렵다. 또한 문서 예언자에게서 나타나는 연설 언어들이 지혜 문학적 견지를 가지고 있기 때문에 포로 후기 시기보다는 왕정 초기까지 거슬러 올라갈 수 있을 것이다.

2) 잠언의 저자와 구조(솔로몬의 지혜)

(1) 잠언의 저자

전통적으로 잠언의 저자는 솔로몬이라는 이름으로 알려져 왔다.

"다윗의 아들 이스라엘 왕 솔로몬의 잠언이라."(잠 1:1)

---

3   J. Fichtner, Die altorientalische Weisheit, BZAW 62, 1933.

그러나 잠언의 구조를 자세히 보면 전체 잠언의 저자가 솔로몬이라는
데에는 의심의 여지가 있다.

> "너는 귀를 기울여 지혜 있는 자의 말씀을 들으며,
> 내 지식에 마음을 둘지어다." (잠 22:17; 비교 24:23)

> "이것도 솔로몬의 잠언이요
> 유다 왕 히스기야의 신하들의 편집한 것이니라." (잠 25:1)

> "이 말씀은 야게의 아들 아굴의 잠언이니,
> 그가 이디엘과 우갈에게 이른 것이니라." (잠 30:1)

> "르무엘 왕의 말씀한 바 곧 그 어머니가 그를 훈계한 잠언이라."
> (잠 31:1)

잠언 내부의 이러한 모순에도 불구하고 잠언의 저자를 솔로몬으로 보는
견해는 두 가지이다. 첫째, 솔로몬이 전통적으로 '지혜의 왕'으로 알려졌
기 때문이다. 둘째, 법의 대표성이 '모세'이듯이, 지혜 전승의 대표자를 '솔
로몬'으로 보기 때문이다. 구약에서 사실상 저자 그룹들을 규정하는 원칙
들을 자세하게 보면 다음과 같은 사실들을 알 수 있다. 구약성서에서 법규
전승을 대표하는 인물은 제사장인 '아론'이 아니라, 오히려 모세를 지칭한
다. 법과 규례, 제사 의식들에서 모세와 아론은 언제나 함께 등장[4]함에도
불구하고 법의 대표자는 모세이다. 또한 문서 예언서의 저자는 대표되는
한 명의 인물만이 있는 것이 아니라, 각각 자신의 이름이 바로 책의 이름

---

4   출 12:43; 16:9; 18:12; 28:1 등등.

이며 그들이 저자이다.

"유다 왕 웃시야와 요담과 아하스와 히스기야 시대에 아모스의 아들
이사야가 유다와 예루살렘에 대하여 본 이상이라."
(사 1:1; 비교, 암 1:1; 호 1:1 등등)

그렇다면 이스라엘 지혜 문학의 저자는 누구인가? 잠언, 전도서 그리고
욥기를 지혜 문학이라고 하며, 지혜의 대표성은 솔로몬이 가지고 있다. 그
로 인해 전통적으로 솔로몬을 저자로 본 것 같다. 그러나 정확하게 말하면
솔로몬을 지혜의 왕으로 보는 경향은 초기에 형성된 전승보다는 후대에
형성된 전승에 의하여 이루어진 것 같다. 물론 솔로몬의 지혜에 대한 이야
기는 열왕기상 4장 30-34절에 나온다:

30 "솔로몬의 지혜가 동양 모든 사람의 지혜와
애굽의 모든 지혜보다 뛰어난지라.
31 저는 모든 사람보다 지혜로워서,
예스라 사람 에단과 마홀의 아들 헤만과 갈골과 다르다보다 나으므로,
그 이름이 사방 모든 나라에 들렸더라.
32 저가 잠언 삼천을 말하였고 그 노래는 일천 다섯이며
33 저가 또 초목을 논하되 레바논 백향목으로부터,
담에 나는 우슬초까지 하고 저가 또 짐승과 새와 기어 다니는 것과 물고
기를 논한지라
34 모든 민족 중에서 솔로몬의 지혜의 소문을 들은 천하 모든 왕들이
그 지혜를 들으러 왔더라." (왕상 4:30-34)

이 본문은 솔로몬 시대의 이스라엘 사회·문명의 발전 현상을 설명(30)

하는 것으로 시작한다. 그리고 30절 이하의 구절을 통해 우리는 솔로몬이 사용한 지혜 양식을 추측해 볼 수 있다. 첫째, 아마도 긴 지혜 교훈보다는 짧은 잠언 형식(32)이며, 둘째, 노래와 시(32), 셋째, 목록과 사전(백과사전식 잠언: 33) 들이다. 이러한 다양한 양식들을 활용하는 재주가 솔로몬을 '지혜의 왕'으로 만들었을 것이다. 그러나 잠언의 저자를 솔로몬으로 증명할 수 있는 이유는 첫째 양식인 삼천 개의 잠언들 뿐이다. 왜냐하면 잠언에는 위에서 제시한 두 개의 양식 - 노래와 목록과 사전-이 나타나지 않기 때문이다. 구약성서 어디에도 솔로몬이 지혜 문학에 공헌한 형식과 양식을 나타내는 구절은 왕상 4:30-34절과 신명기 사가의 기록밖에 없기 때문이다.[5] 사실상 솔로몬의 지혜에 대한 명성은 구약성서보다는 후대의 외경 -솔로몬의 지혜서-과 유대교의 문학 그리고 중세 시대의 전설적인 이야기들이 들어 있는 책들에서 발견된다. 그럼에도 불구하고 잠언의 저자를 솔로몬에 기초하는 것은 실질적인 저자라기보다는 오히려 지혜의 대표성을 가진 인물로서 보기를 원하기 때문이 아닐까? 그러나 분명한 것은 잠언의 전체적인 저자가 솔로몬이 아니며 사실상 모음집으로 되어 있다는 것이다. 이는 표제의 저자들이 여러 명(잠 22:17; 비교 24:23; 잠25:1; 잠30:1; 잠31:1)이라는 사실에서 증명된다.

(2) 잠언의 구조

a. 잠언의 전체 구성 보기
잠언은 9개의 단위로 나눌 수 있다:

---

5   기브온 산당의 이야기(왕상 3:4-15); 모권 분쟁(왕상 3:16-28); 왕의 창작 활동(왕상 4:29-34);
     스바 여왕의 방문(왕상 10:1-10)

단위	구절	내용
I	1 – 9장	1:1-7 — "야훼의 경외는 인식의 시작"
		1:20-33 — 의인화된 여자의 진술 I
		2:1-22 — 교육 프로그램 I(알파베트 시)
		3:1-7:22 — 교육 프로그램 II
		8:1-36 — 의인화된 여자의 진술 II
		9:1-18 — "인식의 시작은 야훼의 경외"
II	10:1-22:16	솔로몬의 잠언들(375절): "솔로몬의 잠언이라!" a. 10-15장: 반어적 권고의 말 b. 16장-22장 16절: 진술어로 된 잠언
III	22:17-24:22	지혜자의 말들(70절): "지혜자의 말들을 들어라!" a. a. Amen-em-ope 도입 격언(22:17-21)에 이어서 10개의 주제들(22:22-23:11)이 뒤따름 b. 아키카르의 앗시리아 격언-종교적(23:12-24:22)
IV	24:23-34	지혜자의 말들(12절): "이것도 지혜로운 자의 말씀이라!"
V	25-29장	히스기야 사람들이 수집한 솔로몬의 잠언(138절) a. 25-27장: 농업/ 수공업 b. 28-29장: 종교적(통치자에 대한 경고)
VI	30:1-14	마사에서 온, 자케의 아들인 아구르스의 말(33절)
VII	30:15-33	수 잠언
VIII	31:1-9	마사의 왕 레무엘의 말들, 그의 어머니가 그들을 가르침(31절)
IX	31:10-31	현숙한 여인의 교훈시(알파베트 시)

잠언 전체적인 구성의 특징은 각각의 표제에서 잘 나타난다. 즉, 구절이 100절이 넘어가는 모음집들은 표제의 이름이 '솔로몬'으로 나와 있다.

잠언 전체의 가장 큰 특징은 모토가 되는 잠언 1장 7절이다. 이 구절은 잠언 전체의 목적이 무엇인가를 제시해준다.

"야훼를 경외하는 것이 인식(דעת/ 다아트)의 근본이다…."(잠 1:7)

여러 가지 삶의 모습과 상황들이 '야훼의 경외'와 밀접한 관련성을 갖는다. 여기에서 다아트(דעת)는 인간이 책으로 습득하는 지식뿐만 아니라, 삶에서 얻는 모든 것을 포함하기에 지식보다는 '인식'이라는 번역이 더욱더 타당하다.

이 모토는 잠언 9장 10절에서 다시 나타나며, 시적인 지혜, 교훈을 제시하는 지혜를 '야훼의 경외'와 결합하고 있다. 또한 이 모토는 잠언의 전체적인 구조를 두 개로(잠 1-9장과 10-29장) 나누는 역할을 한다. 왜냐하면 잠언 1-9장이 교훈시로서 야훼의 경외와 결합한다면, 잠언 10-29장의 잠언은 인간의 삶에서 나타난 다양한 모습과 상황을 '야훼의 경외'와 결합하기 때문이다.

> "야훼를 경외하는 자는 장수한다,
>
> 그러나 악인의 생명은 짧아진다." (잠 10:27)

마지막으로 잠언에서는 잠언 1장 7절의 가장 구체적인 예를 "현숙한 여인"으로 제시한다. 잠언의 전체적인 모토는 사람이 자신의 삶에서 어떻게 야훼를 경외할 수 있는가 하는 문제를 풀어나가는 과정을 보여준다.

b. 잠언 1-9장의 구조 보기

구분	구절	내용	
표제	1:1	다윗의 아들 이스라엘의 왕 솔로몬의 잠언이다.	
서론	1:2-6	지혜자가 되기 위한 조건들	
모토	1:7	"야훼의 경외는 인식의 근본"	
1. 지혜시	1:8-7:27	10개의 교훈 연설	
2. 지혜시	8:1-36	8:1-21	인격화된 여성 지혜의 초대
		8:22-36	창조와 지혜

3. 지혜시	9:1-6	"지혜의 집 건설"
연결 단락	9:7-12	지혜와 교만의 대조
4. 지혜시	9:13-18	지혜가 인격화된 여성 지혜와 어리석은 여인의 대조

잠언 1장 1절은 솔로몬을 저자로 내세워 잠언의 권위를 더하려는 의도가 들어있다. 잠언 1장 2-6절은 잠언의 목적을 제시한다. 지혜자가 되기 위한 조건은 무엇인가? 잠언의 목적은 사람들에게 지혜와 훈계를 알게 하며, 명철의 말씀을 깨닫게 하는 데 있다. 지혜는 실천을 강조하는 것이 아니라, 오히려 깨달음에 중점을 두고 있다. 이는 실천이 깨달음 다음의 과정이기 때문이다. 또한 1장 7절의 모토는 잠언 1-9장을 구성하는 중요한 모토이며, 잠언 9장 10절과 대구법으로 잠언 1-9장 전체 테두리를 정한다.

잠언 1-9장은 4개의 지혜시로 구성되어 있으며, 그 4개의 지혜시는 독특한 주제와 함께 지혜로써 인간에게 교훈한다. 첫 번째 지혜시(잠 1:8-7:27)에는 10개의 교훈 연설이 들어가 있으며, 첫 번째 교훈 연설은 나머지 9개의 교훈 연설보다 독특하게 제시된다. 첫 번째 교훈 연설 중 한 부분인 잠언 1장 8-19절은 자녀들이 부모의 교훈을 경청하고 따르라고 말한다. 두 번째 부분의 교훈 연설(잠언 1장 20-33절)은 8장에서와 같이 지혜를 여성화한 인격체로서 잠언 31장 10-31절과 짝을 이룬다. 또한 잠언 1장 20-33절에서는 지혜를 마치 예언자가 행하는 것과 같은 양식으로 취급함으로써 예언의 말이 하나님으로부터 온 것과 같이 지혜의 말에 신적 권위를 부여한다.

두 번째 지혜의 시인 8장은 두 부분으로 나누어진다. 여성으로 인격화된 지혜의 초대와 창조에서 지혜의 역할이다. 특히 창조에서 지혜는 하나님의 피조물로 정해진다. 이웃 나라(이집트: 마아트) 지혜는 신 자체이지만, 이스라엘에서 지혜는 단지 피조물일 뿐이다. 세 번째 지혜시(잠 9:1-6)는 어리석은 자를 향한 돌이킴에 대하여 말하며, 마지막 지혜시(잠 9:13-18)는 지혜를 미련한 여인과 대조하여 지혜로운 여성(잠 31:10-31)과 결합한다.

특히 첫 번째 지혜시에 나타나는 10개의 교훈 연설(잠 2:1-7:27)은 다음과 같은 도표로 구성되어 있으며, 잘 짜인 교육 프로그램과 같이 구성되어 있다.[6]

구절	구분	내용	비고
I. 지혜시 (1:8-7:27)			
1. 교훈 연설(지혜의 신적인 권위 부여)			
	2. 교훈 연설(교육 프로그램: 2:1-22)	지혜의 적용(2:1-4)	
		교육 프로그램의 4가지 주제	
		지혜 적용의 결과(2:20-22)	
2:5-8	a. 신과 올바른 관계를 위하여		3:1-12
			3:13-20(연결 단락과 창조)
2:9-11	b. 이웃과 올바른 관계를 위하여		3:21-35
2:12-15	c. 악한 남자에 대한 경고		4:1-27
2:16-19	d. 이방 여인에 대한 경고		5:1-23; 6:20-7:27
2:20-22	지혜의 적용과 결과		
3:1-12	3. 교훈 연설		신과 올바른 관계를 위하여(2:5-8)
A. 3:13-18: 연결 단락 "지혜는 생명 나무"			3:19-20: 지혜와 창조(8:22-36)
3:21-35	4. 교훈 연설		이웃과 올바른 관계를 위하여(2:9-11)
4:1-27	5. 교훈 연설(4:1-9)		악한 남자에 대한 경고(2:12-15)
	6. 교훈 연설(4:10-19)		악한 남자에 대한 경고(2:12-15)
	7. 교훈 연설(4:20-27)		악한 남자에 대한 경고(2:12-15)
5:1-23	8. 교훈 연설		이방 여인에 대한 경고(2:16-19)
B. 6:1-19: 연결 단락(담보, 게으른 자, 악한 자의 행위)			
6:20-35	9. 교훈 연설		이방 여인에 대한 경고(2:16-19)
7:1-27	10. 교훈 연설		이방 여인에 대한 경고(2:16-19)

---

6   이 도표는 A. Meinhold, ZBK 16,1, 46을 참조한 것이다.

첫째 교훈 연설은 "지혜의 권위"와 관련된다. 그리고 두 번째 교훈 연설부터는 인간을 교육시키는 교육 프로그램으로 제시된다.[7] 이 교육 프로그램은 지혜의 적용(2:1-4)과 적용 결과(2:20-22)를 테두리로 그 안에 4가지의 교육적인 주제를 제시한다. 4개의 교육 주제는 다음과 같다:

단위	내용	구절	
1.	신과 올바른 관계를 위하여	2:5-8	3:1-12
2.	이웃과 올바른 관계를 위하여	2:9-11	3:21-35
3.	악한 남자에 대한 경고	2:12-15	4:1-27
4.	이방 여인에 대한 경고	2:16-19	5:1-23; 6:20-7:27

위의 4가지 주제들은 잠언 3-7장에서 다시 해석되고 더 정확하게 그 주제를 설명한다. 가장 많은 부분을 차지하는 것은 이방 여자에 대한 경고이다(잠 2:16-19). 이것은 여성 지혜를 해결할 수 있는 열쇠가 된다. 그리고 31장의 현숙한 여자와 항상 대조를 이룬다.

잠언 1-9장은 지혜를 인격화된 여성으로 사용한다. 그리고 잠언 1-9장의 상황은 도시화가 급격하게 진행된 이스라엘의 도시 상태의 환경들을 묘사하고 있다.

c. 잠언 10-29장 구조 보기

II	10:1-22:16	솔로몬의 잠언들(375절): "솔로몬의 잠언이라!" a. 10-15장: 반어적 권고의 말 b. 16장-22장16절: 진술어로 된 잠언

---

7   A. Meinhold, ZBK 16.1(1991), 43-47.

III	22:17-24:22	지혜자의 말들(70절): "지혜자의 말들을 들어라!" a. 아멘-엠-오페(Amen-em-ope) -도입 격언(22:17-21)에 이어서 10개의 주제들(22:22-23:11)이 뒤따름 b. 아키카르의 앗시리아 격언-종교적(23:12-24:22)
IV	24:23-34	지혜자의 말들(12절): "이것도 지혜로운 자의 말씀이라!"
V	25-29장	히스기야 사람들이 수집한 솔로몬의 잠언(138절) a. 25-27장: 농업/ 수공업 b. 28-29장: 종교적(통치자에 대한 경고)
VI	30:1-14	마사에서 온, 자케의 아들인 아구르스의 말(33절)
VII	30:15-33	수 잠언
VIII	31:1-9	마사의 왕 레무엘의 말들, 그의 어머니의 가르침(31절)
IX	31:10-31	현숙한 여인의 교훈시(알파베트 시)

잠언 10-31장 중에 10-29장은 지혜시와 교훈 연설로 이루어진 잠언 1-9장과는 문서의 양식에서 전혀 다른 양식을 보여준다. 잠언 10-29장은 -아멘-엠-오페(Amen-em-ope)의 인용(잠 22:17-24:22) 제외- 거의 한 줄 또는 두 줄짜리 잠언이 압도적인 양식으로 나타난다.

> "불의의 재물은 무익하여도
> 의리는 죽음에서 건지느니라." (잠 10:2)

짧은 잠언들은 처음부터 구두를 통한 민족 지혜에서부터 형성되었으며,[8] 귀족 계층보다는 대중의 입에서 발생한 것을 전제로 한다. 이러한 구두적인 전승의 증거는 글자를 가지지 않는 아프리카의 에바(Eva) 민족에게서

---

8 참조: H. W. Wolff, Amos, WMANT 18, 1964; E. Gerstenberger, Wesen und Herkunft WMANT 20, 1965 등등.

나타난다고 한다. 구두를 통한 전승은 인간 중심적이며, 인간 세계에서 공동체와의 관계, 일과 소유의 문제, 공적인 삶의 관계, 지혜와 어리석음의 대조 등으로 제시되는데 이것들은 아마도 이스라엘 부족의 초기 역사까지 거슬러 올라갈 수 있는 가장 오래된 부분이라고 말한다. 그 후에 아프리카 잠언에는 없는 하나님과 인간, 경건한 자와 범죄자를 제시하는 잠언들은 이미 이스라엘에서 시작된 신학적 반영의 결과물로 보인다.[9] 짧은 잠언들은 대중 속에서 구두로 떠돌다가 대중 속에서 살아남는다. 그리고 그것들은 후에 왕궁에서 기록과 편집의 과정을 통해 문서화되었다(잠 25:1).

이 수집물들 중 독자적인 수집물로서 잠언 10:1-15:32은 압도적으로 농촌풍의 농사(잠 10:5; 12:11a)와 축산물(잠 12:10a; 14:4 등등)을 통하여 이스라엘 초기 부족 사회의 삶의 세계를 보여준다. 또한 지혜자와 어리석은 자 그리고 의인과 악인을 명확하게 대조하여 행위-결과의 관련성으로 제시한다. 이 수집물은 선과 악의 두 대조적인 관계가 법률적인 이해가 아니라, 오히려 관습적·종교적으로 이해하게 한다.[10] 그리고 나머지 부분인 잠언 16:1-22:16은 본격적인 왕정 사회와 도시화를 통하여 삶의 범위가 옮겨지는 것을 볼 수 있다. 농업보다는 상업과 수공업의 주제가 나타난다. 특히 가난과 부유함이 대립되며, 법에 의한 통제가 강화된다. 마지막으로 V부분(25-29장)은 잠언에서 역사적 기록의 흔적을 보이는 단 하나의 구절이 있다.

> "이것도 솔로몬의 잠언이요.
> 유다 왕 히스기야의 신하들의 편집한 것이니라."(잠 25:1)

---

9   F. Gollka, Die Flecken(1989), 149-165; C. Westermann, Weisheit, ATh 46(1974), 73-85; C. Westermann, Wurzel, 1990.

10   U. Skladny, Spruchsammlungen(1962), 22.

이러한 연대기적 기록은 잠언 수집물이 포로 전 BC 8세기 중반에 그동안의 잠언집을 모아 편집했다는 사실을 반영한다. 그 중에서 잠언 25-27장은 지혜 문학에서 가장 세속적인 삶을 조명하고 있다고 한다.[11] 왕정 시기에는 부족들의 삶을 떠나 도시화가 이뤄졌다는 것을 알 수 있는 농업과 수공업이 반영되어 있다. 특히 잠언 28-29장에서 나타나는 왕에 대한 잠언과 고위층에 대한 법적인 처리들은 BC 8세기 왕정 시기의 중반을 반영하고 있다.[12]

III부분(잠 22:17-24:22)의 첫 번째 단락(22:17-23:11)은 가나안의 중간 시기(주전 1000년)에 전달된 자유롭고 고유한 이집트의 신학적 강조점(22:19, 23; 23:11)을 제시한다. 왜냐하면 이 부분의 수집물은 대략 기원전 1000년에 이집트의 아멘-엠-오페(Amen-em-ope)의 지혜서를 차용하고 있기 때문이다.[13] 또한 두 번째 단락(23:12-24:22)은 종교적인 특징을 가장 잘 나타내는 아키카르의 앗시리아 잠언을 차용하고 있다.[14] 그리고 IV부분 수집물은 III부분을 위한 부록이다. 이것은 그의 표제를 통하여 알 수 있다.

VI	30:1-14	마사에서 온, 자케의 아들인 아구르스의 말(33절)
VII	30:15-33	수 잠언
VIII	31:1-9	마사의 왕 레무엘의 말들, 그의 어머니의 가르침(31절)
IX	31:10-31	현숙한 여인의 교훈시(알파베트 시)

---

11   H. H. Schmid, Wesen und Geschichte, BZAW 101(1966), 145-149.

12   U. Skyadny, Spruchsammlungen(1962), 55-57, 65-67.

13   W. Schmidt, 『구약성서 입문』, 449.

14   E. Zenger u.a., Einleitung, KStTh Bd1,1(2004), 377.

VI부분 수집물(30:1-14)은 후기 지혜적·신학적 사상을 표현한다.[15] 즉, 잠언 30장 5-6절에서의 정경 양식의 선택적인 수용, 시편 18편 31절(삼하 22:31)을 변화시킨 인용문 등에서 하나님을 향한 말씀의 신학화가 담겨 있음을 알 수 있다. 이러한 점을 통해서 이 부분 수집물의 연대를 포로기 후기로 추측해 볼 수 있다. VII부분 수집물은 어머니가 언급되지만 왕이나 여왕을 가르치는 교육적 상황을 표현하는 것과 유사하다. 이것은 바빌론적 권고집을 모아놓은 것 같다.[16]

마지막으로 IX부분 수집물은 결론에 해당하는 부분으로서 지혜의 여성화의 결론을 제시한다. 즉, 이 표제가 있는 31장 1-9절을 제외하고 10-31절은 잠언 1-9장의 여성 지혜의 모범이 무엇인가를 보여주며, 야훼를 경외하는 여인의 모범적인 예를 제시한다.

3) 잠언의 신학적 주제들

(1) 야훼의 잠언

잠언은 하나님에 대한 행위를 기록한 것보다는 인간 행동을 관찰하고 거기서 인간 스스로의 행위 규칙을 찾아내려는 노력을 기록한 책이다. 그러나 단순한 인간 삶의 모습만 정립한 것이 아니라, 삶의 모습 뒤에 숨겨진 신의 행위도 그들의 관찰의 대상이기에 잠언은 인간의 삶의 표현뿐만 아니라, 신

---

15 잠언 30장은 양식적으로 두 부분으로 분명하게 나누어진다. 30:15-33은 '수 잠언'의 양식인 반면에, 30:1-14은 다양한 양식이 펼쳐진다. 그리고 1-14절은 명백하게 하나님-인간 그리고 인간과 그가 속한 공동체를 다룬다. 반면에 15-33절은 명백하게 하나님이 언급되지 않는다(A. Meinhold, ZBK(1991), 495).

16 위의 책, 515.

과 인간이 어떤 관계를 형성하는가에 대한 규칙을 담고 있다. 이러한 관찰은 단번에 만들어진 것이 아니다. 매일 겪는 일상의 경험이 세대와 세대에 구전으로 넘어오면서 보편타당한 말들과 쉽게 기억할 수 있는 '짧고 간결하여 쉽게 기억할 수 있는 형식'으로 발전되었을 것이다.[17] 이러한 발전은 다시 편집이라는 단계로 발전하여 문서로 정착되었다.[18] 이 문서로 정착되는 과정에서 여러 가지 양식적인 첨가가 이루어진다. 예를 들어, 한 줄짜리 잠언은 평행법의 기준에 의하여 두 줄짜리 잠언으로 만들어진다. 구두로 생성된 잠언과는 달리 먼저 문서로서 정착된 잠언도 있다. 잠언 1-9장의 경우 편집자의 의도 하에 구두보다는 문서적 편집이 단행되었을 것이다. 즉, 잠언 내부에서 주제별로 나누어지고 그 주제를 다시 설명하는 방식으로 이루어진 교육 프로그램들은 문서적 편집으로 보인다.

이러한 생성 원리에 의하여 잠언서 내부에는 특정한 단어들을 선택하여 여러 주제들로 이루어진 신학적 방향들이 나타난다. 가장 일반적이고 보편적이지만 가장 중요한 주제인 "행위-결과의 관련성", "창조와 여성 지혜의 이해", "지혜의 역사 인식", "인간의 한계 의식과 극복" 그리고 "야훼에 대한 경외"들은 잠언의 지혜의 사고와 생각을 잘 표현하고 있다. 그것과 더불어 이러한 주제들을 하나의 공통적인 고리로 통합하는 신학적 사상이 존재한다. 지혜 사고의 신학적 근거가 과연 무엇인가? 잠언의 중심적인 목적은 인간 공동체에서 인간이 어떻게 하면 신의 존재를 자신의 삶에서 받아들이는가를 주목한다. 그렇기에 지혜에서 나오는 생각은 항상 인간과 그가 속한 공동체가 창조주의 존재 인식 및 창조주에게 언제나 인간은 신세를 지고 있다는 것을 인식하고 있다는 것을 알려주려고 한다. 인간은 언제나 신과 그의 이웃과 그 주변의 피조물과 더불어 이루어진 세상에

---

17   롤란드 해리슨, 『구약 서론II』, 류호준 외 2명 역, 크리스찬 다이제스트, 2007, 60-61.

18   문서의 편집 흔적은 잠언의 각 수집물의 표제가 다르다는 것을 전제로 한다. 그리고 그 표제는 잠언의 저자가 한 명의 저자가 아니라, 여러 명이라는 것을 보여준다.

항상 의존하고 살아간다. 잠언은 인간의 삶 중심에서 창조주와 인간의 공동체가 어떻게 하면 조화로울 수 있는가에 항상 주목한다.

물론 잠언의 신학적 사고가 항상 인간과 그가 속해 있는 공동체에서 시작된 것임에도 불구하고 구약에서 말하는, 그리고 증명된 하나님의 역사의 주된 주제들 -이집트에서 인도, 시내 산에서 하나님의 현현, 하나님의 선택, 언약 그리고 역사 속에서 하나님의 개입-은 거의 나타나지 않는다. 대신 잠언에서는 이러한 주제들을 전제로하여 역사보다는 야훼 신앙의 독특함을 더 강조한다. 잠언 전반에 있어서 '야훼에 대한 경외'가 한쪽으로 잠언 편집의 축(잠 1:7; 9:10; 10:27; 31:30)을 이루고 있다면 또 다른 축으로는 '야훼 잠언'이 일상적인 사람들이 살고 행하는 개인의 삶과 공동체에 기준을 제시하고 있다. 이는 잠언에서 야훼 잠언의 배치에서 잘 나타난다.

다음 표[19]는 전체 잠언에 야훼 어록을 제시한 표이다. 잠언의 처음과 나중은 야훼라는 단어가 경외라는 단어와 연결되어 있다. 즉, 잠언은 지혜의 시작을 야훼 경외와 관련시킨다. 중간(II. B 주 수집물)에서 가장 많은 야훼 어록이 담겨 있다. 또한 야훼 어록이 잠언의 중심을 차지하는 잠언 15-16장을 제외하고 각 장에서 드물게 나타나는 것 같지만, 자세히 관찰하면, 각 장들의 처음과 마지막을 야훼 어록으로 각 잠언들의 테두리 역할을 한다. 그것은 각 잠언의 출발점과 목표점이 야훼 어록으로 향하게 하는 효과를 갖는다.

이러한 원리는 인간 삶의 절대적인 근거가 인간으로부터 나오는 것이 아니라, 오히려 하나님 야훼라는 것을 전제로 한다. 이러한 전제들은 삶에서 배여 나오는 교훈들이 항상 야훼에 대한 겸허(잠 22:4등), 믿음(잠

---

19 표에서 오른쪽에 사용된 알파벳(대문자와 소문자를 구별하는 것은 수집물의 단위가 다르기 때문이다)는 다음과 같은 의미를 가진다: A: 1-9(256절), B: 10:1-22:16(375절), c: 22:17-24:22(70절), d: 24:23-34(12절), E: 25-29(138절), f: 30:1-14(14절), g: 30:15-33(19절), [h]: 31:1-9(9절), [i]: 31:10-31(22절)로서 표시한다; A. Meinhold, ZBK 16,1(1991), 23.

장	구절	비교[152]
1	7.29	I. A 주 수집물(256절 중 19개 야훼 어록)
2	5.6	
3	5.7.9.11.12.19.26.32.33	
5	21	
6	16	
8	13.22.35	
9	10	
10:1	3.22.27.29	II. B 주 수집물(375절 중 49개 야훼 어록)
11	1.20	
12	2.22	
14	2.26.27	
15	3.8.9.11.16.25.26.29.33	
16	1.2.3.4.5.6.7.9.11.20.33	
17	3.15	
18	10.22	
19	3.14.17.21.23	
20	10.12.22.23.24.27	
21	1.2.3.30.31	
22:16	4.	
22:17	19.23	III. c 작은 수집물(70절 중 6개의 야훼 어록)
23	17.18	
24:22	18.21	
24:23-34		IV. d 작은 수집물(야훼 어록 없음)
25	22	V. E 주 수집물(138절 중 7개의 야훼 어록)
28	5.25	
29	1.3.25.26	
30:1-14	9	VI. f 작은 수집물(14절 중 1의 야훼 어록)
30:15-33		VII. g 작은 수집물(야훼 어록 없음)
31:1-9		VIII. [h]작은 수집물(야훼 어록 없음)
30:10-31	30	IX. [i] 작은 수집물(22절 중 1개의 야훼 어록)

16:20; 28:25 등등)과 경외함에 있다는 것을 겨냥한다. 이 교훈들을 통해 잠언의 신학적 특성을 제시한다. 인간이 전적으로 하나님을 의지할 때, 인간은 비로소 완벽한 지혜로운 삶을 살 수 있게 된다. 이것은 비록 약간의 차이가 있지만, 그럼에도 불구하고 잠언 처음(잠 2:5-6), 책의 중간(잠 16:1, 9) 그리고 주 수집물의 마지막(잠 21:30)에 명시하고 있다.[20]

> 5 "야훼 경외하기를 깨달으면,
> 그 다음에 너는 하나님의 지식을 발견한다.
> 6 왜냐하면 야훼는 지혜를 주시며,
> 그의 입으로부터 인식과 명철이 나오기 때문이다." (잠 2:5-6)

> "인간에게 마음의 고려가 속해 있다.
> 그러나 혀의 응답은 야훼로부터 나온다." (잠 16:1)
> "지혜, 명철 그리고 모략으로도 야훼를 이길 수 없다." (잠 21:30)

야훼의 영향력이 인간 삶의 배경으로 존재하는 것 같지만, 최후에는 인간의 삶에 전적인 지배와 영향력이 야훼에게 속한다.

(2) 이스라엘 지혜의 역사 인식

지혜가 인간 삶의 경험에서 얻어지는 산물로서 지혜를 정의하였다. 즉, 지혜 문학은 인간과 인간, 세대와 세대의 단순한 지식의 전달, 또는 교훈만을 의미하지 않는다. 왜냐하면 지혜 문학은 단지 의자에 기대어 생각해 낸 사색의 결과로서 얻어진 산물이 아니기 때문이다. 지혜는 오랜 시간 동안

---

20 A. Meinhold, ZBK, 37-39.

인간의 경험과 같이 했으며, 지속적으로 인간을 전체적인 삶과 함께 관여하게 하며 그리고 모든 삶의 영역 위에서 함께하기 때문이다. 이처럼 지혜는 삶을 지배하는 모든 요소로 이루어진 형태이며, 삶의 혼란을 스스로 통과하는 기술이다.[21] 그렇다면 지혜는 모든 일상적인 삶에서 얻어진 것이라고 할 수 있다. 이러한 일상적인 삶에서 이스라엘만의 독특한 지혜가 존재할 수 있을까? 고대 근동과 뚜렷하게 구분되는 이스라엘만의 지혜를 구별할 수 있을까?

a. 이스라엘 지혜의 역사 인식을 위한 단어 이해

성서를 믿고 따르는 사람들에게 '세상의 경영자'가 누구인가를 질문한다면, 아마도 당연히 '하나님'이라고 대답할 것이다. 특히 '세상을 움직이시는 하나님'이라는 주제는 성서를 믿는 사람들에게는 당연한 것으로 받아들여진다. 그리고 너무나 당연하기 때문에 이러한 생각이 이스라엘의 지혜의 특별한 생각과 숙고에서 나온 것이라고는 생각하지 못한다. 하지만 이스라엘인들은 자신들의 역사를 기록하는데 있어서 지혜, 특히 잠언에서 심사숙고하여 지혜의 신학적 세계 경영의 인식을 적용하였다. 먼저 이스라엘 지혜의 독특성을 제시하고 그 후에 그 이스라엘 지혜의 독특성이 성서의 다른 부분, 특히 이스라엘 역사서에 끼친 영향을 알아보고자 한다.

이스라엘의 고유한 지혜를 밝히려는 노력은 먼저 야아츠(יעץ 충고하다/계획하다)와 에차(עצה 충고, 모략/ 계획)의 단어들을 이해하는 것에서 시작

---

21 G. v. Rad, Theol AT III, 441에서 이스라엘 지혜를 이집트의 마아트와 같이 '정리'(Ordnung)로 표현한다; H. H. Schmid, Amos. Zur Frage nach der "geistigen Heimat" des Propheten, in: Altorientalische Welt in der alttestamentlichen Theologie, Zürich, 1974, 121-144, 특히, 132.); 또는 창조주와의 관계에 관련하여 (J. L. Crenshaw, Method, JBL(1969), 132); 그리고 지혜는 구체적인 삶의 요구에 근거하여 사색하며 그리고 그 때문에 능숙하면서 동시에 객관적인 관계와 실용적인 형상의 목표를 위한 "능란함 그리고 그것의 전달"을 다룬다. (H. D. Preuss, Einführung, UB 383(1987), 10.); 마지막으로 지혜는 인간의 "고유한 삶의 경험"으로서 인간 자신을 이해하며, 삶 전체를 이해할 수 있는 힘이다. (W. H. Schmidt, 『구약신앙』, 615-618.)

한다:

(a) 야아츠 (יעץ: 충고하다/계획하다)

'충고하다 또는 계획하다'로 사용된 동사 야아츠(יעץ)는 다음과 같이 구약 안에서 나타난다: 동사는 80번[22]이 사용되었으며, 그 중 분사 사용은 인물을 지칭하는 경우로 23번(사 47:13 포함)이 나온다. 인물을 지칭할 경우 이 용어는 (군사) 지략가 또는 충고자를 나타내는 전문 용어로서 사용된다. 동사로서 구약 안에서 분포는 이사야 14번, 그중 분사는 직무 표시를 위한 전문적인 사용으로서 4번(사 1:26; 3:3; 9:5; 19:11) 나타난다. 잠언 안에서는 5번 나타나며, 그 중에서 분사는 3번으로 역시 지략가 또는 충고자를 나타내는 전문 용어로서 사용된다. [23]

(b) 에차(עצה: 충고, 모략/ 계획)

구약성서에서 이사야 47장 13절과 잠언 27장 9절을 제외하고 명사는 84번 나타난다.[24] 이 명사 중에서 특별하게 38번은 정치적인 충고 또는 왕의 자문에 관계한다. 구약 안에서 에차(עצה)가 사용된 통계를 보면 예언자의 시적인 선포 안에서 57번 나타나며, 구약의 이야기체로 구성된 책들 안에서 27번 나타난다. 57번 중에 28번은 예언 문서에서 나타나며, 그 중 이사야 1-35장에서 압도적으로 11번 나타나며 이사야 40-66장에서

---

22 동작 동사 칼(qal) 57번, 니팔(nif.) 22번, 히트파엘(hitp.) 1번.

23 비교, L. Ruppert, יעץ, ThWAT III, 721; H. Wildberger, Jesajas Verständnis der Geschichte, VT. S9, 1963, 83-117= TB66, GSt, 1979, 88 Anm. 1; R. N. Whybray, The Intellectual Tradition, BZAW 135(1974), 132. 그 외에 출 18:19; 민 24:14; 삼상 15:12; 16:23; 17:7, 11, 15, 21; 왕상 1:12; 12:6, 8-9, 13, 28; 왕하 6:8; 대상 13:1; 26:14; 27:32-33; 대하 10:6, 8-9; 20:21; 22:3-4; 25:16-17; 30:2, 23; 32:3; 스 4:5; 7:28; 8:25; 느 6:7; 욥 3:14; 12:17; 26:3; 시 16:7; 32:8; 62:5; 71:10; 83:4, 6; 사 1:26; 3:3; 7:5; 9:5; 19:11-12; 렘 38:15; 49:20, 30; 50:45; 겔 11:2; 미 4:9; 6:5; 나 1:11; 합 2:10

24 참조 B. Gemser, HAT I/16(²1963), 96; L. Ruppert, יעץ, ThWAT III, 726.

4번, 예레미야에서 8번 나타난다.

이 같은 증거들은 이 단어가 구약 전체에 나타나는 것이 아니라 부분적으로 집중되어 있다는 것을 확인할 수 있다. 이사야 35번(그중 이사야 1-35장은 27번), 역대기 19번, 사무엘하와 시편 각각 17번 그리고 잠언 16번, 예레미야 13번, 열왕기상 그리고 욥기 각각 1번이 나온다. 이 단어의 사용 빈도의 80%가 8개의 문서에서 주로 나타나는 것을 볼 수 있는데, 그 중에서 29번(약 17%)은 지혜 문서, 곧 잠언과 욥기에 집중되어 있다.[25]

중요한 것은 이 단어가 과연 얼마나 지혜의 전문적인 용어로서 사용될 수 있는가를 생각해야만 한다. 자세히 살펴보지 않는다면, 지혜 문학 안에서 에차(עצה)는 대부분 일반적인 충고나 또는 삶의 어려움을 극복하는 단어로 사용된다: 잠언 20장 5절에서 '지혜의 근원'이란 의미로 해석되어 에차(עצה)를 '인간의 생명을 위해 절대적으로 필요한 것으로서 사용한 잠언 18장 4절과 함께 비교할 수 있다.[26] 또한 에차(עצה)를 스스로 받아들인 사람은 잠언 19장 20절과 13장 10절, 그리고 12장 15b절에 따라서 지혜자가 된다.[27]

"너는 충고(에차/עצה)를 들으며 훈계를 받으라,

그리하면 네가 필경은 지혜롭게 되리라." (잠 19:20)

잠언 19장 20절에서 이 단어는 공동체를 위한 긍정적인 관심을 발견한

---

25 참조 H. Wildberger, Jesajas Verständnis, VT. S9(1963), 88 Anm. 1; L. Ruppert, יעץ, ThWAT III, 721; R. N. Whybray, The Intellectual Tradition, BZAW 135(1974), 132.

26 비교, P. A. H. de Boer, The Counsellor, VT.S 3, 1955, 52-53; A. Meinhold, ZBK 16.2(1991), 333-334.

27 비교, J. Hausmann, Studien, FAT 7(1995), 169.

다.[28] 이러한 충고자의 특징은 잠언 1장 25, 30절; 8장 14절[29]에서도 나타난다.

> 24 "내가 부를지라도 너희가 듣기 싫어하였고,
> 내가 손을 펼지라도 돌아보는 자가 없었고
> 25 도리어 나의 모든 충고(에차/עצה)를 멸시하며 나의 책망을 받지 아니하였은즉
> 26 너희가 재앙을 만날 때에 내가 웃을 것이며
> 너희에게 두려움이 임할 때에 내가 비웃으리라." (잠 1:24-26)

여성 지혜의 특징은 그녀에게 남을 성공으로 이끌만한 충분한 지혜와 충고를 할 수 있다는 것이다.

또한 잠언 15장 22절 그리고 24장 6절에서 충고자(der Berater)는 모든 신분 계층 위에서 성공을 위한 개인적인 범위 안에 있는 사람들에게 삶에 대하여 질문한다. 그렇기에 잠언 24절 6a절에서 '전쟁'은 결국 '삶의 전투'로서 바꾸어 사용할 수가 있다.[30] 그 외에 잠언 12장 15절 그리고 욥기 12장 15절들은 지혜의 전승을 위한 전문 용어가 아니라, 오히려 인간적인 삶 안에서 자유롭게 이야기할 수 있는 일반적인 충고를 나타낸다.[31]

그러나 잠 19장 21절과 21장 30-31절의 에차(עצה)는 위에서 제시한 일반적인 충고의 용어와 구별된다. 왜냐하면 위의구절들(잠 19:21; 21:30-31)은 고대 근동의 지혜와 구별되는 즉, 고대 이스라엘만의 고유한 지혜

---

28   비교, 위의 책, 324; A. Meinhold, ZBK 16.1, 1991, 212.

29   비교, 위의 책, 140-141.

30   참조 B. Gemser, HAT I/16, ²1963, 89; J. Hausmann, Studien, FAT 7(1995), 250-251; L. Ruppert, יעץ, ThWAT III, 724.

31   비교, R. N. Whybray, The Intellectual Tradition, BZAW 135(1974), 133.

적인 생각을 표현하는 중요한 주제가 그 속에서 발견되기 때문이다. 인간적인 지혜와 계획은 하나님 앞에서 한계를 가진다(잠 19:21; 21:30-31; 비교. 16:1, 3; 9:33; 19:14; 20:24 등).[32] 즉, 하나님의 지혜 (Gottes Weisheit)와 인간의 지혜 또는 생각이 서로 갈등과 충돌을 일으킬 때, 항상 하나님의 지혜(Gottes Weisheit)만이 성공하며, 인간적인 지혜는 실패한다고 말한다. 그것은 한 개인의 역사 배후에는 인간의 의지와 생각이 절대적으로 자신의 역사를 만들어 가는 것이 아니라, 하나님의 인도가 우선한다는 것을 의미한다.

b. 이스라엘의 고유한 지혜를 통한 역사 인식(잠 19:21; 21:30-31)

> "사람의 마음에 많은 계획(에차, עֵצָה)이 있어도,
> 성취되는 것은 오직 주님의 계획(에차, עֵצָה)뿐이다." (잠 19:21)

21a절에서 사람들은 항상 성공된 삶을 위하여 많은 것을 계획한다. 그러나 자신의 계획의 완벽함에도 불구하고, 항상 생각은 한계를 갖는다. 왜냐하면 인간의 계획이 성공할 것인가, 또는 실패할 것인가 하는 것은 현재가 아니라, 언제나 미래에 드러나기 때문이다. 다시 말해서 미래란 인간이 항상 지배할 수 없는 불확실한 시간이기 때문이다. 그에 비하여 21b절에서는 하나님의 계획만이 성취된다고 말한다. 이러한 의미를 가진 다른 구절들은 비록 에차(עֵצָה)를 사용하지 않았지만 이와 유사한 생각을 나타낸다:

---

32 비교 H. Gese, Lehre und Wirklichkeit(1958), 45-50; G. von Rad, Weisheit(²1982), 131-148; W. J. Whedbee, Isaiah & Wisdom, Nashville [u.a.], 1971, 114-126; H. Wildberg, Jesaja, BKX/3, Neukirchen-Vluyn, 1982, 1628-1629; W. H. Schmidt, Mensch (Vielfalt, Bd.II, 1995), 289-291; J. Hausmann, Studien, FAT 7(1995), 256-258.

"마음의 경영은 사람에게 있어도

말의 응답은 야훼에게서 온다." (잠 16:1)[33]

또한 잠언 21장 30-31절은 신 앞에서 인간의 한계를 가장 적절하게 표현하고 있다:

30 "그 어떠한 지혜도, 명철도, 계략도,

주님을 대항하지(לנגד:두 개의 전치사- ל (레)+ נגד (네게드)) 못한다.

31 전쟁을 대비하여 군마를 준비해도,

승리는 오직 주님께 달려 있다." (잠 21:30-31)

아무리 철저하게 자기 자신의 성공을 준비한 사람이라도, 자신의 준비가 성공할지 혹은 실패할지는 언제나 미지수이다. 오직 성공 여부는 신에 의하여 결정된다. 특히, 합성 전치사 레네게드(לנגד)와 결합하여 이뤄진 '하나님께 대항하는', 혹은 '하나님 없이 진행되는' 모든 독립적인 인간적인 지혜, 인식 그리고 충고들은 이뤄질 수 없다.

이상으로 잠언이 말하는 중요한 관점은 다음과 같이 생각할 수 있다:

첫째, 잠언 안에서 저자가 에차(עצה)를 통하여 갖는 생각은 명백하다:

"야훼 앞에서 인간은 자신의 한계를 가진다."

둘째, 그 범위는 지혜롭다고 하는 자로부터 자신의 생각과 신념에 의해 살아가는 모든 자에게 미친다. 옛 지혜는 이 단어(עצה)를 통하여 모든 인간의 삶이 야훼에게 규정된다는 것을 고백한다.

셋째, 인간의 머릿속에서 나온 지혜와 명철 등은 아무리 인간의 생각에

---

33   비교 잠 16:1,3; 9:33; 19:14; 20:24 u.a.

좋은 것이라도 야훼 없이 또는 야훼에 반대하는 계획은 실패한다.

넷째, 지혜는 신 또는 야훼의 활동을 고대 근동의 사상과는 다르게 표현한다.

> "야훼는 자신의 뜻을 관철하기 위하여, 인간의 삶 안으로 직접 자신이 들어온다."[34]

이처럼 잠언 속의 지혜의 역사 인식은 결국 인간의 삶을 규정하는 장소에서 인간의 개인적인 삶의 현상을 해석하는 것을 통해, 인간의 행위와 그 뒤에 존재하는 인간의 사색과 생각을 초월하는 존재가 있음을 발견하게 한다. 곧 그 모든 것을 초월하는 야훼의 존재와 그가 이 세상을 주관하신다는 것을 인식한 것이다.

c. 이스라엘 역사 기술과 지혜 인식

역사를 기술한다는 것은 아주 특별한 정신적인 활동이다. 그렇기 때문에 여기서 주된 관심은 다음과 같다: 일반적으로 지혜 문학에서 자체적으로 시간의 흐름에 따라 기술할 수 있는 역사성이 있는가? 지혜 문학에서 이런 물음이 제기될 때, 대답은 회의적이다. 왜냐하면 과거에 일어난 인간의 사건을 시간적으로 그리고 객관적인 방식으로 정리하며, 원인과 결과에 의하여 다음 세대에 전달하려는 노력은 인간의 정신적인 활동을 언급하는 지혜와는 다르기 때문이다. 그러나 이것이 이스라엘 역사 의식과 관련될 때, 그 영향력은 다르게 전개된다.

---

34 참고, B. Albrecktson, History and the Gods, CB1, Sweden, 1967, 10-27에서 역사적 사건이 신의 계시라는 성서적인 개념은 결코 특이한 것이 아니며, 고대 근동 세계의 공통적인 신학이라고 말한다. 그러나 신화와 전설의 융합이 과연 인간의 역사와 관련을 가질 수 있는가 하는 것에서 이 이론은 의심이 간다.

현재의 역사 기술적인 방법은 지극히 객관적이며, 원인과 결과에 의존한다. 현재의 역사 기술과 이스라엘이 본 역사 기술이 다르다는 것을 폰라드는 다음과 같이 말하고 있다: "현재의 역사 기술의 원칙은 헬레니즘의 영향 아래에서 제시된 객관적인 인간 행위의 산물을 보고 기술한다. 그것은 즉, 인간 세상에서 인간들에 의한 사건의 기술이다. … 그러나 유독 한 민족만이 역사는 단순한 인간의 행위에 대한 기록이 아니라, 야훼에 의하여 주도되고, 이끌어가는 신의 역사를 기술한다."[35]

'신의 역사'라는 역사 기술은 고대 근동에서는 존재하지 않는 특이한 역사 기술 방법이다. 이러한 생각이 과연 어디에서 온 것인가? 구약성서 안에서도 법, 규례에 대한 기술은 역사적이지 않다. 왜냐하면 법이나 규례는 시간을 초월하여, 모든 사람에게 적용되기 때문이다. 시문학들 역시 하나님의 세계 역사 경영, 또는 개인의 삶의 인도함에 기초한 지혜적 관련성에 관심을 갖기보다는, 인간의 절망과 희망의 경험을 하나님과 만남으로써 표현하는 삶의 경험이 먼저이다. 즉, 잠언 19:21; 21:30-31 등은 인간의 삶을 규정하는 장소에서, 지혜는 자신의 삶을 통하여 맞닥뜨리는 한계와 절망에서 새로운 희망을 발견할 수 있는 가능성을 제시한다. 역사적인 현상을 해석하며, 인간의 행위 그 뒤에 인간의 생각과 경험을 초월하는 야훼의 존재를 말하고 있다.

그러나 이러한 잠언의 사상은 이스라엘에서 단순하게 개인의 역사를 움직이는 야훼의 활동에만 머물러 있지 않는다. 즉, 지혜 문학의 독특성은 그 자체적인 의미를 넘어 보다 광범위한 영향력을 발휘한다는 것을 의미한다. 이 영향력이 가장 잘 나타나는 곳은 아마도 역사서의 왕위 계승사와 이사야의 역사 인식일 것이다.

---

35 G. v. Rad, Der Anfang der Geschichtsschreibung im alten Israel, TB8, München, 1971, 148-188.

d. 지혜의 역사 기술의 적용들

(a) 왕위 계승사[36]

왕위 계승사와 함께 하는 이스라엘의 역사 기술은 처음부터 영적인 움직임의 정점에 도달한 작품이다.[37] 우리는 여기에서 왕위 계승사의 역사 기술의 배경에 지혜 문학의 영향이 있는가를 살펴보기 전에 먼저 다음과 같은 질문을 해야 한다: 왕위 계승사의 역사성과 비역사성을 구분할 수 있는가? 소위 왕위 계승사의 편집 안에서 신명기 사가 즉, 지혜자의 그룹으로서 분류할 수 있는 이들의 역사 인식과 기술이 나타나는가?

L. 로스트(L. Rost)[38] 이래로 사무엘하 6장부터 열왕기하 2장에 이르는 방대한 이스라엘 역사는 소위 왕위 계승사로 분류되었다. 여기에서는 단지 이스라엘 역사 인식과 기술에 있어서 한 단면만을 보고자 한다. 왜냐하면 이 소논문은 왕위 계승사를 다루는 것이 아니기 때문이며, 단지 왕위 계승사의 편집에 과연 잠언의 영향이 있는가, 그리고 있다면 어떤 영향이 나타나는가를 다루기 때문이다. 그 때문에 "압살롬의 이야기"[39]는 우리의 주제에 가장 좋은 예를 제시하므로 삼하 15-17장까지의 역사 인식과 역사 서술을 보고자 한다.

---

36 왕위 계승사의 연대 규정은 사실상 아직 해결되지 않은 채로 머물고 있다. 그러나 중요한 것은, 여기에서 역사적인 사실은 주전 10세기를 반영한다. 그 후에 어떤 그룹이 왕위 계승사 편집에 관여하였는가 하는 것은 문제로 남아 있다. 다만 추측할 수 있는 것은 후기에 편집은 어떤 의미에서 신명기 사가(지혜자 그룹?)에서 편집된 후기 시기를 다루기 때문에 고대 잠언의 영향은 가능한 것으로 본다.

37 참조, H. J. Hermisson, Weisheit und Geschichte, FS G.v. Rad, 1971, 137-148.

38 참조, L. Rost, Die Überlieferung von der TFG David, 1926.

39 한쪽으로는 압살롬의 반역의 사건은 그 당시에 일어난 이스라엘의 객관적인 역사이며, 다른 쪽으로는 그 안에서 그 반역사건을 일반적인 세속사와는 다르게, 이스라엘 역사 진행 안에서 야훼의 개입을 진지하게 다루는 이스라엘 사관의 입장을 볼 수 있다. 여기에서 볼 수 있는 편집자의 주관적인 역사 기록은 결국 지혜자의 그룹인가? 하는 점이다. 아직 확실하게 말할 수는 없지만 역사적 사건에 주관적인 해석을 제시한 그리고 역사 뒤에 보이지 않는 하나님의 운영을 표현한다는 점에서는 지혜자의 생각을 볼 수 있다.

사무엘하 15-17장[40]에서 역사가는 두 가지 구조를 뚜렷하게 대조하여, 일반적인 세속사와 다른 역사 기록을 소개한다:

객관적인 역사의 사건	편집자의 역사 인식
삼하 15:(1)2-12 대중의 민심을 훔침 그리고 압살롬의 봉기	삼하 15:1 압살롬의 반역 조짐
삼하 15:13-29 다윗의 도망과 언약궤를 돌려보내는 다윗	삼하 15:25-26 역사가의 다윗에 대한 태도
삼하 15:30-37 후세에게 위장을 권유하는 다윗	삼하 15:31 야훼의 개입을 원하는 다윗
삼하 16:1-14 다윗과 시바	삼하 16:10-12 다윗의 시바 저주에 대한 해석
삼하 16:15-19 후새의 위장 전향	
삼하 16:20-22 아히도벨의 모략	삼하 16:23 역사가의 아히도벨에 대한 평가
삼하 17:1-13 아히도벨과 후새의 모략의 충돌	삼하 17:14 하나님의 개입에 대한 역사가의 평가
삼하 17:15-22 후새의 계략	삼하 17:23 아히도벨의 죽음
삼하 17:24-29 압살롬과 다윗의 싸움	

처음에 15장 1절의 기록은 그 동안의 (14-15장) 긴장 관계를 끝나게 하는 작용을 한다. 왜 역사가는 압살롬의 반역 서두에 15장 1절을 제시했는가? 사람들은 역사가가 단순하게 역사적인 상황을 보고하는 것이라고 생각할 수 있다. 그러나 서두에 제시된 이 한 절은 그 이상의 의미를 전달한다. 왜 역사가는 다른 다양한 사건을 제외하고, 압살롬의 태도에 대하여 말하는가? 이 구절은 다시 왕상 1장 5절에서도 동일한 방법으로 나타난다. 역사 기술은 그 당시의 역사가가 어떤 사관을 지니고 있는가를 이해하는데 도움을 준다. 즉, 역사 진행의 처음과 마지막이라는 기술에서 그들의

---

40   삼하 13-14장은 뒤에 있을, 그리고 왕위 계승사에서 계속 이어지는 중요한 관점을 제시한다. 이 두 장은 왕(다윗)과 후계자 사이에 있는 긴장을 묘사한다. 비록 둘 사이에 요압의 개입으로 이 긴장이 최종적으로 화해를 했지만, 이 책을 읽는 자로 하여금 계속적으로 긴장 관계가 있다는 것을 암시한다.

태도를 교만으로 규정하여, 결국 야훼가 가장 싫어하는 것임을 제시함으로써 그들의 반란에 대한 실패의 이유를 제시한 것이다. 잠언 16장 18절에서 말하는 것이 역사가의 사관에 영향을 주고 있음을 알 수 있다.

> "교만은 패망의 선봉이요
> 거만한 마음은 넘어짐의 앞잡이니라." (잠 16:18)

사무엘하 15장 1절과 열왕기상 1장 5절에서 지혜적인 생각과 주제가 분명하게 드러나지 않는다. 또한 저자가 역사적 상황을 지혜의 교훈을 위해 가져온 것도 아니다. 그러나 우리가 사무엘하 15장 1절과 사무엘하 15장 25-26절과 16장 10-12절을 대조하여 볼 때, 역사적 사건의 배후에 왕에 대하여 하나님이 무엇을 원하시는지 의도가 들어있음을 살펴볼 수 있다. 이같이 교만과 겸손의 대조는 지혜 문학에서 사용하는 전형적인 주제이다.[41]

역사가의 역사적 사건에 대한 평가는 사무엘하 16장 23절; 17장 14, 23절에서 정점에 이른다. 비역사적인 역사가의 평가는 잠언 19장 21절; 21장 30-31절의 사상이 그대로 반영되어 있는 것을 볼 수 있다. 특히 "아히도벨의 베푸는 계략은, 사람이 하나님에게 물어서 받은 말씀과 같다(삼하 16:23)"와 "어떤 지혜도 야훼를 이기지 못한다(잠 21:30-31)"라는 구절은 역사가의 입장이 지혜자의 생각과 동일함을 보여준다. 인간적인 지혜는 언제나 신 앞에 한계를 가지며, 인간의 지혜가 야훼 없이 진행될 때, 야훼는 그것을 어리석은 것으로 만들어 버린다. 개인적인 삶을 규정하는 야훼의 간섭이라는 측면에서 잠언의 사상이 이스라엘 역사 서술에 있어서 지대한 영향력이 있었다는 것을 알 수 있다.

---

41   참조, 잠 11:2; 13:10; 14:3; 16:18-19 등등.

(b) 이사야의 역사 인식

이사야의 선포가 지혜의 전승들, 그의 언어로부터 각인되어 있다는 것을 증명하는 것은 이미 많은 학자들로부터 연구되어 왔다.[42] 이사야의 역사 이해가 위에서 제시한 지혜적인 전제들과 함께 형성된 것은 아닌가? 물론 예언자는 왕위 계승사처럼 역사의 기록자는 아니다. 또한 예언자의 역사 인식은 지혜적인 생각과 언어 형태 사이에 다음과 같은 차이점이 나타난다. ① 이사야의 역사 표현에서 제시하는 역사 속에 야훼의 개입에 대한 사상은 개인을 위주로 하는 사람의 경험과 지식을 바탕으로 하는 지혜적인 생각과 차이가 난다. 따라서 지혜 문학에서 "야훼의 개입은 행위하는 인물들을 통하여 항상 간접적으로만 영향"을 발휘한다.[43] 반면에 이사야의 역사 이해는 유다의 역사이든(사 7:5-7), 또는 세계이든지(사 10:5-15; 30:1-3; 31:1-3)[44] 간에 직접적인 야훼의 개입이다(비교. 사 1:24-26; 8:13-14; 29:1-3).[45] ② 거기에서 이사야는 야훼의 계획을 인간의 계획의 관점에서 전파한 것이 아니라, 오히려 신적인 계획에 대한 관점에서 전파한다. 그것은 역사가 야훼의 행위 범위 안에 있다는 것을 의미한다.[46] '야훼의 계획과 그의 작품에 대한 이사야의 언급은 전적으로 역사 기술에 있어서 특별하며 그리고 세상에서 활동적인 야훼의 개입에 집중'하고 있다.[47] ③ 마지

---

42 참고, J. Fichtner, Jesaja, 1965, 18-26; H. Wildberger, Jesajas Verständnis, VT. S 9(1963), 83-117; J. W. Whedhbee, Isaiah & Wisdom, Nashville [u.a.], 1971.

43 H.-J. Hermisson, Weisheit(FS G. v. Rad, 1971), 152.

44 이사야의 역사 이해는 세계 또는 민족들이 "완벽하게 야훼의 지배 아래에 있다는 것에서, 자연의 범위가 야훼에게 속하였다는 호세아와는 다른 관점에서 존재한다." H. Wildberger, Jesajas Verständnis, VT. S9(1963), 100 Anm. 2.

45 참조: 위의 책; R. Rendtorff, Geschichtliches und weisheitliches Denken im Alten Testament, FS W. Zimmerli, 1997, 332.

46 참조: 사 5:5-6, 12, 19, 26; 7:7; 10:5; 28:2; 31:4; 비교, 암 3:6.

47 J. Barthel, Prophetenwort und Geschichte, FAT19, Tübingen, 1997, 347.

막으로 지혜적인 생각이 시간을 초월하여 문제를 해결하는 반면에,[48] 이사야는 이스라엘에서 과거에 야기된 것으로부터 판결되는 미래를 야훼의 작품과 결정/의지로서 전파한다.[49]

그럼에도 불구하고 역사를 움직이는 분이 야훼라는 점에서 이사야의 역사 인식은 잠언과 일치하고 있다. 즉, 잠언의 사상이 이사야가 보는 역사 인식과 일치한다. 왜냐하면 이사야가 본 자기시대의 역사는 철저하게 인간적인 지혜 즉, 정치적인 지도자들이 자신의 계략 또는 자신들의 지혜로 민족의 경영을 의도하고 계획하는 것과 하나님의 계획(עצה/에차) 사이를 대립하여 제시하고 있기 때문이다.

이사야 5장 19절은 이러한 생각을 적절하게 제시한다.

> "그들이 이르기를: 그는 그 일을 속속히 이루어 우리로 보게 할 것이며,
> 이스라엘의 거룩한 자는 그 계획(עצה 에차)을 속히 임하게 하여,
> 우리로 알게 할 것이라 하는도다." (사 5:19)

이것은 왕궁에 있는 왕의 자문자들이 에차(עצה)와 함께 이사야의 생각을 제어하며, 야훼에게 무슨 계획이 있는가에 대한 조롱의 글이다. 왜 이사야가 그들의 말을 인용하고 있는가? 이사야의 생각은 여기에서 명백하게 나타난다. 인간의 계획이 당시에 정치적인 계략과 계획인 경우에 항상 그 계획은 야훼에게 나온 것이 아니며, 오히려 야훼의 에차(עצה)와 대립 관계에 있다는 것을 말한다(사 7:7; 8:10; 29:15; 30:1b). 그 때문에 인간적인

---

48 참조 R. Rendtorff, Geschichtliches(1977), 332.

49 참조 W.H. Schmidt, Alttestamentlicher Glaube, Berlin (u.a.), [8]1966, 130; H. W. Wolff , Das Geschichtsverständniss der alttestamentlichen Prophetie, TB22(GSt), 1964, 289-307; 비교, 사 5:12, 19; 28:21, 29.

에차(עצה)는 항상 실패한다(사 7:7; 8:10; 29:16; 30:1a).[50] 반면에 야훼의
에차(עצה)는 잠언의 19장 21절과 21장 30절과의 비교를 통하여 이사야
14장 24-27절에 따르면, 야훼의 변하지 않는 그의 의지/ 결정을 제시함
으로써 야훼의 행위는 놀라운 것으로 간주된다.[51] 그러나 동시대에 이사
야의 선포를 적대시 하는 자들에게는 생소한 것으로 나타난다. 하나님의
의지와 결정은 유다에만 국한되지 않는다는 것에 주목해야 한다. 다음 표
에서 보듯이 이사야가 사용한 에차(עצה)와 결합하는 단어들은 하나님이
실질적으로 세계를 지배하며 그를 배제한 인간적인 계획 또는 모략은 언
제나 인간의 미래에 대한 한계성을 제시함으로써 지혜적인 생각들과 일
치를 이룬다.[52]

	이사야적인 역사 표현	지혜적인 생각
야훼의 개입	직접적인 야훼의 개입 : 역사이든(사 7:5-7), 또는 세계이든(사 10:5-15;30:1-3:31:1-3)	행위하는 인물
야훼의 계획	신적인 행위에 대한 관점, 즉, 역사가 야훼 행위의 범위	개인의 역사적 관점에 치중
문제들 해결	이스라엘에서 과거에 야기된 그것으로부터 판결되는 미래를 야훼의 작품과 결정/의지로서 전파한다	시간 제한이 없음

"이도 만군의 여호와께로서 난 것이라!

그의 모략(עצה)은 기묘(פלא)하며 지혜는 광대하니라." (사 28:29)

---

50   비교, J. W. Whedbee, Isaiah(1971), 127; L. Ruppert, יעץ, ThWAT III, 740.

51   참조: 사 29:14a; 28: 29b; 28: 21; 비교. זר und נכרי 외국의, 낯선, 이상한 ; W. J. Whedbee, Isaiah, 1971, 127.

52   비교, 위의 책, Isaiah, 1971, 121; J. Jensen, Yahweh's Plan in Isaiah and in the Rest of the Old Testament, CBQ 48, 1986, 452.

에차(עצה)와 밀접하게 결합해 있는(비교: 사 25:1; 28:29b; 29:14) 페레 (פלא 놀라움, 기이함)은 기본적인 의미에 따라서 인간에게 습관적으로 나타나는, 그리고 결국에 기대하는 바에 따라서 비습관적으로, 불가능한 것으로, 동시에 놀라운 것으로 나타나는 한 사건을 표현한다.[53] 그것은 압도적으로 신의 행위에 관계한다. 왜냐하면 그 사건은 항상 한 인간으로부터 정해진 상황 안에서 기대된 것, 그리고 가능한 것으로 간주된 것의 한계를 넘어서기 때문이다.

종합하면, 성서에서 이스라엘의 지혜 문학은 항상 고대 근동에서 영향받은 지혜만을 의미하지 않는다. 물론 이스라엘 지혜에 고대 근동의 영향을 배제한다는 것은 무리가 따르지만, 그럼에도 불구하고 '이스라엘의 고유한 지혜'의 추구는 이스라엘 지혜 문학이 법과 예언서 그리고 시 문학에 비하여 더욱더 비역사적이며, 일반적 인간의 현상만을 말하는 것을 넘어, 이스라엘의 야훼 사상이 그들의 역사와 신앙에 있어서 주변적이지 않고 오히려 중심적인 역할을 감당했다는 결론에 이르게 하기 때문이다.

특히 역사를 서술하는 사관과 역사 기술에 있어서 지혜 문학은 고대 근동과는 다른 독특한 역사관을 제시한다. 이스라엘의 지혜 문학 안에서 야훼와 인간 역사의 관계, 즉, 야훼는 고대 근동의 여타 신들과는 다르게, 신들의 세계 안에서 멀찌감치 떨어져서 인간을 보는 것이 아니라, 직접 인간에게 다가오며, 역사를 주관하는 야훼로서 묘사한다. 더 나아가 인간적인 지혜와 신의 지혜가 대립할 때, 오직 신의 지혜만이 성취된다는 것을 말한다. 그러므로 이스라엘의 지혜 문학은 인간의 삶에 대하여 말하는 것 같지만, 그러한 삶의 기준이 개인이든, 또는 국가이든지 간에 모두 야훼의 계획 안에 있다고 생각하였다. 또 지혜의 사상은 지혜 문학만이 아니라 이스라엘의 다른 분야 –구약의 역사서와 예언자들의 역사관 등–에서도 강한 영

---

53   출 15:11; 사 29:14; 시 77:12, 15; 119; 129 등등.

향력을 끼쳤다. 이스라엘의 고유한 지혜는 지혜 문학의 구심점을 감당할 뿐만 아니라, 더 넓게는 구약성서 전체에 걸쳐서 이스라엘인들의 핵심 신앙을 형성하였다.

(3) 행위-결과의 관련성(Tun-Ergehen-Zusammenhang)

사람들이 살아가는 삶은 여러 가지 다양한 관련성에 종속되어 있다. 종속의 관계는 상호 간에 영향을 주고받으면서 살아간다. 인간의 삶은 자연계에 존재하는 피조물과는 다른 삶을 영위한다. 흔히 우리들이 말하는 자연의 계절적인 변화는 인간이 훼손하지 않으면 언제나 정직하게 봄, 여름, 가을, 그리고 겨울을 반복한다. 그리고 자연 속에서 살아가는 피조물들은 적자생존의 법칙에 따라서 살아간다. 그런데 하나님이 창조하신 피조물 중에서 인간만이 자연계와 그 속에 살고 있는 여타 피조물과는 다른 삶의 법칙을 가진다. 왜냐하면 인간들은 자신들에게 일어난 일에 대하여 의미를 부여하며, 또한 일어날 일을 먼저 알기 위하여 노력하기 때문이다.

인간의 행위에 언제나 의미를 부여하고 그 의미가 선한지 또는 악한지에 대해 질문하고자 인간은 고대 세계로부터 점, 주술을 통하여 끊임없는 노력을 기울였다. 또한 인간의 행위의 결과가 어떻게 나타나며, 그 결과가 다시 그 행위자에게 어떤 영향을 미치는가에 대한 문제 역시 현자들에겐 중요한 연구의 대상이 되었다. 인간의 행위에 관한 연구를 학자들은 나름대로 '종합적인 삶의 표현(Synthetische Levensauffassung)'[54] '행위-운명의 관련성(Schicksal-Zusammenhang)' 또는 '운명적으로 영향을 미치는

---

54 K. H. Fahlgren, Sedaka, nahestehende und entgegengesetzte Begriffe im Alten Testament, Uppsala, 1932, 19-24.

행위 영역(schicksalwirkende Tatsphäre)[55] 그리고 '원인과 결과들'[56]로서
말한다. 행위-결과의 관련성은 지혜 문학에서만 나타나는 현상은 아니지
만, 그래도 지혜 사상의 근원을 이루고 있다는 것은 확실하다. 인간의 -의
식이든 또는 무의식에서 나왔던 간에- 행위는 그 영향력에 따라서 그 행
위에 다시 작용하는 선한 또는 악한 영역을 만들어낸다. 선한 행위는 그것
을 행한 자에게 긍정적인 결과로 영향을 주지만 부정적인 행위는 그것을
행한 사람에게 부정적인, 또는 파멸의 결과를 가져 온다. 이러한 행위와 결
과의 관련성은 어디에서나 이론의 여지가 없으며, 사람이 자신의 삶을 살
아가는데 아주 중요한 무게를 갖게 한다. 문제는 이러한 행위를 일으키는
주체와 그 결과를 가져오는 주체 또는 배후에서 상황을 결정하는 초월적
존재에 대한 것이다. 자연적으로 인간의 모든 행위가 행위-결과의 관련성
지배를 받는다고 할 때, 선한 행위자는 선한 결과를, 반대로 악한 행위자는
악한 결과가 현실적으로 발생했는지에 대한 질문이 제기된다. 현자들은
인간의 관계 속에서 이러한 원인 규명을 시도하였다.

> "교만은 패망 앞에 놓인다.
> 거만한 영은 넘어짐 앞에 있다." (잠 16:18)

인간이 패망을 당하는 것은 패망에 대한 원인이 있다는 것을 지적한다.
사회 생활에서 부하게 되는 것과 가난하게 되는 결과의 원인은 '게으름(잠
10:4; 24:30-32 등)'에 있다. 그러나 문제는 바로 여기에서 발생한다. 과연
가난하게 되는 원인이 단지 게으름에만 있는 것일까? 부지런해도 가난하

---

55   K. Koch, Gibt es ein Vergeltungsdogma im AT?, ZThK52, 1955, 1-21; 동저자, Der Spruch
      "Sein Blut bleibe auf seinen Haupt" und die Israelitische Auffassung vom Vergossenen
      Blut, VT 12, 1962, 396-416.

56   G. 폰 라드, 『구약성서 신학III』, 146.

게 된다면, 가난하게 되는 현상을 어떻게 설명할 수 있을까? 또한 가난하게 만드는 주체가 단지 인간만일까? 아니면 또 다른 보이지 않는 존재를 인식해야 하는 것일까? 인간이 행하는 행위-결과의 관련성과 야훼 사이에 관련성을 생각할 수 있을까? 이러한 문제들에 보다 깊숙하게 관련을 하고 있는 것이 구약의 지혜 문학이다. 구약의 지혜 문학은 이러한 사상을 다음과 같이 표현한다.

a. 콩 심은 데 콩 난다

모든 행위는 자연스럽게 자기가 심은 대로 그 결과를 얻는다. 우리가 살고 있는 세상 안에서 인간의 행위와 결과에 대해 이와 같은 법칙이 성립되는 것을 볼 수 있다. 행위-결과의 관련성은 인간의 긍정적 행위가 긍정적인 결과로 나타나며, 반대로 부정적인 행위는 부정적인 결과를 가져온다. 다음의 본문들은 콩 심은데 콩 나는 관계를 설명하는 본문들이다.

> "선한 인간은 그 자신에게 선을 행하는 자이다.
> 잔인한 자는 그의 몸을 해친다." (잠 11:17)

> "구제를 행하는 자 풍족해진다.
> 남을 풍족하게 하는 자 윤택해진다." (잠 11:25)

> "사람의 입의 열매로서 그는 복을 만족하게 받는다.
> 인간의 손의 행함이 그에게 돌아온다." (잠 12:14)

이 잠언들은 사람이 자신의 행위대로 비슷하게 영향을 받는다고 말한다. 즉, 자신 스스로 행한 선행이 직접적으로든 간접적으로든(잠 12:14) 반드시 자신에게 돌아온다는 것이다. 누가 그 선행의 결과를 책임지고 결과를 보장하는가에 대하여 제시하지 않는다. 위의 잠언(11:17; 25; 12:14)에서 신적인 영향은 감지되지 않는다. 봄이 되면 꽃을 피우는 대지의 자연법칙과 같이 자연스럽게 선한 행위는 선한 결과로, 반면에 악한 행위는 악한 결과를 가져온다.

다음에 제시되는 잠언의 구절들은 긍정적인 행위와 결과가 아니라, 반대로 부정적인 행위와 결과를 제시한다. 긍정적인 행위와 결과와 마찬가지로 부정적인 행위와 결과는 동일한 특징으로 나타난다.

"악을 더듬어 추구하는 자에게는 악이 임하리라"(잠 11:27; 참조. 잠 13:21; 또한 4:18-19; 10:24, 30; 11:18-19, 31; 12:21; 14:11; 24:16, 20).

"속이고 얻은 음식은 인간을 위하여 달콤하다.
그러나 그 후에 그의 입은 자갈로 채워진다." (잠 20:17)

"함정을 파는 자는 그것에 빠질 것이다.
돌을 굴리는 자도 역시 그것에 치인다." (잠 26:27; 참조 시 7:16-17; 전 10:8-9)

첫 번째 우리에게 제시된 구절(잠 11:27-24:16,20)은 악을 추구하는 자에 대한 결과를 제시한다. 어떤 행위이든 간에 악한 행위를 찾으려고 하는 자에게 임하는 것은 선이 아니라, 악이라는 것을 강조한다. 악한 행위는 수동적이 아니라 능동적인 행위로 나타난다.[57] 두 번째 구절(잠 20:17)에 '속이고 얻은 음식'이라는 단어는 부정직한 행위를 통하여 얻은 소득을 의미

---

57   A. Meinhold, ZBK 16.1(1991), 199-200.

한다. 달콤한 음식을 먹는 향락적 행위는 범죄자가 그의 이웃을 속여 취득한 소득으로 누리는 것을 의미한다(잠 10:23a 참조). 향락의 결과는 그의 입에 모래(자갈)가 가득차게 한다. 시간이 지나감에 따라서 이 같은 소득은 인간에게 메스꺼움을 가져오며, 결국에는 토하게 된다.

마지막 세 번째 구절(잠 26:27)은 인간의 행위와 결과에 대해 놀랄만한 묘사를 하고 있다. 돌을 굴림과 같이 함정으로서 구덩이를 파는 것도 역시 자신을 해하게 한다. 구덩이를 파는 것과 돌을 굴리는 것은 단지 행위만을 말하며, 무엇을 하겠다는 목표를 말하는 것이 아니다. 즉, 어떤 결과를 얻는가가 아니라, 행위의 주체인 사람이 관계된다. 의식적으로 잠언 26:27절은 행위를 하는 사람이 타인에게 고통을 부가하려는 행위를 시사한다. 그러나 그 행위에 따른 결과는 타인에게 고통이 나타나는 것이 아니라, 행위자 자신에게 돌아온다는 것이다(참조 잠 28:10).[58]

이제 자연법칙처럼 나타나는 마지막 그룹은 양쪽 가능성을 -명백하게 선한 행위와 악한 행위가 같이 나타나는- 제시하는 구절들이 나타난다.

"의는 행실이 정직한 자를 보호하고,
그러나 악은 죄인을 패망케 하느니라." (잠 13:6)

"선한 인식은 은혜를 준다.
그러나 불충실한 자의 길은 험하다." (잠 13:15)

"소가 없으면 구유는 깨끗하다.
그러나 소의 힘으로 얻는 것이 많다." (잠 14:4)

---

58   R. Lux, 『이스라엘의 지혜』, 114-119.

"정직한 길을 가는 자는 도움을 얻는다.

그러나 잘못된 길을 행하는 자는 거기에서 넘어진다." (잠 28:18)

이 구절들은 직접적인 인간의 행위를 제시한다. 잠언 13장 6, 15절과 28장 18절의 차이점은 13장에서는 행위의 결과를 일반적인 관점에서 지적하지만 28장에서는 행위의 결과가 행위자 스스로에게 직접적으로 언급된다. 잘못을 행하는 자와 선을 행하는 자가 서로 대조된다. 그러나 누가 구원을 그리고 패망을 일으키는가에 대해서는 말하지 않는다. 오히려 누가 일으키는 것이 아니라, 자연적으로 발생하는 일상적인 행위-결과와 같이 인간의 삶 또한 자연법칙에 따라서 행한 대로 결과를 가져 온다는 것이다.

이 같은 본문들은 인간으로 하여금 선한 행위를 행하도록 교육하려는 의도가 담겨 있다. 부정적 결과의 제시는 인간이 행해서는 안 되는 것을 경고하며 징계의 의도를 담고 있다. 반면 긍정적 결과의 제시는 부정적인 행위를 저지하려는 교육적인 의도를 갖고 있다.[59]

b. 흑부리 영감 이야기[60]

구약성서 전체에 걸쳐서 죄와 벌에 대한 통일적인 양식이 주어진다. 즉, 그의/너의(와 비슷한 접미어) 피(다밈/דמים 여기서 대체로 복수 명사+소유격 어미) + 전치사 '~ 위에(בְּ + 접미어)'의 양식이다. 가장 잘 나타나 있는 것이

---

59 J. Hausmann, Studien, FAT 7 (1995), 231-234.

60 흑부리 영감 이야기는 하나의 모티브로서 작용한다. 착한 영감과 욕심 많은 영감에게 영향을 미치는 이야기는 착한 행위에 따른 자연적이며 인간적인 결과가 아니라, 인간적인 것을 초월한 존재가 나타나서 해결하는 방식이다. 흑부리 영감의 이야기는 차원이 다른 두 차원을 이야기한다. 인간이 할 수 있는 것과, 할 수 없는 것을 말한다. 절대적인 존재와 인간에 대해서 말한다. 혹을 떼었다가 붙이는 것은 인간이 아니라, 오히려 도깨비다. 인간이 할 수 없는 일을 인간을 초월한 존재(여기서는 도깨비)가 나타나서 인간의 행운을 좌우한다. 그들은 흑부리 영감들이 나쁘고, 좋은 사람이라는 것을 판단하고 인간의 삶에 대해서 관여할 수 있는 존재들이다.

창세기 9장 6절이다.[61]

> "사람의 피를 흘리는 자는
> 그의 피가(ודמו 다모/ 명사+소유격어미)
> 그 사람 위에(באדם 바아담/전치사 + 명사) (나타난다 또는 머물러?) 있
> 다."
> (창 9:6; 비교, 레 20:9, 12, 13)

창 9:6절은 사형을 당하거나 죽으러 가는 경우를 제시한다. 특히 이러한 양식의 번역은 두 가지가 가능하다. 첫째, '그의 피가 그의 머리 위에 나타난다.'[62] 둘째, '그의 피가 그의 머리 위에 머물러 있다.'[63] 아직도 논쟁 중인 이 두 번역은 서로 다른 방향으로 행위-결과의 관련성을 나타낸다. 첫 번째 번역은 신적 권위자가 사람의 행위에 대한 심판자로 세워지지 않는다. 첫 번째 번역은 배경적인 면에서 단순하게 '콩 심은 데 콩 난다'의 원리에 따라서 마법적 표현이 억제되고 자연적인 법칙에 따라서 행위-결과가 관련된다는 것을 제시한다.[64] 그러나 두 번째 해석은 인간의 행위와 결과에 대한 관련성을 인과응보(Vergeltung)의 개념과 밀접하게 관련시켜 강조한다. 여기에는 신적인 힘 또는 야훼가 영향을 미친다는 것은 부인할 수 없다.[65] 이와 같은 경우 야훼는 항상 정의를 행하는 사람들의 입장에 서며, 그들에게 선을 행하며 돕는다. 반면 악을 행하는 사람에게 야훼는 악으로 대항한다.

---

61   H. D. Preuss, Einführung UB 383(1987), 209-210.

62   G. Reventlow, VT X, 31-33, 재인용, K, Koch, Der Spruch, VT12(1962).

63   K, Koch, Der Spruch, VT12(1962), 396-416.

64   비교, 왕상 2:32, 44.

65   비교, 삼하 16:7-8; 시편 37:25-28.

"야훼는 정의로운 자의 영혼을 굶주리지 않게 한다.
그러나 악인의 열망(탐욕)은 물리친다." (잠 10:3)

"야훼의 길이 정직한 자를 위하여 피난처가 된다.
그러나 악을 행하는 자에게는 파멸이다." (잠 10:29)

"착한 자는 야훼 마음의 만족함을 얻는다.
그러나 음모를 좋아하는 자는 정죄를 받는다." (잠 12:2)

"야훼는 악인을 멀리한다.
그러나 의인의 기도는 듣는다." (잠 15:29)

위에서 제시한 여러 가지 구절들(잠 10:3; 10:29; 12:2; 15:29)에서 긍정적으로 평가된 사람은 야훼의 호의를 경험한다. 그리고 그들은 행복을 유지한다. 그러나 부정적으로 평가된 사람들은 야훼가 징벌하며 제재한다. 인간의 행위에 대한 직접적인 결과는 사회적 태도와 사회적 구조에만 걸려 있는 것이 아니며, 야훼와의 관계가 결합되어 있다. 야훼는 직접적으로 행위자에게 결과를 행하는 자가 아니라, 배경에서 결과를 유도하는 역할을 하는 제 3의 주관자가 된다.

"네가 악한 자에게 보응하길 원한다고 말하지 마라!
야훼를 고대하라! 그러면 그가 너를 구원할 것이다." (잠 20:22)

인과응보의 법률적, 폭력적, 곧 인간적인 방법으로 실행되는 것을 넘어 초월적 존재의 개입을 원하는 본문이다. 마치 도깨비가 혹을 착한 영감에게 떼어내 욕심 많은 영감에게 붙이는 것과 같다. 이러한 생각은 이스라엘

의 주변 세계에서도 동일하게 나타난다:

> "너를 공격하는 그 자를 공격하길 서두르지 마라! 그를 신에게 맡겨라,
> 그리고 매일 신에게 진언하라. 밤이나, 낮이나 계속… 그러면 너는 신이
> 행하는 것을 보게 될 것이다. 그는 너를 괴롭히는 사람에게 보응해 줄 것
> 이다."[66]

결국 의인에 대한 보증은 인간의 보증보다는 하나님의 보증이 더욱더 강조된다. 이는 하나님이 인간의 모든 것을 주관하시기 때문이다.

c. 기다림과 화해

사람이 살아가는 세상에서 모든 인간의 행위와 결과에 대하여 하나님이 보증자라면, 선한 행위의 결과가 선하게 나오지 않는 경우에도, 과연 하나님이 원인자요, 행위-결과의 관련성에 대한 보증자일까? 지금까지 위에서 제시한 본문들(b)에서 행위-결과의 관련성은 우리가 당면한 현실과 비교할 때 여러 가지 의문을 가져볼 수밖에 없다. 하나님은 행위-결과의 관련성의 주관자이시다. 그러나 선한 행위의 결과가 선하게 나오지 않는 경우에도, 과연 하나님이 원인자요, 보증자일까?

욥기나 전도서와 다르게 잠언은 행위와 결과에서 오는 모순이 드물게 제시되며 심도 있는 논쟁도 거의 나타나지 않는 것 같다. 그러나 여러 가지의 잠언의 암시 아래에서 저자는 행위-결과의 모순을 경험하였으며, 그리고 이를 통합하려고 추구하였다. 다음의 구절들은 행위-결과와 모순되는 것을 은연중에 암시한다:

---

66 H. Brunner, Ägyptische Erziehung, Wiesbaeden, 1957에서 Ani에 대한 인용구로서 289-
    294.

"악인의 마음은 악을 열망한다.
그는 그의 이웃에게 그의 눈에 호의를 베풀지 않는다." (잠 21:10)

"확실하게 정의로운 자는 일곱 번 넘어질 수 있다. 그러나 일어날 수 있다.
그러나 악한 자는 악한 행위로 인하여 넘어질 수 있다." (잠 24:16)

19 "너는 악을 행하는 자들 때문에 화를 내지 말며,
악한 행위를 하는 자들 때문에 부러워하지 말라.
20 행악자를 위한 미래는 존재하지 않는다.
악인의 등불은 꺼질 것이다." (잠 24:19-20)

"가난한 백성을 압제하는 관원은
부르짖는 사자와 굶주린 곰과 같다." (잠 28:15)[67]

위의 구절들은 대부분 의인의 고난에 관한 구절들이다. 악한 자의 행실
이 미치는 영향이 행위자인 당사자에게만 미치는 것이 아니라, 그의 이웃
에게까지 영향을 미친다(잠 21:10).

그리고 의인이 넘어질 수 있을까? 의인의 고난에 관한 부분, 현실에 나
타나는 모순된 일에 대한 모든 것이 하나님께서 보증자라면 현실로 나타
나는 많은 일들을 어떻게 이해할 수 있을까?

이러한 문제를 대표적으로 연구한 학자들이 클라우스 코흐(K. Koch)[68]
와 H. D. 프로우스(H. D. Preuss)[69]이다. 이들은 잠언이 해결할 수 없는 현

---

67 비교: 시 73:1-3; 전 2:14; 4:1 6:8; 7:15; 8:14.
68 K. Koch, Gibt, ZThK 52(1955), 1-21; 동저자, Der Spruch, VT 12(1962), 396-416.
69 H. D. Preuss, Einführung, UB383(1987), 383.

상을 해결할 수 있는 것이 전도서와 욥기라고 생각한다. 의인이 고난을 받을 수 있는가? 현상적으로 보면 잠언은 그런 말을 하지 않는 것 같다. 야훼가 인간이 행하는 모든 행위와 결과의 보증자라면 의인의 고난은 이해할 수 없을 것이다. 그것은 곧 이스라엘의 전통적인 지혜 사상의 붕괴, 지혜의 위기로 인식된다.

그러나 잠언이 이러한 부조리와 모순에 대하여 침묵하고 있지만은 않다. 가난한 자와 부한 자에게서 비롯되는 진술에서 잠언의 저자도 모순을 인식하고 있다. 가난함과 부유함이 소유와 관련하여 올바르게 일치하지 않는다는 것을 말한다:

"오만한 자와 함께 전리품을 나누는 것보다,
야훼에게 순종하는 자와 함께 영혼을 낮추는 것이 더 좋다." (잠 16:19)

"성실히 행하는 가난한 자는
입술이 패역하고 미련한 자보다 더 낫다." (잠 19:1)

"성실히 행하는 가난한 자는
악한 행위를 하는 부자보다 더 낫다." (잠 28:6)

악한 일을 행하는 자의 부유함에 대한 본문에서 잠언의 저자도 역시 모순과 부조리에 대해 고민한 흔적을 발견할 수 있다. 오만한 자가 전리품을 가지며, 성실하게 행하는 자가 가난하다고 말한다. 여기에서 과연 야훼의 역할은 무엇일까? 코흐는 잠언이 그와 같은 상황을 짊어질 수 없기 때문에 욥기와 전도서가 이를 해결하기 위해 나왔다고 말한다.

그런데 잠언의 저자는 이 모순된 현실을 해결하기 위한 두 가지 시도를 하였다. 첫째, 잠언의 저자는 그 모순의 해결을 위하여 '시간적 기다림'을 제시한다. 신의 시간과 인간의 시간을 동일한 수준에 놓고 생각하지 않는 것이 이 기이한 모순을 이해하는데 도움을 준다는 것이다. 즉, 인간의 기다림과 신의 기다림은 다르다는 것이다. 인간의 기다림은 항상 자신 위주로 생각하기 때문에 현 상황을 멀리 내다볼 수 없다. 그러나 신이 의도하는 바는 현재 인간은 이해할 수 없을지라도 긴 시간의 경과 후에 나타날 수 있다.

> "악을 뿌리는 자는 재앙을 거둔다.
> 그리고 그의 분노의 막대기가 마지막이 될 것이다." (잠 22:8)

> "의인은 환난 중에 구원을 얻으며,
> 악한 자는 그 사람 대신에 나온다." (잠 11:8)

> "악인은 의인을 위한 대속이 되며,
> 간사한 자는 정직한 자로 대체된다." (잠 21:18)

> "확실하게 정의로운 자는 일곱 번 넘어질 수 있다. 그러나 반드시 일어난다.
> 그러나 악한 자는 악한 행위로 인하여 넘어진다." (잠 24:16)

씨 뿌림과 추수의 그림 언어로 표현된 잠 22:8절은 악을 행하는 시간이 지속적이며, 악을 행하는 기간 동안 악한 자가 승리하는 것 같다. 그러나 추수 때가 되면 악을 행하는 자의 시간이 끝난다는 것을 암시한다(잠 22:8). 그리고 올바른 행위자의 부정적인 결과는 단지 시간적 한계를 가지며 마지막에는 올바른 결과가 도래함을 주장한다. 마찬가지로 악인의 악한 결과에 대해서는 시간성을 갖고 제시된다(잠 11:8; 21:18). 의인은 여러 번 넘어질 수 있으며 그 기간이 길 수도 있다. 그러나 일곱 번 동안 넘어지는 지속적인 고난도 시간이 지나면 반드시 일어서는 결과를 가져온다. 반면에 악인은 절대로 일어서지 못한다(잠 24:16).

> "야훼는 그의 목적에 따라서 모든 것을 만드셨다.
> 그리고 악인도 역시 악한 날을 위하여 만들었다." (잠 16:4)

야훼의 의지에 따라서 언제 선하거나 악한 행위의 결과가 나타날지 인간은 알 수 없다. 이와 마찬가지로 속히 악한 행위가 끝나지 않는 것도 역시 알 수 없다. 왜냐하면 인간의 이해 영역이 아니기 때문이다. 특히 악인이 악한 날을 위하여 만들어졌다는 표현은 현 세상에만 국한된 것이 아니라, 죽음을 넘어서까지 이어진다.

행위에 따른 정당한 결과가 모순을 가져오는 경우 잠언 기자는 그 해결점을 '시간의 기다림'으로 찾았기 때문에 다음과 같은 구절을 우리에게 강력하게 전한다:

> "그가 나에게 행한 것같이 그렇게, 내가 그에게 행할 것이라고,
> 내가 그 사람에게 그의 행위와 같이 돌려주겠다고,
> 말하지 마라!" (잠 24:29)

가장 강력하게 인과응보를 행하는 자의 권리가 누구인가를 제시하는 잠언 구절이다. 인과응보의 실질적인 권한은 인간에게 속해 있지 않으며, 단지 야훼의 권리라는 것을 말한다. 그 때문에 - 잠언에서 나오는 이스라엘의 독특한 특징으로서- 야훼는 모든 일에 원인자가 아니며, 동시에 원인자이기도 하다. 대부분에 고대 근동의 인과응보의 법칙은 인간이 살인을 하면 반드시 보응을 받아야 한다(신 19:19-20). 그런데 잠언에서 그 결과는 인간에게 속한 것이 아니라고 말한다. 즉, 원수의 사랑과 용서에 관한 부분

에서 '신의 행위에 대한 기다림'을 말한다. 인간이 원하는 결과만 생각한다면 현실에서 드러나는 모순 그 어떤 것도 풀 수 없다. 언제 하나님이 보응할 것인가를 기다리는 것이 바로 인간의 몫이라는 것을 강조한다. 다시 말하면 야훼는 반드시 선한 자에게는 선한 결과를, 악한 자에게는 악한 결과를 가져오는 우리의 삶의 뒤에 있는 보증자이기 때문에, 만일 인간의 생각과 다른 결과가 나오더라도 '기다릴 수 있다는 것'은 야훼를 향한 믿음으로 작용한다. 단순한 인간의 기다림이 아니라, 야훼를 향한 믿음을 가진 기다림은 명백하게 야훼가 우리 삶의 보증자라는 믿음에서 출발한다.

> "야훼는 정의로운 자의 영혼을 굶주리지 않게 한다.
> 그러나 악인의 열망을 물리친다." (잠 11:6)

> "야훼의 길은 정직한 자를 위하여 피난처가 된다.
> 그러나 악인에게는 파멸이 된다." (잠 10:29)

> "내가 악한 자에게 보응하길 원한다고 말하지 마라!
> 야훼를 고대하라! 그러면 그가 너를 구원할 것이다." (잠 20:22)

의인은 현재의 절망을 야훼 개입의 기다림으로 극복할 수 있다. 반면에 악인은 비록 현재 승리하는 것 같지만, 반드시 망한다고 잠언 기자는 말한다. 그 때문에 잠언 기자는 기다리라고 말한다. 그 기다림은 기대가 될 것이며 또한 희망이 되기 때문이다. 인과응보를 법률적 또는 폭력적으로 도달하지 말라는 것은 야훼의 개입을 강력하게 말하는 잠언 기자의 믿음에 기인한다.

잠언 저자는 현실에 나타나는 행위-결과의 관련성에 대한 모순의 두 번째 해결 방법을 '원수와 화해'라는 주제에서 발견하려고 노력한 것 같다.

여기에서 '원수'는 어떤 사람에게 해를 가한 사람을 의미한다. 정상적인 행위-결과의 관련성에 따르면 원수는 반드시 보응을 받아야 한다. 남을 착취하거나, 혹은 해를 가한 사람은 반드시 그에 따른 악한 결과가 따른다. 그러나 잠언 기자는 보응을 넘어서는 해결점을 찾으려고 노력한다. 그 것이 '원수와 화해'이다. 물론, 인간은 스스로 원수를 사랑할 수 없다. 인간의 본성과 기본적인 마음은 흑백논리처럼 행위-결과에 명백하게 서 있다. 그러나 이스라엘의 독특한 지혜는 일반적인 행위-결과의 부서짐을 현실에서 경험하게 한다. 일차적으로 잠언 기자는 인간 스스로가 악을 행한 원수와 자발적으로 화해를 할 수 있는 것이 아니라고 말한다. 왜냐하면 '원수와 화해'는 인간의 일이 아니라, 야훼의 일이기 때문이다.

> 21 "만일 너를 미워하는 자가 굶주려 있다면,
> 그에게 음식을 먹여라!
> 22 왜냐하면 불붙는 숯을 그의 머리 위에 놓는 것과 같으며,
> 야훼가 너에게 보응할 것이기 때문이다." (잠 25:21-22)

> 17 "네 원수가 넘어질 때, 즐거워하지 말며,
> 그가 엎드릴 때, 기뻐하지 말라!
> 18 야훼께서 이것을 보시고 기뻐하지 아니 하시며,
> 그의 진노를 그에게서 옮기실까 두려우니라." (잠 24:17-18)

> "사람의 행위가 야훼를 기쁘게 하면,
> 그 사람의 원수라도 그로 더불어 화목하게 하신다." (잠 16:7)

지혜자는 악을 행한 사람과 동일한 행위를 하지 말라고 경고한다. 원수에게 그의 삶을 위하여 가장 필요한 것을 주라고 말한다. 이것은 보복의

포기와 원수를 향한 도움을 말한다. 이러한 변화는 단지 명목상의 수단과 종교적인 행위로 인한 행동을 의미하는 것이 아니다. 오히려 원수에 대한 근본적인 변화를 의미한다. 보응에 대한 결과는 인간의 몫이 아니라, 야훼의 개입과 야훼의 몫이기 때문에 인간이 할 수 있는 것은 야훼가 원하는 것이 무엇인가를 먼저 아는 것이다. 여기서 원수와의 화해는 두 가지를 목표로 한다. 첫째, 원수에게 필요한 것을 주는 행위는 원수의 변화를 유도한다. 원수에 대한 보응은 야훼의 일이기 때문에 만일 원수를 향하여 먼저 인간적인 보응을 한다면, 야훼가 그 원수를 용서해 줄 것이다. 둘째, 가장 이상적인 또한 긍정적인 목표는 '화해'이다. 이것은 인과응보의 포기로부터 시작하며, 그것이 바로 야훼가 원하는 것이다. 악을 악으로 갚지 않는 것, 그것이 바로 야훼를 통한 구원이다(잠 20:22). 결국 인과응보의 포기와 원수와의 화해는 원수에 대한 보응의 포기가 아니라, 반대로 불의한 일을 당한 사람의 해방을 의미하지 않을까?[70]

잠언은 지혜의 위기를 결코 말하지 않는다. 그렇지만 잠언은 정당하게 이루어지지 않는 행위-결과의 관련성에 대해 방치하고 있지 않다. 삶의 상황의 모순에 대해서, 적어도 잠언의 기자는 '기다림과 화해'라는 주제로 설명하려고 노력하고 있다.

(4) 인간의 한계 인식과 극복

a. 인간의 한계 인식

지혜는 학문보다, 또한 가르침보다 사람이 살아가는 삶에 초점을 맞춘다. 그리고 그 삶은 자신뿐만 아니라, 이웃에게도 얼마나 올바르고 정당한가를 찾으려고 시도한다. 그들의 시도는 삶에서 발생하는 현상에 올바른

---

70   J. Hausmann, Studien, FAT 7(1995), 237-243.

규칙을 찾으려는 것이다. 그러나 삶 가운데서 합당한 규칙을 찾을 수 있는가? 지혜자는 삶의 경험을 통하여 이러한 물음에 대한 규칙을 밝히려고 노력하였다.

"지혜를 통하여 집이 건설된다."(잠 24:3; 비교 잠 14:1)

집을 짓는다는 것은 장인의 오랜 경험의 결과이다. 장인의 기술은 많은 경험으로 어떻게 해야 집을 균형 있고 조화롭게 세우는지를 안다. 마찬가지로 지혜자가 추구하는 것은 삶의 경험과 그 경험을 바탕으로 사물을 인식하고 앞으로의 일을 추측할 수 있는 능력을 갖추는 것이다. 그리고 그는 사색을 통하여 반복되는 경험들에서 명백한 규칙을 세우고, 전형적은 관련성들을 밝혀내어 잠언들을 통해 고정적인 형태 부여하기를 추구한다.

삶의 규칙들은 대부분 인간 공동체에서 발견된다:

"게으른 자는 마음으로 원하여도 얻지 못하나
부지런한 자의 마음은 풍족함을 얻느니라."(잠 13:4)

"속이고 취한 식물은 맛이 좋은 듯 하나
후에는 그 입에 모래가 가득하게 되리라."(잠 20:17)

우리가 살아가는 상황에서 행위의 결과가 자명한 규칙들이 존재한다. 긍정과 부정이 어떤 상황에서 어떻게 적용되는가를 관찰할 수 있다. 관찰은 인식을 낳으며, 인식은 규칙을 가져온다. 지혜자의 인식은 전달자에 의하여 다시 다른 사람에게 지혜로운 말로서 사람들의 삶의 극복과 희망을 주게 된다.

위에서 제시한 자명한 규칙 이외에 알 수 없고, 느낄 수 없고, 볼 수 없는 현상에도 규칙이 존재하는지에 대한 의문이 제기될 수 있다. 눈으로 볼 수 있고 분별할 수 있는 현상이 갑자기 분별할 수 없는 현상으로 변할 때, 인간은 거기에서 한계를 경험한다. 그리고 삶의 진행에 있어서 갑자기 찾아오는 역방향의 진행에 당혹감을 가진다. 이 당혹감 속에서 인간은 자신이 인식할 수 없는 한계를 가지게 된다.

> "집과 재물은 조상에게서 받은 상속(이다)
> 슬기로운 아내는 여호와께로부터 (온다)." (잠 19:14)[71]

　본문의 첫 부분은 자신의 삶의 풍요로운 여정을 예측할 수 있는 것을 가진 사람을 소개하고 있다. 눈앞에 보이는 확실한 것은 상속물이다. 미래의 안정을 보장할 수 있는 유산은 상속자의 것이다. 반대로 남자와 여자의 결혼이 끝까지 성공할 수 있는가 하는 문제는 어떤 것으로도 보장되지 않는다. 남자는 많은 물질을 상속 받았지만, 물질이 행복한 결혼 생활로 이어진다고 확실하게 장담할 수 없다. 왜냐하면 잠언의 지혜자는 남자의 모든 것을 보장하는 것은 유산이 아니라, 오히려 배우자를 정해주는 야훼에게서 나온다고 규정하고 있기 때문이다. 이 남자에게 조상에게서 물려준 유산을 지킬 능력이 있다고 할지라도, 함께하는 아내가 슬기롭지 못하다면, 유산을 지킬 수 있을 수도 있고 그렇지 않을 수도 있다. 슬기로운 아내를 고를 수 있는 능력은 남자 자신에게서 오는 것이 아니라, 신의 일이라는 것을 말한다. 어떻게 슬기로운 아내를 고를 수 있을까? 여기서 우리는 인간의 한계를 인식할 수 있다. 즉, 사람이 때로는 자신의 보장된 행위가 행복한 결과로 나타나지 않을 때, 그는 자신의 삶을 예측할 수 없다고 느끼게 된다. 그러나 그럼에도 불구하고 예측하여 가시적으로 볼 수 없지만, 그

71　비교 18:22; 반대되는 생각으로 잠 21:9, 19; 25:4.

속에서 보이지 않는 규칙을 담고 있다. 이 같은 불규칙성 또는 예측할 수 없음이 규칙성의 일부이기에 삶의 질서는 불규칙과 규칙 모두를 포함할 수 있다.

고대의 잠언[72]의 연대를 주전 9세기로 본다면, 아마도 이스라엘의 계몽주의가 일어나는 시기일 것이다. 즉, 이스라엘의 세속화가 진행되던 시기이다. 서서히 이스라엘은 부족장적 제사 질서에서 벗어나, 세속화 또는 이스라엘의 가나안화가 진행되어 갔다. 비록 현대 세계와는 비교도 되지 않지만, 이스라엘의 정착 시기와 다윗-솔로몬으로 이어지는 이스라엘의 르네상스의 기간에는 모든 피조물의 영역을 신과 결부시켰던 인간의 인식이 점점 신의 영역에서 벗어나 신과 동떨어진 인간 개인의 세계로 독립되던 과도기의 시기였다.[73] 그 때문에 이스라엘인들은 자신이 이해할 수 없는 것들에 대한 객관화 작업을 시작하였다. 지혜자는 그 객관화를 통해 경험들의 모호성을 이해할 수 없음에서 오는 결정 권한이 누구에게서 오는가를 주목하기 시작했다. 그리고 그들은 인간의 한계 안에서 하나님의 영향을 감지할 수 있었다. 이러한 경향을 아주 뚜렷하게 보여주는 잠언의 구절들은 다음과 같다:

"마음의 의도는 인간에게 속한다.
그러나 혀의 응답은 야훼로부터 온다."(잠 16:1)

"사람의 모든 행위가 그의 눈에 깨끗하여도,
야훼로부터 심령이 시험 받는다."(잠 16:2)

---

72 U. Skladny, Spruchsammlungen(1962), 67.에서 양식의 형태에 따라서 가장 오래된 잠언을 잠 10-15장으로 잡는다. 그리고 가장 늦은 후기의 잠언을 잠 25-27장으로 잡는다. 우리는 잠 25:1의 역사적 보고를 따른다면 아마도 가장 오래된 잠언 수집은 주전 10-9세기경일 것이다.
73 G. 폰 라드. 『구약성서 신학Ⅲ』, 116.

"인간의 마음이 그의 길을 계획한다.

그러나[74] 야훼는 그의 발길을 조정한다." (잠 16:9)

위의 세 잠언(잠 16:1. 2. 9) 말하는 것은 물질로 이미 받은 자명한 것, 확고한 것이 아니다. 오히려 지혜자는 볼 수 없고, 만질 수 없는 부분을 지적한다. 인간의 무한한 능력은 신에게서 부여받은 것이다(창 2:7; 비교 창 1:26-27). 그로 인해 인간은 스스로 계획하며, 인간을 위하여 모든 것들을 만들 수 있다. 그러나 항상 인간의 숙고함과 의지가 현실에서 이루어진다는 것이 가능한가? 인간 마음의 생각과 숙고함의 계산이 자명하게 현실로 펼쳐진다는 것은 확신할 수 없다. 자명하게 현실로 드러난다는 것은 '인간의 한계'를 벗어난 것이다. 인간은 옳다고 생각하지만, 신 앞에서는 아닐 수도 있다는 것이다. 인간 스스로의 명백함이, 현실에서 불가능한 것으로 나타날 수도 있다.

30 "야훼에 대항하여 지혜도, 통찰도, 계교도 당해낼 수 없다.

31 전쟁을 위하여 무장된 말들이 있다.

그러나 승리는 야훼에게 속한다." (잠 21:30-31)

"계획이 항상 사람이 의도하는 대로 성공적으로 실행되는가" 하는 것은 미래에 확인된다. 그 때문에 인간은 이 계획이 성공할지 또는 실패할지 알 수 없다. 거기에 인간의 한계가 있다. 그러나 만일 사람이 잘 계획하여 준비한다면 인간의 한계를 탈피할 수 있지 않을까? 전쟁을 승리로 이끌기 위하여 인간은 많은 계획과 군사를 준비한다. 철저한 계획과 준비야말로

---

74 비교, 잠 21:1. 다른 말에서와 같이 잠 16:9a/b에서 발견하는 날카로운 대립은 객관적으로 접속사 ㄱ(w)'인 "그리고"를 통한 습관적인 번역에 의존하지 않는다(vgl. H.D. Preuss, Einführung, UB383(1987), 53). 오히려 그 계사를 통하여 반전의 강조를 표현한다.

인간 세상에서 자신의 한계를 극복할 수 있는 가장 필요한 행위이다. 잘 준비된 만큼 성공할 확률이 높다. 이러한 생각은 누구나 인정하는 것이다. 그러나 잠언 21장 30-31절은 철저한 준비를 통해 인간 한계를 극복하려는 인간에게 또 다른 한계를 제시한다. 나아가 철저한 계획과 준비에 대한 인간의 능력을 더욱더 절망하게 만든다. 이 말씀은 일을 행하는데 준비하지 말라고 권고하는 것이 아니다. 가장 중요한 것은 인간이 자신의 지혜를 가지고 준비하는 것과 절대적인 자기 성공과 확신 사이에는 갭(gap:간격)이 있다는 것을 인식해야만 한다.

이러한 한계와 갭(gab) 속에서 인간은 자신만을 믿는 믿음이 아니라, 오히려 신의 결정에 대한 마음을 열어놓아야 한다. 나의 계획과 하나님의 생각이 일치하는가? 인간은 그의 한계를 경험하며, 자신이 알 수 없는 또는 볼 수 없는 세계를 들여다보기 위하여 눈에 보이는 자신의 계획만이 아닌, 그것을 넘어서 이루어지는 세계를 보려고 노력해야 한다. 그러므로 지혜자는 하나님이 인간 자신의 한계 저편에 -물론 아주 멀리 있는 배경에 있는 것이 아니라- 있다는 것을 안다. 그는 볼 수 없지만, 어렴풋하게 감지되는 세상에 있는 분으로서 그리고 인간보다 더 많이 아실 뿐만 아니라 그 결과를 결정하는 힘을 가진 분으로서 하나님을 이해한다.

> "사람의 마음에는 많은 생각이 있다.
> 그러나 이루어지는 것은 야훼에게 속한다." (잠 19:21)

잠언 19장 21절은 인간이 알 수 없는 현실에 직면하여 내동댕이쳐 있다는 것을 말하는 것이 아니다. 확신할 수 있는 현실의 사건이 갑자기 확신할 수 없는 일로 변할 때, 우리는 '왜?'라는 말 대신에 상황을 변화시킨 의도자가 무엇을 원하는가를 떠올려야 한다.

인간이 어떤 일을 추구하는 과정에서, 그 과정에 접근할 수 없는 공간에서 예측할 수 없고, 헤아릴 수 없는 삶의 수수께끼에 대해 구약성서는 -지혜의 생각 범위를 훨씬 더 넘어서[75]- 명약관화하게 우연이라고 보지 않으며, 오히려 하나님의 영향이라고 말한다. 그러나 하나님의 영향은 언제나 우리에게 명백함으로 나타나지 않는다. 모호함 속에 나타나며 시간이 지나면서 그 모호함이 명백해짐으로써 우리를 깨닫게 한다.

> "사람이 제비를 던진다.
> 모든 그것의 결정은 야훼로부터 나온다." (잠 16:33)[76]

우선 사람은 신의 행위를 알 수 없고 이해할 수도 없음으로 자신의 한계를 경험한다. 왜냐하면 하나님의 일은 알려주지도 또한 공개하지도 않으며 오히려 처음에는 숨기기 때문이다. 그러나 시간이 지나면서 인간 스스로 현실 속에서 깨닫게 된다.

> "하나님의 명예는 일을 숨기는 것이다." (잠 25:2)[77]

b. 인간 한계의 극복

인간이 자신의 삶을 주관할 수 없다면 우리는 어떻게 살아야 하는가? 우리의 행위와 일의 과정을 어떻게 해야 하는가? 삶에서 다가오는 선택의 기로에서 우리의 선택을 어떻게 성공적으로 이끌 수 있는가? 또한 인간은

---

75 비교, 창 30:2; 출 21:13 등등.

76 여기서 사람들은 진술 의도를 반대 문장과 양보 문장을 제시하는 접속사를 '그러나' 또는 '그럼에도 불구하고'가 있어야 한다고 하지만, 그러나 순수한 대립 문장이 제시되지 않는다. 왜냐하면 인간적인 태도는 이미 자기 결정으로서 제비를 던졌기 때문이다.

77 왕(비교. 잠 25:2b)과는 다르게 하나님은 일을 비밀스럽게 진행한다. 그리고 비밀스러운 일의 진행에서 그가 조심스럽게 어떻게 일을 진행할지를 제시한다(O. Plöger, BK XVII(1984), 298). 사람들은 하나님 지배의 비밀을 바로 교훈의 대상으로 표시한다(G. 폰 라드, 『구약성서 신학 Ⅲ』, 126).

자신의 선택을 넘어서 하나님의 요구와 생각을 읽을 수 있을까?

> "인간의 걸음은 야훼로부터(온다).
> 사람아! 어떻게 인간은 그의 길을 알 수 있는가?" (잠 20:24)

> "여호와여 내가 알거니와 인생의 길이 자기에게 있지 아니하니
> 걸음을 지도함이 걷는 자에게 있지 아니하나이다." (렘 10:23)

> "여호와께서 사람의 걸음을 정하시고
> 그 길을 기뻐하시나니!" (시 37:23)

인간의 한계가 이처럼 명백하다면 과연 인간에게 허락되는 것은 무엇인가? 볼 수도 만질 수도 없는 신의 뜻을 인간은 어떻게 알 수 있는가? 구약성서는 인간의 한계 속에서 인간이 가야할 길을 알 수 있는 방법을 두 가지로 제시한다. 첫째, 인간 스스로가 자신의 지식으로 또는 지혜로써 일을 하는데 한계가 있음을 인정하는 것이다. 한계 인정은 겸손(Bescheidenheit) 또는 -오해의 소지를 적게 하기 위하여 표현하면- 겸허(Demut)에서 시작한다. 자신의 한계를 아는 지식이야말로 바로 지혜이며, 또한 자신이 가는 길과 하나님의 뜻을 알 수 있는 중요한 방법이다. 지혜자는 인간이 지식과 겸손을 얻기 위하여 반드시 먼저 버려야 할 것이 있다고 말한다:

> "네가 스스로 지혜롭게 여기는 자를 보느냐
> 그보다 미련한 자에게 오히려 바랄 것이 있느니라." (잠 26:12)[78]

---

78   비교, 잠 3:5-7; 21:30; 또한 사 5:21; 렘 9:22-23.

"사람의 마음의 교만은 멸망의 선봉이요
겸손은 존귀의 앞잡이니라." (잠 18:12)[79]

교만은 인간으로 하여금 하나님과 인간, 인간과 인간의 차이를 없애버린다. 그로 인해 인간은 언제나 자신의 한계를 인식할 수 없다. 그러나 자신의 모습을 버리고 자신의 한계를 인식하게 되는 상태가 바로 겸손이다. 여기에서 지혜의 역할은 인간으로 하여금 자기 평가의 한계를 분명하게 인식하게 하며, 인간의 판단과 하나님의 인식 사이에 큰 차이가 있다는 것을 인정하게 한다. 자신의 내부를 볼 수 있는 힘은 자신의 한계를 인정하는 것이다. 그러한 관조함과 명상함이 바로 자신이 그동안 볼 수 없었던 것을 볼 수 있게 한다. 이것이 자신의 길을 알 수 있는 두 번째 방법으로 한계성의 초월이다. 초월하게 하는 힘은 인간의 한계 저편에 있는 하나님을 인식하게 한다. 볼 수는 없지만 느낄 수 있으며, 만질 수 없지만 인식할 수 있는 상태가 된다. 인간이 자신의 삶을 보고 느끼고 만지면서 살아가는 것은 당연하다. 이 인식 가능한 세계, 곧 인간의 삶이 하나님의 행위 또는 의도와 밀접하게 연결되어 있다는 경험을 한 사람들은 하나님의 계획과 행위를 인식하고 감지할 수 있다.

2. 전도서

전도서는 구약의 모든 것들을 -약속, 언약, 믿음 그리고 신의 사랑과 자비 등등- 가장 현실적으로 말하고 있다. 많은 사람들이 전도서를 자살론,

---

79   비교, 잠 14:12; 15:33; 16:5, 18-19; 21:4; 28:11; 29:23; 30:13 등등.

허무주의, 쾌락주의에 대해서 말한다고 생각하지만 전도서가 가장 말하고 싶은 것은 우리가 살아 있다는 것을 인식하고 최대한 살아 있을 때 즐기라는 것이다. 그 속에는 죽음, 이별, 고난 모든 것을 포함한다. 왜냐하면 전도서는 현 순간에 자신이 살아 있다는 것 그리고 그 현실에서 실질적으로 즐길 수 있는 이 모든 것이 하나님의 선물이라고 말하고 있기 때문이다.

잠언은 경험을 통한 인간의 행복을 추구한다. 또한 하나님이 움직이는 세상의 질서 속에서 순응하거나 또는 거역하는 것에 따른 행위-결과가 있다는 것을 말한다. 그 때문에 사람이 자신의 삶에서 가장 두려워하고 경외해야 할 대상이 무엇이며, 어떻게 하면 하나님을 경외할 수 있는가에서 해답을 찾으려고 시도한다. 욥기는 하나님에 대한 신뢰가 보인다. 그리고 인간의 지식과 경험의 중요성이 강조되어, 논쟁을 불러일으키게 하고 어떤 의미에서든지 절망 속에서 희망을 발견하기 위해 노력한다. 잠언은 하나님에 대한 끈을 잡고 있으라고 말한다.[80] 그러나 전도서는 하나님에 대한 지식과 인간의 지식에 회의를 보낸다. 심지어 하나님에 대한 지식이 인간의 삶에 맞지 않고, 쓸데없는 것이라고 말한다. 즉, 우리의 실질적인 삶에 있어서 하나님의 지식은 단편적이고, 그리고 시간이 지나면 그 상황에서 맞지 않는다고 한다. 또한 지혜가 노력을 하지만, 아무리 노력해도 지혜로운 자와 어리석은 자가 모두 일반이라고 말한다.

> "지혜자는 그의 눈이 밝고, 우매자는 어둠 속을 다니거니와,
> 이들이 당하는 일이 일반인줄 내가 깨달았다." (전 2:14)

그렇기에 인간의 업적과 명예 등은 전도자에게 영원할 수 없다. 그 결과로 전도자에게 모든 사람의 행위와 사색들은 무의미하다.

---

80   J. L. Crenshaw, 『구약 지혜 문학의 이해』, 173.

"전도자가 가로되:

헛되고, 헛되며, 헛되고, 헛되니

모든 것이 헛되도다." (전 1:2)

돈이 많고, 적음에 관계없이 모든 사람은 죽음을 맞이할 수밖에 없다. 전도서는 아주 명백하게 죽음이 끝이라고 말한다. 전도서는 이 세상이 아닌, 저 세상에 관한 것은 말하지 않는다. 그러기에 세상에서 자신에게 주어진 즐거움을 추구하라고 한다. 전도서에서 말하는 즐거움은 자신에게 주어진 관조이다. 그렇다면 전도서는 절망, 무가치, 허무만을 말하고 있는가? 그렇지는 않다. 전도서는 하나님께서 누구에게나 주셨으나, 누구나 다 받을 수 없는 선물에 관해서 말한다. 반전에 반전을 거듭하는 것이 전도서의 주제이다.

1) 전도서 이해를 위한 전제

(1) 허무주의

허무주의는 엄밀한 의미로 어떠한 실재나 진리도 인정하지 않고 그에 대한 인식의 가능성과 가치까지도 부정하는 사상적 개념이므로 아무것도 존재하지 않는다는 무위 사상이다. 이러한 주장은 이미 고대 그리스에서 나왔는데 소피스트 고르기아스의 "아무것도 존재하지 않으며, 또 존재한다 해도 남에게 지식을 전할 수 없다"에서도 찾아 볼 수 있다.

(2) 에피쿠로스 학파 (Epicurean School)

에피쿠로스 학파는 철저하게 내세가 아닌, 현재의 행복을 추구하는 학파이다. 자연학에서 에피쿠로스주의는 기계적 인과관을 가진 원자론을 특징으로 삼는다. 그러나 원인이 필연적 결과를 낳는 것을 방해하는 원자의 자연발생적 운동 또는 일탈을 인정한다. 에피쿠로스주의의 윤리학은 선을 쾌락으로 보고, 최고선과 궁극 목적을 고통이 없는 몸과 마음의 완전한 상태와 동일시하며, 모든 인간관계를 효용의 원리로 환원하고, 모든 욕망의 제한과 덕의 실천, 은둔 생활을 역설한다.

에피쿠로스 학파는 정신적인 깨달음 속에서 나오는 쾌락에 대해서 말한다. 감정에서 나오는 것이 아닌, 무엇인가를 알았다는 것의 희열이다. 모든 사람에게 주신 쾌락에 대한 선물을 전도서는 하나님께서 주신 것이라고 말한다. 그런데 쾌락을 선물로 깨달은 사람도 있지만, 그렇지 않은 사람도 있다는 것이다. 선물을 깨달은 사람은 에피쿠로스 학파처럼 그것을 즐기면서 살지만, 모르는 이들은 다른 것을 찾기 위해 끊임없이 노력한다.

쾌락은 축복 받은 삶의 시작과 끝이다. 쾌락은 우리 인간 최초의 그리고 공통적인 선이다. 쾌락은 모든 선택이 시작되는 출발점이다. 모든 살아 있는 것들은 태어나자마자 쾌락을 추구하고 고통을 혐오한다. 이는 이성과는 무관하게 본성에 이끌려 그렇게 되는 것이다. 우리가 쾌락이라는 말을 통해서 의미하고자 하는 바는 육체적인 고통과 마음의 근심이 없는 상태이다. 따라서 우리는 항상 고통스러운 경험을 피하여야 한다. 그러므로 쾌락이 인생의 목적이다. 여기에서 쾌락이란 방탕한 쾌락이나 관능적인 쾌락을 말하는 것이 결코 아니다. 앞서 언급했듯이 쾌락은 육체적인 고통과 마음의 근심이 없는 상태이다.

에피쿠로스 학파는 스토아 학파[81]와는 달리 인간의 이성보다는 감각적 경험을 더욱 중시하였다. 이들은 인간은 누구나 즐거운 삶을 원하기 때문에 인간이 추구해야 할 최고의 목표는 쾌락이라고 생각하였다. 그런데 여

---

81 기원전 4세기 말에 그리스의 철학자 제논(Zenon)이 창시한 철학의 한 파이다. 금욕과 극기를 통하여 자연에 순종하는 현자(賢者)의 생활을 이상으로 내세웠다. 후에 로마의 철학자 세네카 등이 이를 완성했다.

기에서 쾌락이란 허황된 욕심을 갖지 않음으로써 마음에 불안이 없고 몸에 고통이 없는 평온한 상태를 의미한다. 따라서 에피쿠로스가 강조하는 쾌락은 방탕하고 육체적인 쾌락을 추구하는 삶과는 아무런 관련이 없다. 에피쿠로스는 육체적인 쾌락을 오히려 강도 높게 비난하였다. 따라서 에피쿠로스에게 있어서 쾌락은 육체적인 고통과 마음의 근심이 없는 평정심(ataraxia)의 상태로서 정신적이고 지속적인 것이다.

인간은 두려움을 채우기 위해 항상 어떤 것들을 이용한다. 남들보다 더 많이 해야 하고, 더 많이 가지고 있어야 하기에 무엇인가 가지려고 하는 욕심은 절망이다. 그렇지만 향유하는 사람들의 특징은 즐길 줄 안다. 전도서는 향유의 이야기이다. 전도서는 어떤 것을 찾기 위해서 애쓰는 것이 아니라, 어떻게 즐겨야 하는지를 말해주고 있다.

2) 전도서의 구조

전도서의 지금 형태는 처음부터 우리에게 전해준 형태로 있었던 것은 아니었던 것 같다. 이 책의 형성은 전도서 1장 1절로 시작한 것이 아닌 것 같다. 아마도 코헬렛(전도자)이 다윗의 아들(전 1:1)과 동일시되기 위한 수단으로서 이차적 틀이 형성된 것 같다. 이는 전도서의 처음이 3인칭으로 시작하며(전 1:1-2a) 또한 마지막에 3인칭으로(전 12:9 이하) 끝을 맺고 있기 때문이다. 외형적인 틀을 제외하고 전 1장 3절-12장 8절이 내부의 틀로서 시문으로 1인칭으로 형성되어 있는 점에서 적어도 전도서는 여러 층을 과정으로 가지고 있다는 것을 알 수 있다.[82]

전도서 내부의 통일성 있는 또는 한 책을 관통하는 주제와 내용이 있

---

82   W. Schmidt,『구약성서 입문』, 452-453.

는가 하는 질문이 계속적으로 전도서 연구에서 제기되었다. 많은 학자들이 전도서 전체 작품의 통일된 주제를 결코 찾아 볼 수 없다고 주장하였다. 그들은 전도서를 단지 부분적으로 개별적인 격언, 성찰[83] 또는 토포스(Topos)[84]의 연상적인 전달로서 이해할 수 있지만 무엇보다도 많은 인용문과 함축성 있는 표현들은 영적인 통일성뿐만 아니라, 인생 가운데에서 발생되는 삶의 진행의 문제 그리고 그 모든 것을 지배하는 계획과 유기적인 구조의 증명은 할 수 없다고 말했다.[85]

반면에 소수의 다른 학자들 사이에서는 본문의 통일성 또는 거의 전체의 책을 포함하는 구성을 제시하였다. 전체적인 본문의 구성은 아주 간단하게 다음과 같이 제시된다:

분류	내용	비고
1:1	표제	
1:2-3	테두리(3인칭) – 모토	미풍(헤벨: הבל)
1:4-12:7	지혜시를 통한 교훈 연설(1인칭)	다양한 주제
12:8[221]	테두리(3인칭) – 모토	미풍(헤벨: הבל)
12:9-14	에필로그: 두 개의 산문적인 추가	12:9-11
		12:12-14

---

83   F. Ellermeier, Qohelet I, 1. Untersuchungen zum Buch Qohelet, Hertzberg 1967.

84   O. Loretz, Qohelet und der Alte Orient. Untersuchungen zu Stil und theologischer Thematik des Buches Qohelet, Freiburg/Basel/Wien 1964, 25.; 문학에서 몇 개의 모티브들이 자주 반복되어 이루어 내는 진부한 또는 고정된 문구를 말한다.

85   무엇보다도, F. Delitzsch, Hohelied und Kohelet, mit Excursen von Consul D. Wetzstein (BC IV, 4), Leipzig, 1877, 195.

86   전 12:9-14은 일반적으로 후기 편집으로 분류한다; A. Lauha, Kohelet, BKXIX, Neukirchener-Vluyn, ²2003, 217-218, 221-222.

대부분의 학자들은 전도서의 구성에 대해서는 어느 정도 일치를 보인다. 즉, 테두리로 사용된 3인칭은 전도서 전체를 포괄하는 중요한 한 단어로서 전도서의 모토를 표현한다: "헛되고 헛되니 모든 것이 헛되다"(전 1:2; 12:8) 또한 이 단어(헤벨: הבל)는 전도서 내부의 1인칭으로 구성된 전도서 내용 전체를 포함하고 있다.[87]

그 다음에 전도서 몸체 부분은 3인칭으로 이루어진 전도서 1장 3-11절의 우주론을 제외하고 대부분 1인칭으로 된 왕의 말로 되어 있다. 소위 '왕의 허구(Königfiktion 또는 Königstravestie: 왕의 트라베스티)'[88]는 1인칭 연설로서 이루어진다. "내가 보았다, 내가 경험했다, 그리고 내가 경험했다"라는 말을 통하여 인생의 실제 경험과 그 경험 후에 나타나는 현상으로 보고한다.[89] 전도서의 마지막에 추가되어 있는 두 개의 산문들은 전도서의 결론적인 두 가지 산물로서 처리된다. 전도서 12장 9-11절은 "백성에게 지식을 가르치고", "진리의 말씀들"을 기록한 지혜자로 코헬렛(전도자)을 소개하며 표현하고 있다. 그러나 전도서 12장 12-14절은 가장 비평적인 표현을 사용하여 자신에게 임하는 상황과 일에 대하여 몰두할 것을 경고하며 다음과 같이 권고한다:

"하나님을 경외하라. 그리고 그의 계명을 지켜라!"[90]

---

87   아주 강력하게 이 단어는 한 주제의 모든 상황을 헛된 것으로 결정하게 하는 작용을 한다. 예를 들어, 전 2:11은 한 주제의 결론 부분이다. 여기에 이 단어가 앞의 모든 상황을 조절하며 그리고 모든 일이 허무하다고 말하게 한다.

88   이 양식은 왕을 가장해서 왕과 같이 자신의 의견을 대신 말하는 양식이다. 흔히 '왕의 트라베스티(Königstravestie: 희화화(戱畵化)라고 한다. 마치 한 사람이 왕과 같이 대중 앞에서 연극하듯이 말하는 것을 의미한다; L. Schwienhorst-Schönberger, Kohelet, HThK At, Herder Freiberg, Basel, Wien, 2011, 56-57.

89   참조, 잠 24:30 이하

90   W. Schmidt, 『구약성서 입문』, 453.

전도서의 몸체의 경우 여러 가지 방법으로 통일성이 추구되었다.[91] 전도서 내부의 구조와 구성에 관한 두 개의 괄목할만한 연구가 전도서를 이해하는데 적절한 역할을 한다[92]:

1:1							표제	
	1:2-3						테두리(모토 미풍/ 헤벨: הבל)	
		1:4-11					우주론(시)	
			1:12-3:15				인간론	
				3:16-4:16			공동체 비판 I	
					4:17-5:6		종교 비판(시)	
				5:7-6:10			공동체 비판 II	
			6:11-9:6				이상주의 비판	
		9:7-12:7					윤리(마지막은 시)	
	12:8						테두리(모토 미풍/ 헤벨: הבל)	

소위 회문식[93] 구조로서 종교 비판이 중심에 있다. 맹세, 서원 등을 강력하게 비판하고, 그 종교 비판에 두 개의 공동체에서 발생하는 여러 가지의 비판적 상황을 묘사한다. 그러나 회문식 구조는 전도서 내부의 복잡한 구조를 설명하기에 미흡하다. 다시 E. 젱어(E.Zenger)는 이러한 회문식 구

---

91 D. Michel, Qohelet (EdF 258) Darmstadt, 1988; ders., Untersuchungen zur Eigenart des Buches Qohelet. Mit einem Anhang von R.G.Lehmann. Bibliographie zu Qohelet (BZAW 183) Berlin/New York, 1989; H. L. Ginsberg, The Structure and Contents of the Book of Koheleth, in: FS H. H. Rowley (VT.S 3) Leiden, 1935, 138-149; A. G. Wright, The Riddle of the Sphinx Revisited: Numerical Patterns in the Book of Qoheleth: CBQ 42, 1980, 38-51.

92 N. Lohfink, Koh 1,2 alles ist Windhauch - universale oder anthropologische Aussage?, in: FS A. Deissler, Freiburg, 1989, 201-216; -, melek, sallit und mosel bei Kohelet und die Abfassungszeit des Buches: Bib. 62, 1981, 535-543; -, Qoheleth 5:17-19 - Revelation by Joy: CBQ 52, 1990, 625-635.

93 회문식 구조는 마치 원을 반으로 자른 구조와 같이 처음(전 1: 2-3)과 마지막(전 12: 8)이 같은 형태로 두 번째가 마지막 두 번째 주제와 동일한 사상을 형성하여 중심부로 하나의 쌍처럼 주제를 같이 이끌어 가는 구조이다.

조를 바탕으로 전도서 몸체의 구성을 인용을 통하여 발언하게 하는 소위 인용이론을 제시하였다. 즉, 그는 사물과 세상과 전도자 사이에 비판적인 대화를 사용하여 코헬렛의 철학을 표현하는 방법을 제시하였다.[94] 그 후에 F. J. 박크하우스(F. J. Backhaus)[95]의 상세한 구조 분석과 젱어의 인용이론에 대한 재수용을 한 L. 숀온베르그(L. Schweinhorst-Schönberger)[96]는 다음과 같은 구조를 제안하였다:

구절	주제	내용
1:1	표제	
1:2	테두리와 모토	미풍(헤벨: הבל)
1:3-12:7	(I) 1:3-3:22 해석(명제)	인간의 행운에 대한 가능성의 조건과 내용에 대한 질문과 대답
	(II) 4:1-6:9 전개(설명)	철학 이전에 행운 이해에 대한 논쟁: 지고선의 확정을 고려하여 전통적 가치의 개찰
	(III) 6:10-8:17 변론(명성)	양자택일적인 행운 확정에 대한 논란
	(IV) 9:1-12:7 적용(응용)	기쁨과 활동력 있는 행위에 대한 고지
12:8	테두리와 모토	미풍(헤벨: הבל)
12:9-14	추가된 두 개의 산문	

(I) 부분(1:3-3:22)은 기본적으로 행운에 대하여 논한다. 그리고 왕의 허구(1:12-2:26)의 양식이 두드러진다. 코헬렛은 왕으로서 자신에게 주어진 특별한 역할을 수행한다. 그는 자신의 지식의 축적과 왕의 힘과 권력을 통하여 도달한 즐거움의 극치를 경험하지만 왕의 실험은 절망과 불만으로 마무리된다.

---

94   E. Zenger, Einleitung, KStTh Bd1,1 (2004), 381-382.

95   F. J. Backhaus, Studien zur Komposition und zum Gottesbild im Buch Qohelet (BBB 83) Frankfurt a.M. 1993, 23-24.

96   L. Schwienhorst-Schönberger, Kohelet, HThK At (2011), 46-53.

"그 후에 내가 관찰하였다:

내 손으로 한 모든 일과 수고한 모든 수고가 다 헛되어 바람을 잡는 것이었다.

그리고 해 아래에서 이로운 것은 없었다." (전 2:11; 참조 2:17, 23)

그러나 코헬렛은 다시 새로운 인식의 장을 마련하고 돌파구를 마련한다. 즉, 인간이 추구하는 모든 행운과 만족은 인간 스스로는 할 수 없다. 인간이 만족을 얻을 수 있는 코헬렛의 새로운 돌파구는 인간 스스로 만족하는 마음에서 찾을 수 있으며 그 만족의 기원은 '하나님'이라는 것이다.

"사람이 먹고 마시고 수고하는 것보다,

그의 마음을 더욱더 기뻐하게 하는 것은 없다.

그러나 내가 관찰해 본즉, 그것도 역시 하나님 손에서 나온다." (전 2:24-25)

이 같은 인식의 전제에 앞서서 제시한 회문식 구절의 처음 부분인 '인간론'의 중요한 주제들이 계속 뒤를 잇는다: "정해진 시간(에트 עת)"에 대한 인용(3:1-9), 하나님과 영원(3:10-15) 그리고 죽음의 전후 과정의 삶(3:16-22).

(II) 부분(4:1-6:9)은 (I) 부분의 성공한 삶의 교훈에 대하여 구체적인 묘사를 감행한다. 코헬렛이 살았던 세계의 문제와 주제들이 행복론(Eudaimologie)에 입각하여 발전된다. 학대(4:1-3), 수고와 재주(4:4-12), 사회적 상승과 몰락(4:13-16), 종교 비판(4:17-5:6), 왕권(5:7-8) 그리고 가난과 부유함(5:9-6:9)들을 묘사한다.

(III) 부분(6:10-8:17)은 무엇보다 시간과 때에 대한 일반적인 지식을 비판적으로 평가한다. 이 절에서는 거의 비교적인 양식으로 "~이 ~보다 유

익이다"라는 말로 재조명한다. 마지막 부분인 (IV) 부분(9:1-12:7)에서 코헬렛은 전통적인 잠언 지혜와의 대화를 시도한다. 기쁨(9:7-10; 11:9-12:7), 그것의 목표와 결론을 시도한다.

3) 전도서의 저자, 시기

일반적으로 대부분의 학자들이 전도서의 저자를 솔로몬으로 생각했다. 왜냐하면 전도서 1장 1절과 12절이 그 같은 견해를 뒷받침하고 있다고 생각했기 때문이다.

"다윗의 아들 예루살렘의 왕 전도자의 말씀."(전 1:1)

"나 코헬렛은 예루살렘에서 이스라엘의 왕이 되었다."(전 1:12)

그러나 전도서 어디에도 솔로몬의 이름을 명확하게 제시하는 구절은 없다. 다만 암시적으로 왕에 대한 경험을 제시할 뿐이다. 전도서가 솔로몬의 저작이 될 수 없는 이유는 다음 몇 가지 사실에서 기인한다.

첫째, 전도서는 다윗 왕조의 중요한 정보를 제공하지 않는다. 코헬렛이 예루살렘에서 왕이 되었다고 하지만, 코헬렛이 말하는 정보는 주전 10세기의 이스라엘 사회-문화적 정보를 제공하지 않는다.

둘째, 전도서의 언어는 히브리어 발전 단계 중 제일 늦은 후기 히브리어 언어에 속한다. 히브리어가 처음 사용된 시기는 대략 11~10세기이다. 그리고 예루살렘 멸망 후에 팔레스틴의 모든 언어들은 아람어로 바뀌었다. 전도서에는 예루살렘 멸망 후 사용된 아람어가 사용되었다. 특히 언어의 제일 작은 단위인 단어는 하나의 생물과 같다. 언어를 탄생시키고, 자라게 하고, 꽃을 피었다가 사라지는 것이 단어의 힘이다. 그 때문에 그 당시에 사용된, 그리고 유행된 단어들은 그 시기를 대략 대표한다.

a. 전 2장 5절: 파르데쉬(פרדס / 정원), 8장 11절: 피트감(פתגם / 실행 또는 행동함)들은 주전 10세기 언어가 아니라, 페르시아의 후기 차용어로 사용되었다.[97]

b. 전체적으로 미쉬나 히브리어의 사용.

c. 히브리어의 관계 접속사인 아쉐르(אשר)가 전도서에서는 다음과 같은 형태로 변형되어 나타난다: ·שׁ(shin + 중강점) 이러한 사용은 명백하게 후기 아람어(주전 3세기 정도)의 영향이다.

셋째, 이미 전도서는 완성된 오경을 전제로 하고 있는 듯하다(참조, 전 5:4-6과 신 23:21 이하). 대략 오경의 편집이 완성된 시기는 주전 4~5세기이다. 예언서의 편집 시기는 주전 3세기이고, 성문서는 주후 1세기에 편집이 완료되었다.

신명기	전도서
21 네 하나님 여호와께 서원하거든 갚기를 더디 하지 말라 네 하나님 여호와께서 반드시 그것을 네게 요구하시리니 더디면 네게 죄라.(신 23:21)	4 네가 하나님께 서원하였거든 갚기를 더디게 말라 하나님은 우매자를 기뻐하지 아니하시나니 서원한 것을 갚으라. 5 서원하고 갚지 아니하는 것보다 서원하지 아니하는 것이 나으니, 6 네 입으로 네 육체를 범죄케 말라 사자 앞에서 내가 서원한 것이 실수라고 말하지 말라 어찌 하나님으로 네 말소리를 진노하사 네 손으로 한 것을 멸하시게 하랴(전 5:4-6)

작은 단위의 주제가 다른 책에서 인용된다면, 큰 단위로 확장될 수 있다. 왜냐하면 단순한 주제에 대하여 후대에 부연과 설명이 주어지기 때문이다. 그러나 역으로 되는 경우는 거의 없다. 신명기 23장 21절은 전도서

---

97   O. Kaiser, Einleitung(1969), 307.

5장 4-6절과 동일한 주제인 "서원"에 대하여 말하고 있다. 그리고 구절의 형태상 전도서는 "서원"을 부연하고 확장해서 설명하고 있음을 알 수 있다. 이것은 오경이 전제되어야만 한다. 이에 따라 전도서의 편집 시기를 주전 3세기쯤으로 측정한다. 왜냐하면 대략적으로 오경이 편집된 후에 전도서가 편집되었다고 보기 때문이다. 특히, 주전 3세기는 알렉산드리아 지역의 발전 시기이다. 이 시기에 알렉산드리아는 그리스 학문의 최대 중심지이며, 그리스어로 된 종교 문학을 생산하는 시기였고 헬레니즘권 유대인의 유대교 이해에 대단한 힘을 기울이던 시기이다. 그 때문에 전도서가 페르시아 통치 이후, 곧 마카비 전쟁 이전 대략 주전 300년 중엽이나 말경, 초기 헬레니즘 시기에 팔레스틴에서 생성된 것으로 생각한다.[98]

그렇다면 코헬렛(Kohelet)은 누구일까? 코헬렛은 전체적으로 7번 나타난다(전 1:1, 2, 12; 7:27; 12:8, 9, 10). 그 중에서 5번은(전 1:1, 2, 12; 12:9, 10) 고유명사와 같이 사용된다. 그러나 전도서 12장 8절은 코헬렛이 관사와 같이 사용되었기에 보통명사로서 사용된다. 전체적인 코헬렛의 형태는 여성 분사의 형태이다. 에스라 2장 55-56절과 느헤미야 7장 57, 59절[99]에 따라서 이 여성 분사들은 하나의 일반적인 공직을 수행하는 기능을 표시한다. 그리고 후에 남성적인 고유명사로 변하게 되었을 것이다. 그러한 변화를 코헬렛이라는 단어에서 찾아 볼 수 있다. 그 때문에 코헬렛은 기본적으로 어떤 기능을 표현하는 단어였을 것이다.[100] 전도서 7장 27절에서 보건데 코헬렛은 일종의 학교를 경영한 현자가 아니었을까?

---

98   W. Schmidt, 『구약성서 입문』, 455.

99   ספרת(소페레트/ 느 7:57절)과 פכרת הצביּם(포케렛트 핫체바임)들은 느헤미야에서 가문을 지칭하며, 그리고 그들 이름들이 단어(ספר 세페르/ 문서, 서류)와 관련하여 그들의 전문 직종을 문서와 관련된 것으로 추정할 수 있다(삼하 11:14; 왕하 5: 5-7등등).

100 E. Zenger u.a., Einleitung, KStTh Bd1,1,(2004), 387.

"전도자가 이르되:

보라! 내가 낱낱이 살펴 이치를 연구하여 이것을 깨달았도다." (전 7:27)

코헬렛은 명백하게 동사 카할(קהל/모이다)에서 파생된 말이다. 아마도 집회 인도자나 회중의 인도자와 같은 사람일 수 있다. 사람을 모아서 자신의 경험을 들려주는 행위는 고대 현자의 전형적인 모습이기 때문이다. 그러나 후에 첨가된 다윗의 아들, 예루살렘의 왕(전 1:1)이라는 구절과 전도서 내부의 왕의 트라베스티(전 1:12-2:26)가 이 책의 저자가 솔로몬이라고 추측할 수 있게 하는 역할을 했을 것이다. 그리고 당연하게 후기에 지혜의 원형으로 인정받은 솔로몬을 일반적으로 저자로 여겼을 것이다.[101]

전통적인 우리말 번역은 코헬렛을 전도자로서 번역하였다. 이 번역은 70인(LXX)역에서 헬라어 단어인 에클레시아(ἐκκλησία/모임, 회합)에서 나온다. 에클레시아는 정치적 목적보다는 성직자의 소집으로 사용되었던 용어로서 번역되었기 때문에 아마도 '전도서'와 전도서에서 말하는 사람을 '전도자'로서 명칭하였을 것이다. 루터는 그리스-라틴 번역에서 이 헬라어 단어(에클레시아테스/Ἐκκλησιαστὴς)를 설교자로 번역하였다.[102]

4) 잠언과 전도서 그리고 전도서의 문제와 양식

(1) 잠언과 전도서

잠언과 전도서에서 나타나는 양식과 문체 그리고 사상을 비교한다면 전도서는 잠언의 사상을 어느 정도 수용 내지 발전시킨 것 같다.

---

101   R. Lux, 『이스라엘 지혜』, 35-36.

102   W. Schmidt, 『구약성서 입문』, 452.

"지혜로운 자는 눈이 밝고,
　　우매자는 어두움에 다닌다." (전 2:14a)[103]

　　"지혜 있는 자의 혀는 지식을 베풀고,
　　미련한 자의 입은 미련한 것을 쏟는다." (잠 15:2)

　반어적 평행법으로 구성된 전도서와 잠언의 말들은 두 개의 반대적인 상황을 대조하여 화자가 말하고자 하는 정확한 의도를 표현한다. 그러나 전도서는 잠언의 사상을 전적으로 답습하지는 않는다. 전도서는 두 개의 반대적인 상황을 의도적으로 상대화하는 작업을 하여 잠언에서 얻은 지식을 무력화한다. 지혜자가 지혜를 얻음으로 얻는 이익이 유익함이 아니라 회의적이라는 것이다.

　　"지혜자가 우매자 보다 나은 것이 무엇인가?…" (전 6:8)

　　"지혜로운 자는 눈이 밝고, 우매자는 어두움에 다닌다.
　　이들의 당하는 일이 일반인 줄을 내가 깨달았다." (전 2:14)

　　"인생에게 임하는 일이 짐승에게도 임하나니, 이 둘에게 임하는 일이 일반이라. 다 동일한 호흡이 있어서 이의 죽음 같이 저도 죽으니,
　　사람이 짐승보다 뛰어남이 없음은 모든 것이 헛됨이로다." (전 3:19)

　전도서에서 전도자는 자신의 인생을 경험하였고 그 경험이 인간으로 하여금 가치의 창출과 성공을 보장할 수 있지만, 그 모든 것은 죽음 앞에서

103　참조 전 4:13; 8:1; 10:12.

헛된 것이라고 말한다. 죽음을 넘어서는 그 어떤 것도 존재하지 않는다. 참으로 죽음은 모든 것을 일반화시킨다.

> "모든 사람에게 임하는 모든 것이 일반이라.
> 의인과 악인이며 선하고 깨끗한 자와 깨끗지 않은 자며,
> 제사를 드리는 자와 제사를 드리지 아니하는 자의 결국이 일반이니,
> 선인과 죄인이며 맹세하는 자와 맹세하기를 무서워하는 자가 일반이로
> 다."(전 9:2)

또한 잠언은 철저하게 인간과 자연, 인간과 인간 그리고 인간과 하나님의 관계를 행위-결과의 관련성에서 찾고자 한다.

> "속이고 취한 음식은 사람에게 맛이 좋은 듯하나,
> 후에 그의 입에 모래가 가득하게 된다."(잠 20:17; 참조 잠 13:4)

> "선인은 여호와께 은총을 받으려니와,
> 악을 꾀하는 자는 정죄하심을 받으리라."
> (잠 12:2; 참조: 잠 10:6, 24, 29, 30;12:22)

전도서는 인생의 모든 것이 행위-결과의 관련성에서만 찾고자 하지 않는다. 전도서는 죄인들과 똑같은 상태에 처한 경건한 자도 있고, 경건한 자와 동일한 상태에 있는 죄인도 있다는 것을 인정한다. 결국 전도서는 세상 만사에서 일어나는 모든 일을 행위-결과의 관계성으로만 해명하지 못한 다라고 말한다.

"세상에 행하는 헛된 일이 있나니,

곧 악인의 행위대로 받는 의인도 있고 의인의 행위대로 받는 악인도 있

는 것이라.

내가 이르노니 이것도 헛되도다." (전 8:14; 참조: 7:15; 9:11)

(2) 전도서의 양식과 언어

전도서에서 사용된 중요한 단어들이 솔로몬 시기가 아닌 후기 구약 문
서에서 사용된 것이라고 앞서 언급하였다. 특히 주목할 단어들은 3가지
로 나누어진다. 첫째, 늦은 포로 후기 단어들의 사용이다. 이 단어들은 구
약에서 한번 사용되지만, 히브리어 다음 단계에 사용되는 주위의 아람어
또는 초기 헬라어적 단어와 동의어로서는 빈번하게 사용된다: 바텔(בטל/
휴식하다; 전 12:3), 달반(דרבן/ 황소를 모는 막대기에 박힌 쇠못 또는 가시; 전
12:11; 삼상 13:21), 굼마츠(גומץ/구덩이; 전 10:8), 미스켄(מסכן/가난한; 전
4:13; 9:15(x2), 16; 사 40:20), 아비요나(אביונה/열망, 욕심; 전 12:5). 둘째,
두 개의 페르시아 차용어인 전 2:5의 파르데쉬(פרדס/ 정원), 전 8:11의 피
트감(פתגם/실행 또는 행동함). 셋째, 아람어의 빈번한 사용이다. 이 아람어
의 단어들은 구약성서 내에서 거의 아가서와 에스더에서만 볼 수 있다.[104]
학자들은 이러한 언어의 사용으로 인하여 원래 코헬렛이 아람어를 사용
하는 사람으로 추측하기도 한다.

전도서의 양식은 전적으로 지혜 문학의 습관적인 양식과 주제를 바탕으
로 형성하였다. 그럼에도 불구하고 전도서의 가장 기본적인 양식은 산문
이 아니라, 전형적인 시문으로 형성된 언어이다. 또한 한 걸음 더 나아가

---

104 סוף רעות מדינה שלט זמן 등등 더 자세한 것은 다음을 참조: Th, N ldeke, Die Aramaismen im
AT untersucht von E. Kautzsch: ZDMG 57, 1903, 412–421; M. Wagner, Die lexikalischen
und grammatikalischen Aramaismen im alttestamentlichen Hebräisch: ZAWBeih 96,
1966.

코헬렛은 직접적인 너-호칭의 형태와 경고 그리고 요구의 양식을 사용하여 충고와 교훈을 준다.

> "너는 하나님 앞에서 함부로 입을 열지 말며 급한 마음으로 말을 내지 말라. 하나님은 하늘에 계시고 너는 땅에 있음이니라.
> 그런즉 마땅히 말을 적게 할 것이라." (전 5:2, 3, 4; 7:9, 16,18; 9:7 등등)

종종 그의 교훈들은 1인칭 독백을 통한 자신과의 대화 형태를 사용하기도 한다[105]:

> "내가 마음 가운데 말하여 다음과 같이 말한다:
> 내가 큰 지혜를 많이 얻었으므로 나보다 먼저 예루살렘에 있던 자보다 낫다 하였나니,
> 곧 내 마음이 지혜와 지식을 많이 만나 보았음이로다." (전 1:16)

1인칭 독백을 통한 자신과의 대화는 한 단락이 주제의 결론을 끌어내기 위하여 그리고 진술의 목표를 구체화하기 위하여 저자 스스로 자신의 경험과 관찰을 제시하는 개인적인 소개로서 시작한다.[106]

또한 코헬렛은 관습적인 수사학적 언어 양식과 문학적 양식으로 잘 알려진 평행법, 동의어 사용, 유음 중첩법, 동어첩용[107], 수 잠언, 비교법과 "~인 것 같지만, 그러나 ~이다"의 구조[108]를 즐겨 사용한다.

---

105 N. P. Bratsiotis, Der Monolog im Alten Testament, ZAW 73, 1961, 30-70.

106 O. Loretz, Zur Darbietungsform der Ich-Erzählung im Buche Qohelet: CBQ 25, 1963, 46-59.

107 같은 말을 반복하는 것; 동어첩용 (同語疊用) "그 여자는 젊다, 그 여자는 예쁘다, 그 여자는 돈이 많다"라는 문장은 같은 말 "그 여자"라는 말이 여러 번 반복된다.

108 처음은 명제를 인정하는 것 같지만(zwar), 뒤에는 그 명제를 뒤집는 표현법(aber)이다.

"나는 내 마음에 이르기를, 자! 내가 시험 삼아 너를 즐겁게 하리니,

너는 낙을 누리라, 하지만 이것도 헛되도다."(전 2:1)

그러나 그의 양식적인 사용이 차용되었다고 해서 의존적이라는 것은 아니다. 오히려 코헬렛은 다른 양식들을 차용하였지만, 그럼에도 불구하고 자신의 언어로 만들었다. 물론 코헬렛이 사용한 양식은 고대 근동과 이스라엘의 구약 문서에서 사용하는 양식들이다. 그러나 그는 차용한 양식을 자신의 전체적인 생각과 함께 연결하여 매우 독창적인 양식을 주제와 결합할 수 있었다. 첫째, 그 양식은 한 단어에 집착한다. 그 단어는 전도서에서 33번 나타나는 헤벨(הבל/헛되다)이라는 단어이다. 헤벨은 거의 자신의 성찰에 대한 결론의 단어로 사용한다. 둘째, 코헬렛은 특정한 단어를 놀랄 만큼 반복적으로 사용한다. 즉, 전도서 1:4-12:8(2643개의 단어 사용)에서 적어도 5번에서 50번까지 반복되는 25개 정도의 동일한 히브리어 어간의 단어들 -헛되다, 수고, 일, 지혜, 좋다, 알다(지식), 태양, 보다(관찰), 바보, 먹다, 이익, 바람, 올바름, 사악함, 몫, 기억, 고뇌(심려)-은 코헬렛의 언어와 양식이 주제와 결합하고 있다는 것을 증명한다.[109]

5) 전도서의 신학적 주제들

(1) 전도서의 기본 주제

전도서를 표현하는 신학적 주제들은 마치 가느다란 실을 꼬아서 두꺼운 줄을 만들 듯이 그렇게 서로서로 엮여 있다. 우리는 전도서의 주제들을 이해하기 위하여 먼저 전제가 되는 중심 방향을 이해해야 한다. 전도서를 이

---

109 A. Lauha, BKXIX(²2003), 7-10.

루고 있는 신학적 바탕은 두 가지의 방향으로 형성된다. 첫 번째, 신학적 바탕은 "회의론적-염세적인 진행"이다. 즉, 전도서는 1장 2절과 12장 8절의 표제어 '헤벨(הבל/헛되다)'을 통하여 모든 주제들이 통제된다. 이 단어는 거의 전도서 내부에 그리고 주제의 마지막 결론에서 되풀이 되어 모든 각 주제를 상대화시키는 두 방향으로 이끈다. 한 방향은 인간의 소원과 인간이 확실하다고 생각하는 신념에 대하여 무가치성(Nichtigkeit)과 무의미성(Unsinnigkeit)으로 변하게 한다. 무가치성과 무의미성의 방향은 전도서 1:12-2:26에서 거의 두드러지게 나타난다:

> "그 후에 본즉 내 손으로 한 모든 일과 수고한 모든 수고가
> 다 헛되어(הבל/헤벨) 바람을 잡으려는 것이며,
> 해 아래서 무익한 것이로다." (전 2:11)

다른 방향은 죽음에서 인간의 최종성과 철회할 수 없는 인간 삶의 덧없음(Flüchtigkeit)과 무상함(Verg-änglichkeit)을 표현한다. 이러한 관점은 표제어 '헤벨(הבל)'을 통하여 전도서 3:10-12:7에서 모든 피조물(특히 인간)의 덧없음과 무상함을 제시한다.

> "하나님이 인생들에게 노고를 주사
> 애쓰게 하신 것을 내가 보았노라." (전 3:10)

전도서를 이루고 있는 두 번째 신학적 바탕은 "행복론적-쾌락적인" 진행이다. 인간이 이 세상에서 모든 헛된 것을 경험하더라도 세상 모든 것으로부터 오는 기쁨을 경험할 수 있고 또한 그것을 누릴 수도 있다(전 5:17-19; 9:7-10; 11:9). 그 기쁨은 전적으로 하나님이 주신 선물(전 3:13)이며 동시에 하나님이 인간의 모든 삶의 물음에 답하는 방식으로 제시된다.

"사람마다 먹고 마시는 것과 수고함으로 낙을 누리는 것이
하나님의 선물인 줄을 또한 알았도다." (전 3:13)

전도서 3장 13절의 하나님의 선물은 수고하고 낙을 누리는 하나의 도구로써 나타난다. 그런데 이 선물을 받아들이는 것은 사람마다 다르다. 그렇게 생각하는 사람이 있고, 그렇게 생각하지 않는 사람도 있다. 그렇기 때문에 전도서는 하나님의 선물을 누구나 누리는 것은 아니라고 한다. 하나님의 선물은 각자 다르며 결코 동일하지 않다. 코헬렛은 이 선물을 찾기 위해 온갖 관찰을 하지만 모든 것이 다 헛되다는 결론을 얻는다. 즉, 남이 누릴 수 없는 모든 것을 다 해봤지만 그 안에서 얻는 것은 모두 헛되며, 자기에게 주어진 삶을 누릴 줄 아는 사람만이 하나님의 선물을 발견할 수 있다고 말한다. 하나님은 각 사람에게 자신의 인생을 알 수 있게 하는 선물을 주셨다고 말한다. 또한 자신의 인생에 만족할 줄 아는 사람이 자신의 낙을 누릴 수 있다고 말한다. 그래서 전도서는 미래 지향적도 아니고, 과거를 통해 현재를 보지도 않는다.

이 두 가지 방향 즉, "회의론적-염세적 진행"과 "행복론적-쾌락적"인 진행이 전도서의 다양한 주제를 제어하여 인간 세상의 모든 일을 이해하게 하며, 하나님이 행하시는 것에 대한 이해와 포기를 인간으로 하여금 가지게 한다.[110]

"사람이 사는 동안에 기뻐하며 선을 행하는 것보다
나은 것이 없는 줄을 내가 알고 있다." (전 3:12)[111]

---

110 E. Zenger u.a., Einleitung, KStTh Bd1,1, (2004), 388.
111 참조 전 9:7-9, 10; 11:1-6, 7-10.

(2) 가장 최고의 선으로서 먹고, 마시는 것과 기쁨을 누림

"내가 나의 마음을 찾았다: 내가 어떻게 하여야 내 마음에 지혜로 다스림
을 받으면서, 술로 내 육신을 즐겁게 할까?
또 어떻게 하여야 어리석음을 취하여서 천하 인생의 종신토록 생활함에
어떤 것이 쾌락인지 알까 하였다." (전 2:3)

전도서는 먹고 마시고 그리고 기쁨을 향유하는 것을 가장 최고의 선으로
간주한다. 전도서는 명백하게 행복론적-쾌락주의이며, 모든 열망의 동기
와 목표로서 행복이 넘치는 삶을 어떻게 살아야 하는가를 고민한다. '행복
한 삶의 영위'라는 주제는 대체로 고대 근동의 지혜[112]와 고대 그리스 철학
적 사고[113]에서 대표되는 사상을 전제로 한다. 이 사상들은 지각할 수 있는
욕망, 즐거움, 향유를 모든 도덕적인 행위의 모티브와 목표로서 취급하는
쾌락주의를 표현한다. 인간은 자신이 서 있는 현재 바로 그 시간에 먹고, 마
시고 즐거워하기 위한 가능성을 움켜잡아야 하며 그리고 즐길 수 있는 권
리를 포기하지 말아야 한다. 고대 근동의 지혜와 고대 그리스의 철학적 사
고에서는 미래에 근심하든, 질투와 탐욕에 빠져 현재 고난에 빠져 있든지,
현재의 행동이 미래에(또는 사후에) 보답을 받을 것이라는 희망을 갖든지
간에 현재에 누릴 수 있는 최고의 선을 버리지 말라고 한다.[114]
　그러나 전도서의 행복주의 또는 쾌락주의는 자신의 내부를 일깨우는 능
동적인 삶과 세상의 능동적인 형태에 대한 포기를 주장하지 않는다. 각 인간

112　L. Schwienhorst-Schönberger(ed.), Kohelet, BZAW 254(1997), in: Christoph
　　　Uehlinger, Qohelet im Horizont mesopotamischer, levantinischer und ägyptischer
　　　Weisheitsliteratur der persischen und hellenistischen Zeit, 155-248.

113　L. Schwienhorst-Schönberger(ed.), Kohelet, BZAW 254(1997), in: R. Bohlen, Kohelet im
　　　Kontext hellenistischer Kultur, 249-274.

114　A. Lauha, BKXI(^{2}2003), 12.

이 그의 삶을 즐기기 위한 가능성을 요구할 권리는 있지만, 타인의 고통을 외면하면서까지 자신의 삶을 향유해서는 안 된다고 말한다.

> "내가 돌이켜 해 아래서 행하는 모든 학대를 보았도다.
> 오호라 학대 받는 자가 눈물을 흘리되 저희에게 위로자가 없도다.
> 저희를 학대하는 자의 손에는 권세가 있으나 저희에게는 위로자가 없도다." (전 4:1)

전도서의 쾌락주의는 단순하게 자기 중심적인 이기주의적 태도를 정당하다고 인정하지 않는다. 고대 그리스의 쾌락주의같이 전도서는 인간은 자기의 삶에 대한 향유를 권리로서 누려야 한다고 말하지만, 반면에 고대 그리스 쾌락주의와 달리 전도서는 가난한 자들과 함께 자신의 기쁨을 누려야 한다고 말한다(전 11:1-2).

(3) 시간과 우연

시간은 인간에게 항상 절망을 안겨준다. 왜냐하면 여러 가지 관점에서 인간에게 한계를 인식하게 하기 때문이다. 영원에 대조하여 인간 삶의 기간은 항상 제한되며, 마찬가지로 그의 지식을 습득하는 과정도 시간의 한계에 부딪치게 된다. 시간과 날의 급격한 변화로 인해 사람들은 그가 성취하고자 하는 일의 성공을 자기 마음대로 계획하고 결정할 수 있는 시간으로부터 자꾸 벗어나는 상황을 만나게 된다. 왜냐하면 인간의 미래는 자신 손에 주어진 시간을 제어할 수 없기 때문이다. 그로 인해 인간은 시간의 변화를 우연(전 9:11)과 운명(전 2:14, 15; 3:19; 9:2, 3)으로서 경험하며 받아들인다.

> "내가 돌이켜 해 아래서 보니 빠른 경주자라고 선착하는 것이 아니며,
> 유력자라고 전쟁에 승리하는 것이 아니며,

지혜자라고 식물을 얻는 것이 아니며,

명철자라고 재물을 얻는 것이 아니며,

기능자라고 은총을 입는 것이 아니니,

이는 시기와 우연이 이 모든 자에게 임함이라." (전 9:11)

인간은 어떻게 해야 자신의 행위와 시간이 서로 올바르게 만날 수 있는 지에 대한 정확한 시기를 스스로 알지 못한다. 그러나 확실한 것은 모든 인간에게 시간과 우연은 제한적이긴 하지만 반드시 주어진다는 것이다. 그리고 그 적당한 때를 찾는 것이 인간에게 주어진 최고의 행운이다.

(4) 하나님과 인간

전도서에서 하나님은 인간의 창조자로서 그리고 인간의 경험을 구체화 하는 창조자로서 나타난다.

"하나님이 모든 것을 지으시되 때를 따라 아름답게 하셨고,

또 사람에게 영원을 사모하는 마음을 주셨느니라.

그러나 하나님의 하시는 일의 시종을 사람으로 측량할 수 없게 하셨도 다." (전 3:11)[115]

동시에 하나님의 창조적 영향력은 세상의 시간적인 시작만을 의미하 지 않는다. 왜냐하면 시간의 변화는 경험세계에서 항상 신으로부터 나오 기 때문이다(전 3:11, 15; 7:13-14). 물론 시간의 변화에 따라 실질적으로 새로운 것이 발생하는 것은 아니다. 오히려 항상 같은 종류의 것들이 우리 주위를 맴돌고 결국에 되풀이하여 나타난다.

---

115 비교, 전 3:14-15; 7:13-14, 29; 8:17; 11:5; 12:7.

"이미 있던 것이 후에 다시 있겠고, 이미 한 일을 후에 다시 한다.
해 아래는 새 것이 없다." (전 1:9)

이러한 점에서 창조는 한순간에 완성된 것이 아니다. 하나님의 창조 영향력을 통하여 인간의 행위와 즐김은 서로 구분되며 동시에 서로 가능하게 된다. 왜냐하면 인간의 기쁨과 즐김은 하나님의 선물이기 때문이다.

반면에 시간, 운명 그리고 우연과 죽음들은 인간에 대한 하나님의 심판을 표현한다.

"내가 심중에 이르기를 의인과 악인을 하나님이 심판하시리니
이는 모든 목적과 모든 일이 이룰 때가 있기 때문이라고 생각했다." (전 3:17)[116]

심판은 모든 인간에게 동일하게 나타난다. 모든 인간들은 자신의 행위에 대해 완벽하게 무죄할 수 없다(전 3:18; 7:20, 29; 8:6, 11; 9:3). 위의 두 가지 모습, 즉, 세상과 인간의 창조주인 하나님의 행위는 인간에게 생명과 행복의 수여자로서 그리고 인간의 심판자로서 인간의 자유를 결정론적으로 만드는 것이 아니라, 오히려 더욱더 인간의 삶을 자유하게 만든다. 반면에 인간은 하나님의 이러한 영향을 즐김과 불쾌함, 선함과 악한 면으로 발견하여, 한편으로는 하나님의 선물로서 그리고 또 다른 편으로는 하나님의 심판으로서 하나님을 경험하게 한다.

실제적으로 전도서에서 이러한 인간의 삶에서 기쁨과 심판이 병행해서 나타나는 영향력은 인간의 시각에서 완벽하게 하나님을 이해할 수 없는 분이라는 것을 깨닫게 한다. 하나님은 생명을 주기도 하시며 취하기도 하

---

116 전 3:17; 8:5-6; 11:9; 12:14; 비교. 전 5:1; 9:1.

시며(전 5:18; 12:1, 7), 기쁨과 고난을 주기도 하시며, 행운과 불행을 주시기도 한다(전 2:24-25; 3:10; 6:2; 7:14).[117] 하나님의 여러 가지 행위는 인간이 파악할 수 있는 법칙으로 다가오는 것이 아니라, 항상 이해할 수 없는 불규칙으로서 다가온다. 왜냐하면 인간에게는 미래에 대한 지식이 하나님으로부터 금지된 것으로 머물러 있기 때문이다(전 8:7; 9:12; 10:14).

> "형통한 날에는 기뻐하고 곤고한 날에는 생각하라!
> 하나님이 이 두 가지를 병행하게 하사,
> 사람으로 그 장래 일을 능히 헤아려 알지 못하게 하셨느니라." (전 7:14)

그러므로 하나님에 대한 인간의 정당한 자세는 '하나님에 대한 경외'이다. 전도서에서 하나님에 대한 경외는 습관적인 종교 행위가 아니라 하나님의 말씀을 경청하며 그 자신의 죄를 하나님 앞에 고백하는 것이다. 이처럼 하나님 앞에서의 두려움과 존경의 표현은 그 어떤 종교적인 행위, 제단에 재물을 드림, 기도 및 서약보다 더욱더 가치가 있다(전 4:17-5:6).[118]

---

117 W. Schmidt, 『구약성서 입문』, 457.
118 A. Lauha, BKXIX(²2003), 13-14.

3. 욥기

1) 욥기의 기원과 형성 시기

욥기의 주인공 이름은 히욥(Hiob) 또는 욥(Ijob)으로 불린다. 우선 욥과 욥기의 등장인물들이 이스라엘인가 하는 물음과 함께 욥의 개론적인 문제를 시작하고자 한다. 욥의 기원에 대한 문제는 단순하게 욥을 이스라엘적인 기원으로 처리할 수 없다. 우선 욥기서의 시작이 족장 전승을 바탕으로 욥을 족장과 동일시하게 취급한다[119]:

> "우스 땅에 욥이라 이름하는 사람이 있었는데,
> 그 사람은 순전하고 정직하여 하나님을 경외하며 악에서 떠난 자다." (욥 1:1)

그리고 욥을 이스라엘 기원으로 처리할 수 없는 이유는 욥은 초기 동방의 기원으로 소급되기 때문이다. 아마도 욥의 고향은 동쪽 에돔 지역으로 추정된다(욥 1:3; 애 4:21).

> "우스 땅에 거하는 처녀 에돔아! 즐거워하며 기뻐하려무나.
> 잔이 네게도 이를지니 네가 취하여 벌거벗으리라." (애 4:21)

그 외에 욥기서의 등장인물들도 이스라엘 사람이 아닌 고대 근동 각지에서 온 사람들이다. 그의 친구들은 데만(에돔?)의 엘리바스, 수아(유프라

---

119 겔 14:12-20에서 노아와 다니엘 그리고 욥에 대한 설명은 욥의 위치를 그 먼 옛날 살았던 족장들의 위치로 격상시키는 작용을 하였다. 또한 산문(욥 1:1-2:13)에서 욥의 삶은 창세기의 족장과 흡사한 것이 많다; E. Lucas, 『시편과 지혜서』, 219-220.

데스 강 유역) 사람 빌닷, 나아마(북쪽 지역) 사람 소발 역시 이스라엘인이 아니다. 아마도 엘리바스, 수아, 빌닷, 소발은 고대 근동의 현자들을 대표하는 사람들일 것이다.

반면에 하나님을 경외하는 욥의 기원이 이스라엘에서 유래하였다는 것을 보여주는 정황들이 욥기에서 나타난다.[120] 첫째, 족장 시대처럼 욥이 자신과 가족을 위해 제사 드리는 전통은 고대 이스라엘의 전승적 요소를 포함하고 있다. 그가 가진 부도 짐승과 종들로 측정되며, 제사를 집에서 드릴 때, 제사장 제도 없이 가장인 욥이 드리는 모습에서 찾아 볼 수 있다. 둘째, 욥기서 전체에 나타난 지혜의 사용에서 볼 때, 이스라엘의 지혜서에서 사용하는 유형들과 유사한 점이 있다: 지혜를 하나님과 연결하려는 노력(욥 9:4; 12:13; 39:17), 욥의 친구인 엘리바스의 말을 통하여 현자의 전통(욥 15:8)을 상기하게 함, 지혜를 의인화하려는 노력(욥 28장) 등등.[121] 셋째, 욥기의 전체적인 구조에서 욥 자체 성격이 이중적으로 나타난다. 즉, 산문으로 구성된 욥(욥 1:1-2:13; 42:7-17)과 시문으로 구성된 욥(3:1; 42:6)의 인격이 서로 대치되고 있다. 이를 통해 볼 때, 아마도 산문에서 나타나는 욥은 문서로 쓰인 시기보다 더 앞서서 구전으로 전승되어 내려왔을 것이다.

그렇다면 욥은 언제 살았던 사람일까? 욥이 이스라엘의 고대 전승을 간직하고 있는 것은 사실이지만, 그럼에도 불구하고 욥을 족장 시대의 사람과 동일시하는 것은 문제가 있다. 왜냐하면 욥기서에서 표현하는 여러 가지 상황들이 욥의 연대를 후대로 보게 하기 때문이다. 우선 사탄이 천상 회의에서 적대자 또는 유혹자로 나타나는 것은 후대 사상이다. 특히 욥기서에 나타난 사탄의 기능은 후기 예언서인 스가랴와 동일한 기능을 가진다

---

120 W. Schmidt, 『구약성서 입문』, 461.

121 창조에 관심(욥 12:10-25; 36:22-37; 잠 8:22-31; 전 1:4-11), 이름과 기억의 중요성(욥 18:16-18; 잠 10:7; 전 2:16), 선조의 전통(욥 8:8-10; 잠 4:1-5; 5:13; 전 2:13-15); R. E. Murphy, 『생명의 나무』, 80-81.

(슥 3:1-2).[122] 그리고 천상 회의 장면은 거의 가나안 진입 후 왕정 시기에만 나타난다(왕상 22:19이하; 사 6장). 둘째, 베헤모트인 하마(욥 40:15이하), 레비아탄인 악어(욥 41:1-34)와 같은 용어들은 포로 후기에 알려진 용어들이다. 이 단어들은 이스라엘 멸망 전에는 전혀 알려지지 않은 용어들이다. 특히 언어적으로 볼 때 고대 족장 시기라면 본문 중에 고대 히브리어의 단어와 어근에 나타나는 아람어의 문체를 설명할 수 없다.[123] 셋째, 신학적으로 의인의 고난과 신정론에 대한 문제는 포로 전에는 나타나지 않으며, 바벨론과 페르시아 유대 식민지의 사상과 신학을 반영한다. 이러한 증거들은 욥기의 시기를 주전 5세기와 3세기에 자리하게 한다.

2) 욥기의 구조

전체적으로 욥기의 구조는 두 개의 대조적인 양식이 욥기 전체의 구조를 만들고 있다. 즉, 산문으로 구성된 이야기체 양식인 틀이 처음(욥 1:1-2:13)과 나중(욥 47:7-17)에 나와서 전체적으로 욥기를 감싸고 있다. 그리고 중간 부분은 전적인 시문으로서 대화(욥 3:1-42:6) 양식이 자리한다.:

프롤로그	욥기 1-2장		산문
	대화 부분	욥기 3:1-42:6	시문
에필로그	욥기 42:7-17		산문

---

122 이 책 Part 03 참조.

123 C. A. Newsom, The Book of Job, Nashville, Abingdon, 1996, 325.

(1) 산문으로서 욥기서의 틀 I: 프롤로그(욥 1-2장)

욥 1:1-5: 도입부 (욥의 경건성과 행운)	
욥 1:6-12; 첫 번째 천상 회의 장면	욥 2:1-7a; 두 번째 천상 회의
사탄이 욥의 사심 없는 경건함에 의심을 한 후에, 그는 하나님으로부터 모든 욥의 소유를 제거할 것을 요청한다.	사탄이 야훼 앞에서 욥이 그의 경건함을 유지했다는 것에 의문을 제기한 후에, 만일 그가 병에 걸리면 다를 것이라고 주장하며, 다시 시험할 것을 제의한다. 하나님은 욥의 생명을 제외한 모든 것을 사탄에게 허락한다.
욥 1:13-22; 첫 번째 시험과 욥의 검증	욥 2:7b-10; 두 번째 시험과 욥의 검증
4개의 재난으로 욥은 그의 모든 재산과 자녀를 잃어버린다.	욥은 병마에 시달린다. 그 와중에 그의 부인은 하나님을 저주하라고 요구한다. 그럼에도 불구하고 욥은 자신의 경건을 지킨다.
욥 2:11-13; 데만의 엘리바스, 수아 사람 빌닷 그리고 나아마의 소발, 세 친구가 욥을 위로하며 그의 아픔에 동참하기 위하여 방문한다.	

욥 이야기는 중간에 시문으로 구성된 형태에도 불구하고 이야기 전개에 있어서 산문의 이야기와 시문의 구조는 서로 독립된 형태로 욥기의 도입부는 에돔의 환경(욥 1:1; 비교, 애 4:21)을 제시하며, 욥이라 이름 하는 경건한 사람에 대한 소개로부터 시작하여 옛날부터 전승되어 내려온(겔 14:14, 20) 경건한 자가 받은 부의 크기와 범위를 소개한다. 이것은 산문의 작은 에필로그이다. 산문의 본론은 두 개의 천상 회의 장면이다. 에돔의 환경을 이스라엘 환경으로 전환시키는 장면이다. 물론 천상 회의가 이스라엘의 전형적인 산물은 아니지만, 이 천상 회의에서 하나님과 사탄과의 대화는 욥 전승의 대표적인 주제로 이끈다. 그리고 이러한 주제들은 포로 후기 이스라엘 민족의 상황에서 인간에게 던지는 질문을 끌어내게 한다: 경건이 아무런 이익 없이 주어질 수 있는가? 거대한 고난을 통한 시험의 결과가 보답보다는 오히려 하나님을 더 사랑한다는 것을 입증하기 위한 것인

가?[124]

　최고의 행운과 막대한 부를 소유한 욥은 알 수 없고 이해할 수 없는 천
상 회의 결과에 의하여 최악의 불행한 인생으로 추락하게 된다. 그의 모든
소유와 자식들 그리고 심지어 건강까지 잃어버린다. 그리고 두 번째 욥의
시험에서는 자신의 부인이 최악의 유혹녀가 되어 자신의 신앙을 무너뜨
리려고 한다. 이러한 욥의 산문 이야기에서 이미 욥기 전체의 주된 주제가
제시된다: 욥기는 인간이 갑자기 당한 고난의 문제를 다루는 것이 아니다.
고난의 경험에서 나오는 인간의 태도를 다루는 것이다. 어디에서 고난이
오는가 하는 질문이 욥기의 주된 주제가 아니라, 오히려 그 고난을 인간이
어떻게 대처하는가를 다룬다. 신정론이 주된 주제가 아니라, 고난에서 발
생하는 인간 존재의 문제를 다룬다. 욥의 행운과 부요함은 그의 정당성 때
문에 얻은 것이다. 그렇다면 이처럼 정당하게 얻은 부가 소멸될 수 있는
가? 욥의 이야기에서 고난과 평안은 서로 독립되어 있다.[125]

　　　"… 주신 자도 여호와시요 취하신 자도 여호와시오니,
　　　여호와의 이름이 찬송을 받으실지니이다."(욥 1:21)

　　　"… 우리가 하나님께 복을 받았은즉 재앙도 받지 아니하겠느뇨?
　　　하고 이 모든 일에 욥이 입술로 죄를 범치 아니하니라."(욥 2:10)

　주된 주제 이외에 그와 관련된 주제들이 함께 나타난다: 하나님과 사탄
의 내기가 정당한가? 하나님이 희생적인 욥의 경건성에 대한 신뢰의 검증
이 정당한가? 욥이 당하는 고난을 정당하게 만드는 시험이 그에게 나타난

124　F. Horst, Hiob(1-19), BK XVI/1, Neukirchen-Vluyn, 1974, IX.

125　G. Fohrer, Studien zum Buche Hiob(1956-1979), Berlin New York, 1983, 1-2.

다. 왜냐하면 하나님은 언제나 정당하시기 때문이다. 욥기의 기본 입장은 하나님의 정당성보다는, 오히려 천상의 존재 중 한 명이 틀렸다는 것을 입증하는 시험이다. 욥의 시험과 함께 하나님의 정당성이 검증되며 반면에 사탄이 부당함을 말한다.

마지막으로 7일 밤과 낮을 관습에 따라서 위로의 말없이 같이 머물고 있는 욥의 친구들이 등장한다(욥 2:11-13). 7일 밤과 낮의 의미는 슬픔의 최고점을 표현한 것이다. 그리고 또한 친구들이 욥을 생각하는 방향의 전환을 동시에 의미한다.

(2) 시문으로 구성된 대화체의 욥기(욥 3:1-42:6)

시문으로 구성된 대화체 양식은 욥기서 전체의 몸통을 형성한다. 시문의 내부적인 형태에서 시문을 여는 욥기 3장과 29-31장은 다른 연설들과 연결되지 않은 독립적인 독백으로 존재한다.[126] 이 독립적 독백은 욥기서 몸통 부분인 시문 전체의 테두리보다는 욥기 4-28장에 욥과 친구들의 대화를 감싸는 테두리로서 사용된다. 왜냐하면 욥기 3장은 자리에 앉아 있는 친구들과 관계 없는 탄식이 갑자기 나오기 때문이다. 또한 욥기 29-31장은 뒤따라 나오는 엘리후의 연설과 전혀 관련되지 않는다. 오히려 이 두 번째 욥의 독백은 욥기 38장에서 시작하는 야훼의 대답과 관련되지 않는가? 왜냐하면 욥은 두 번째 독백에서 하나님의 정당성에 의문을 제기하고 자신의 무죄에 대한 하나님의 대답을 요구하기 때문이다(욥 31:35).

---

126 물론 학자들에 따라서 욥기 3장을 뒤따르는 3개의 되풀이하는 연설 진행에 포함시키는가 아니면, 독립된 독백으로 처리하는가는 다르게 표현된다: 욥 3장을 독백으로 처리한 학자는 W. Schmidt, 『구약성서 입문』, 463; E. Zenger u.a., Einleitung, KStTh Bd1,1,(2004), 337이다. 그러나 3장 부터 시작하는 3개 연설의 시작으로 본 학자는, G. Fohrer, Studien(1983), 3 등등.

a. 욥의 첫 번째 독백					
3장	탄식				
b. 욥과 친구들과의 대화					
첫 번째 대화 진행		두 번째 대화 진행		세 번째 대화 진행	
4-5장	엘리바스	15장	엘리바스	22장	엘리바스
6-7장	욥	16-17장	욥	23-24장	욥
8장	빌닷	18장	빌닷	25장	빌닷
9-10장	욥	19장	욥	26장	욥
11장	소발	20장	소발		
12-14장	욥	21장	욥	27-28장	욥
c. 욥의 두 번째 독백					
29-31장	하나님에 대한 도전				
d. 엘리후의 연설					
32:1-6	엘리후의 제안				
32:7-33:33	엘리후의 첫 번째 연설				
34장	엘리후의 두 번째 연설				
35장	엘리후의 세 번째 연설				
36-37장	엘리후의 네 번째 연설				
e. 야훼의 대답과 욥의 대답					
38장-40:2	야훼의 첫 번째 연설				
40:3-5	욥의 첫 번째 대답				
40:6-41:26	야훼의 두 번째 연설				
42:1-6	욥의 두 번째 대답				

a. 욥의 첫 번째 독백: 욥기 3장

욥기 3장은 3개의 탄식과 절망으로 나누어진다: 욥기 3:3-10, 11-19, 20-26. 첫 번째 절규는 욥 스스로 자신의 상황을 임신과 탄생에 관계하여 가장 비참한 인간의 절규로서 시작한다:

"나의 난 날이 멸망하였었더라면,

남아를 배었다 하던 그 밤도 그러하였었더라면." (욥 3:3)

자신의 존재를 근원적인 존재로 소급하여 완전한 소멸을 소원한다. 태어난 후에 바로 죽지 않은 것을 죽음의 휴식을 가지지 못한 것과 동일하게 취급한다. 이러한 생일 저주는 대표적으로 예레미야 20장 14-18절에서 볼 수 있다. 그러나 욥의 생일 저주는 예레미야에서 볼 수 있는 탄생에 대한 저주만 기록되어 있지 않다.[127] 극한의 고난 속에서 그는 탄생과 멸망을 같은 선상에서 처리한다.[128]

두 번째(3:11-19)와 세 번째(3: 20-26)의 절규는 안식과 평강이 어디에 있는가 하는 물음의 전제에서 이해해야 한다. 삶의 수여자에 대한 불평과 불만(3:11)을 시작으로 그는 지금 현재의 삶보다는 죽음의 세계를 갈망한다. 죽음의 세계는 평강과 안식(3:13)이 있다. 그 죽음의 세계는 악한 자가 소요를 멈추며(3:17), 작은 자와 큰 자가 일반(3:19)이기 때문이다. 반면에 현재는 안식과 평강이 없고(3:26), 오히려 항상 두려워하는 것이 임한다(3:25).

욥기 3장의 욥은 2장과 다른 맥락에서 고난을 이해하기보다는 서서히 고난을 통하여 자신의 신념이 무너진다. 즉, 자신에게 나타나는 고난의 원인이 자신보다는 자신이 이해할 수 없는 세계에서 이루어진 것이라고 생각하며 그 고난에 대하여 절규한다(3:23).

b. 욥과 친구들과의 대화

욥의 독백 후에 욥은 친구들과 고난을 주제로 대화를 시작한다. 전체 3개의 대화가 진행된다. 대화 형식은 욥기 3장에서 욥의 연설 후에 욥기 4장부터 친구들이 연속적으로 질문과 교훈을 내리려고 하며 욥은 친구들의 질문과 지적에 대해 답변한다. 3개의 대화 진행 중 처음 두 개는 온전하게

---

127 본인의 생일 저주(렘 20:14), 탄생 전언의 저주(렘 20:15-16), 출생에 대한 저주(렘 20:17).

128 H. Strauss, Tod (Todeswusch; Jenseits?) im Buch Hiob, FS H.J. Boecker, 1993, 239-249.

엘리바스-욥-빌닷-욥-소발-욥의 순서로 진행되지만, 마지막 3번째 대화 진행은 소발의 연설이 빠져 있어서 온전하게 통일적인 형태를 형성하지 못한다.

첫째 대화 진행(욥 4-14장)에서 욥은 하나님에 대한 비난으로 시작하여 하나님에게 향하는 고발(욥 7:20)을 넘어서 하나님에게 그의 무죄를 승인하라는 요구를 계속한다. 친구들의 연설도 마찬가지로 점차적으로 고조되는 것을 볼 수 있다. 엘리바스는 욥의 고난을 인간 피조물의 연약함으로 말하며(욥 4:17-21) 하나님을 경외하라고 이야기한다. 그러면 하나님 앞에 희망을 가질 수 있다고 호소한다.

"네 믿음이 너의 경외함에 있지 아니하냐?
네 소망이 네 행위를 완전히 함에 있지 아니하냐?" (욥 4:6)

이에 대한 대답으로 욥은 부당한 요구라고 거부한다. 욥은 하나님으로부터 완전히 파괴되기를 원하고(욥 6:9-10), 친구들에 대하여 실망한다.

14 "피곤한 자 곧 전능자 경외하는 일을 폐한 자를
그 벗이 불쌍히 여길 것이거늘,
15 나의 형제는 내게 성실치 아니함이
시냇물의 마름 같고 개울의 잦음 같구나." (욥 6:14-15)

이에 빌닷은 "양면의 인과응보를 통한 믿음"의 관점(욥 8:20)으로 욥에게 하나님은 정의로우며 욥은 죄를 범했기 때문에 고난에 빠져야 한다고 말한다(욥 8:4, 6). 만일 그가 겸손하게 하나님에게 향한다면, 그의 회복이 이루어질 수 있다고 말한다(욥 8:5-7). 그러나 욥은 그의 무죄를 맹세하며(욥 9:21; 10:7), 도리어 법률을 위반하는 하나님을 책망한다.

> "일이 다 일반이라 그러므로 나는 말하기를
>
> 하나님이 순전한 자나 악한 자나 멸망시키신다고 생각한다." (욥 9:22)

이에 대하여 소발은 다시 욥을 공격한다(욥 11:1-6). 그는 하나님의 알수 없는 지배를 인간이 들여다 볼 수 없다고 욥에게 교훈한다. 욥이 마음의 중심에서 자기중심의 악을 벗어나서 새롭게 하나님에게 향한다면(욥 11:13-19), 그의 인생의 전환을 기대할 수 있다고 한다. 욥은 이러한 친구들의 연설을 거부하며(욥 12:2-6; 13:1-2) 하나님에게 소송을 제기한다(욥 13: 3, 13-18). 그리고 마지막 그의 탄식에서 고난과 죽음을 위하여 정해진 인간의 삶에 희망이 없음을 말한다.

두 번째 대화 진행(욥 15-21장)에서 욥은 점점 더 자신의 연설(16-17장; 19장; 21장)을 하나님에게 호소함으로써 주장한다. 욥은 친구들의 교훈 아닌 교훈을 거절하며(욥 16:2-5; 19:2-5), 강력하면서도 명백하게 그의 무죄를 주장한다.

> "왜냐하면 내 손에는 포학이 없고
>
> 나의 기도는 정결하기 때문이다." (욥 16:17)

욥은 부당함으로 몰고 가는(욥 16:9-14; 19:6-11, 21-22) 하나님에게 대항하여 부당하게 압박받는 자에게 정의를 마련하시는 증인(하나님; 욥 16:19-21; 19:23-27)에게 호소하며 고소한다(욥 13:24; 33:10).

역으로 욥의 친구들은 욥이 범죄자라는 명백한 혐의를 제시한다. 그리고 그들은 범죄자의 불행이 어떤 것인가를 묘사한다(욥 15:17-35; 18:5-21; 20:4-29). 그러나 욥은 다시 패러디의 양식으로(욥 21:7-21) 무죄한 자가 오래 살지 않으며, 오히려 범죄자가 이 세상에 득세하며 장수하고 행복하게 산다고 말한다. 욥은 불행한 자가 정의로운 자라고 고발한다.

세 번째 대화 진행(욥 22-28장)에서 엘리바스는 처음으로 욥이 매우 심각한 범죄를 저질렀다고 죄를 덮어씌운다. 그의 고난은 욥이 저지른 범죄로 인한 것이라고 설명하며, 욥에게 회개할 것을 촉구한다(욥 22:21-30). 이에 대해 욥은 새로운 방식으로 그의 무죄를 주장한다(욥 23:10-12; 27:2-6). 즉, 그는 정의를 발견하지 못하는 하나님 안의 부재를 고발한다.[129]

> "나의 의를 빼앗으신 하나님!
> 나의 영혼을 괴롭게 하신 전능자의 사심을 가리켜 맹세한다."
> (욥 27:2 이하)

욥과 친구들의 대화의 주된 주제는 프롤로그와 같이 고난에 대한 올바른 태도에 대한 것이다. 욥과 친구들은 서로 다른 관점에서 말하고 있다. 욥은 생존의 문제를 다룬다. 욥의 문제는 고난에서 자신의 생존 또는 삶이 어떻게 파괴되고 어떻게 이 파괴된 삶을 회복할 수 있는가 하는 것이다. 그러나 친구들은 현재의 고난은 과거의 행위 때문이며, 미래를 행복으로 그리고 희망으로 바꾸는 교훈을 주려고 한다. 삶과 교훈 사이에 나타나는 차이점은 욥의 마음에 고난을 통하여 밀려오는 절망과 거대한 슬픔 그리고 친구들의 매정하고 높은 잣대의 이성과 남을 고려하지 않는 무조건적인 판결들로 서로 갈등하고 있다. 이 연설에서 두 번째 중요한 주제는 고난에 대한 올바른 태도를 위한 연결 고리로서 고난의 이해에 대하여 질문한다. 이것은 신정론적인 추상적인 문제가 아니라, 오히려 어떻게 고난에 빠진 인간이 현재를 이해해야 하는가 하는 인간론적인 구체적인 질문이다. 또한 근거 없고, 이해할 수 없고, 인과응보적인 벌로서 고난당하는 자의 태도의 이해에 관한 문제이다.

---

129 E. Zenger u.a., Einleitung, KStTh Bd1,1,(2004), 337-338.

대화 진행의 주된 주제는 마지막으로 욥과 친구들 사이에 나타나는 깊은 간격의 대립과 갈등이다. 친구들은 대화를 하면 할수록 일반적이고 관습적이며 기득권적인 신학을 대표한다. 그러나 욥은 자신의 이유없고 이해할 수 없는 고난을 통하여 저항하는 몸부림을 대표한다. 이것은 마치 전통과 전통에서 벗어난 표현 사이의 논쟁과 같지 않은가?

끝으로 욥과 친구들의 논쟁에서 2차적 편집으로 삽입된 지혜에 대한 노래(욥 28장)가 나온다. 욥기 28장은 맨 마지막 절과 함께 다시 한번 책의 처음(욥 1:1b)과 이후에 나타날 하나님의 대답 또는 연설을 준비한다:

"그가 사람에게 말한다:
주를 경외함이 곧 지혜요 악을 떠남이 명철이라 하셨느니라."(욥 28:28)

사실상 하나님이 세상을 지배하는 원리는 지혜이며, 지혜의 원리에 인간은 자신의 지식에 대한 오만함을 포기해야 한다. 하나님 경외와 그에게 순종하면서 살아가는 것, 그것이 인간이 최대로 지혜로워질 수 있는 것이다. 물론 이러한 지혜는 욥의 입에서 나오지 않는다. 그럼에도 불구하고 욥기 28장을 통하여 욥은 다시 지혜자로서 복귀된다. 욥이 전통적인 지혜를 모두 거부한 것 같았지만. 욥의 거부는 친구들이 말하는 고난의 원인이 자신의 상황과 맞지 않는 것에서 나오는 지혜의 포기였다. 친구들과 논쟁의 마지막에서 욥은 스스로 포기할 수 없는 것이 하나님에 대한 경외의 자세라는 것을 고수한다(욥 1:1b). 하나님 경외의 자세는 아마도 하나님의 연설(욥 38:1-42:6)을 받아들이는 자세를 앞서 선취하는 역할을 한다.[130]

---

130   F. Horst, BK XVI/1 (1974), XI.

c. 29-31장 욥의 독백(하나님에 대한 도전)

욥기 29-31장의 욥의 독백 속에서 욥은 하나님을 향하여 도전한다. 분명히 두 번째 욥의 독백에서 하나님에게 도전한 욥은 자신의 의가 최고조에 달했던 순간이다. 반면에 친구들이 하는 말은 고난이 어디에서부터 오는가에 대한 원인론적 질문이었다. 친구들이 소유한 기본 사상은 인과응보 사상이었다. 고난이 어디서부터 오는가 하는 것은 욥기 중간 시문의 이야기와는 전혀 다른 이야기를 하고 있다. 욥은 고난의 원인이 자신의 과거의 행위와 관련이 없다는 대답을 되풀이 하며 고난의 원인이 결코 자신이 아니라고 말한다. 욥은 자신이 처한 상황에 대한 원인을 자신의 문제가 아니라, 자신을 절망으로 몰아넣은 하나님의 부당성에서 찾으려 한다. 자신을 향한 욥의 변호가 하나님의 부당함을 강하게 지적하면서 자신의 의로움을 드러내고 있다. 자신의 의를 나타내지 않던 사람이 자신의 의를 드러내기 시작한다.

> 5 "언제 나의 행위가 허탄하였으며 내 발이 궤휼에 빨랐던가?
> 6 그리하였으면 내가 공평한 저울에 달려서
> 하나님이 나의 정직함을 아시게 되기를 원하노라." (욥 31:5-6)

욥의 이러한 요구(욥 31:5-6)는 직접적으로 고난 받는 자에 대한 하나님의 개입이 있기를 원하며 또한 하나님의 등장을 준비하는 독백이다. 이 독백의 전체적인 줄거리는 초기 축복이 충만한 삶에 대한 회고와 현재에 비난과 조롱을 받는 자신과 그의 비참한 삶과 대립(욥 29-30장)하여 욥의 주장을 강력하게 표현한다. 욥의 요구는 기도자가 종종 그의 고난에 대한 이야기와 그의 무죄에 대하여 맹세하는 시편의 탄원시와 동일하다. 또한 과거와 현재의 모티브는 마치 장송곡과 같이 울려 퍼진다. 욥의 독백은 수동적으로 이미 발생한 하나님의 판결을 기대하는 것이 아니다. 더욱이 그는 소송 절차에 따라서 이미 진행된 판결문을 기다리는 것이 아니라, 오히려 하나님과의 개인적 만남을 위해 노력하고 있으며, 또한 능동적으로 하나님에게 법적인 요구를 하고 있다.

> "누구든지 나의 변백을 들을지니라.
> 나의 서명이 여기 있으니 전능자가 내게 대답하시기를 원하노라…." (욥 31:35)

처음에 욥은 그의 친구들과 비교함으로써 자신의 의가 다른 사람의 의보다 더 출중하다고 주장하였다. 이제 욥은 그것을 넘어서서 하나님이 틀렸으며, 자신의 의가 하나님보다 낫다고 주장하면서 변호사로서 또 다른 하나님을 불러서 하늘과 땅에 물어보자고 요구한다.

여기에서 욥은 억압 받는 자와 약한 자의 우두머리와 같이 하나님에게 접근한다. 그는 하나님이 그의 무결점에 대해 대답해야 하지만 결코 대답할 수 없다고 치부했다. 그의 친구들에게 욥은 현재 신학에서 이단자와 같이 되었다.[131]

d. 엘리후의 연설

욥의 마지막 연설은 친구들의 변론이 더 이상 효력이 없다는 것을 증명한다. 친구들이 소유한 일반적인 전통과 그 전통에 순응하지 못하는 마치 이단과 같은 새로운 신학적 발판을 말하는 욥의 사상이 대립된다. 그러다가 결국 욥은 하나님께 도전하고, 친구들은 자신의 항변의 말을 잃고 침묵으로 일관하게 된다. 그 사이에 엘리후가 등장한다.

먼저 엘리후는 친구들을 비난한다. 왜냐하면 친구들은 욥을 설득하기보

---

131 참조. G. Fohrer, Studien(1983), 14.

다 오히려 설득을 당하며, 결과적으로 욥이 무죄하다는 것을 증명해주었기 때문이다.

"욥이 스스로 의롭게 여기므로 그 세 사람의 대답이 그치매."(욥 32:1)

반면에 엘리후는 욥에 대하여 조심스럽게 접근한다. 욥에 대한 엘리후의 반발 연설은 4개의 연설로 구분되며, 각 연설마다 엘리후가 욥의 이야기를 반박하는 내용으로 전개된다. 엘리후의 첫 번째 연설(욥 32:7-33:33)에서 그는 하나님이 침묵하고 있다는 욥의 비난에 대해 고난의 진정한 목적이 무엇인가에 주목하고 접근하며 반박한다.

14 "사람은 무관히 여겨도 하나님은 한번 말씀하시고 다시 말씀하시되
15 사람이 침상에서 졸며 깊이 잠들 때에나 꿈에나 밤의 이상 중에
16 사람의 귀를 여시고 인치듯 교훈하시나니
17 이는 사람으로 그 꾀를 버리게 하려 하심이며 사람에게 교만을 막으려 하심이라."
(욥 33:14-17; 또한 18-21도 역시)

인간이 가지는 고난은 종종 하나님이 침묵으로 일관하시는 것 같지만, 자세히 보면 하나님이 우리에게 말씀하는 것들이 있다. 그리고 그렇게 고난을 주는 목적은 인간을 자신의 삶으로부터 변화하게 하여 그의 삶을 죽음에서 구원하기 위함이다(욥 33:19, 29-30).

"그 영혼을 구덩이에서 끌어 돌이키고,
생명의 빛으로 그에게 비춰려 하심이니라."(욥 33:30)

그러므로 고난은 목표를 가진 신적인 경고라고 엘리후는 지적한다.

두 번째 연설(욥 34장)에서 엘리후는 '하나님이 그에게서 정의를 갈취하였다'고 하는 욥의 주장을 논박한다. 엘리후는 하나님은 억압 받는 자를 위한 하나님이 아니라는 욥의 주장에 대하여 전능자의 확실한 정의와 공의는 인간의 시야에서 판단되지 않는다고 주장한다. 왜냐하면 온 세상을 정하고 움직이는 것은 인간이 아니라, 하나님이시기 때문이다. 또한 하나님이 억압 받는 자를 위하여 정의를 베푸시는 시점은 인간이 이해할 수 없기 때문에 인간 스스로 그 시점을 가지고 말할 수 없다고 주장한다.

> "하나님은 사람의 길을 주목하시며,
> 사람의 모든 걸음을 감찰하신다." (욥 34:21)

세 번째 연설(욥 35장)은 인간의 행위와 하나님과의 관계를 말한다. 엘리후는 처음 행한 자신의 연설로 돌아가 욥을 향해 비난한다. 그의 비난은 욥의 경건함이 중요하지 않으며, 또한 무익한 것이 되었다는 것이다. 그러나 욥은 하나님은 인간이 올바른가 또는 악한가 하는 것에는 관심이 없으며, 오히려 무죄한 자를 고난에 빠지게 하시며 그리고 범죄자를 보호하신다고 주장한다.

> "이르기를 사람이 하나님을 기뻐하나 무익하다 한다." (욥 34:9)

욥의 주장에 엘리후는 무엇이 올바르고 그른 것인가를 우리가 알 수 있는가를 묻는다. 엘리후는 깊은 경건함은 무익한 것이 아니라고 하며, 그 경건함은 어떤 상황에도 -그것이 좋든 또는 고난에 찬 상황이든 간에- 그 상황을 인지할 수 있게 만든다고 주장한다. 하나님에게 드려지는 모든 것들은 하나님에게 영향을 주는 것이 아니라, 단지 인간에게 영향을 미칠 뿐이다(욥 35:6-7). 그러므로 엘리후의 주장은 다음과 같은 것을 포함한다: 인간은 그의 깊은 경건함과 무죄함을 하나님에게 대항하는 비난 또는 무기로 사용할 수 없다. 그러나 하나님의 경건함과 무죄함은 인간의 행위에 대한 척도로 사용한다.

마지막으로 네 번째 연설(욥 36-37장)에서 엘리후는 다시 한번 고난에 대한 개념을 정립한다. 즉, 고난은 시험이다(욥 36:21). 그리고 신적인 구원 행위의 방법이다.

> "하나님은 곤고한 자를 그 곤고할 즈음에 구원하시며,
> 학대당할 즈음에 그 귀를 여신다." (욥 36:15)

엘리후는 욥에게 악한 것에 열중하는 것을 그치도록 권고한다. 그는 신비스러운 하나님의 비밀(욥 37:23)을 지적하며, 이러한 상황에서 인간에게 가장 좋은 삶의 자세는 하나님을 경외하는 것이라고 말한다. 엘리후는 세 친구와 비교하여 고난의 원인을 말하지 않으며, 단지 고난의 목적에 대하여 질문한다. 엘리후의 연설은 그의 연설의 마지막 부분에서(욥 36:22-37:24) 이어지는 하나님의 대답으로 인도하는 초석을 제시한다. 하나님은 특별한 방법으로 자신의 비밀을 그리고 그의 행위를 나타낸다.[132]

e. 야훼의 대답과 욥의 대답

전체적인 욥기의 구성에서 갑자기 삽입된 엘리후의 연설을 제외하고 직접적으로 야훼의 대답은 욥의 마지막 연설과 연결된다. 엘리후의 말은 욥이 원하는 답변이 될 수 없기 때문에 욥기 38장은 야훼의 첫 번째 대답으로 이어진다. 즉, 욥이 29장에서 제기한 문제에 대한 야훼의 대답은 거의

---

132 E. Zenger, u.a., Einleitung, KStTh Bd1,1,(2004), 338-339.

후반부의 욥기서를 장식한다(욥 38:1-40:2). 야훼의 대답은 전형적인 양식인 수사 의문문을 사용하여 욥을 제어한다.

하나님은 폭풍우 속에서 나타나며, 그리고 논쟁한다. 친구들의 믿음에 따르면 욥은 범죄자이며, 그 때문에 그의 삶과 재산 그리고 가족이 불행해진 것이다. 그리고 그들은 범죄자에게 향하는 판결이 실행되어야 한다고 말한다. 친구들은 욥에게 처음부터 논쟁으로부터 시작하지만, 야훼의 대답은 논쟁이 아니라, 꾸짖음으로부터 시작한다.

> 2 "무지한 말로 이치를 어둡게 하는 자가 누구냐
> 3 너는 대장부처럼 허리를 묶고
> 내가 네게 묻는 것을 대답할지니라." (욥 38:2-3)

야훼의 대답은 욥기 29-30장에 신탁 또는 하나님의 판결로서 나타난다. 그러나 야훼의 대답이 욥의 행위와 요구에 대하여 부정적 또는 긍정적인 대답으로 나타나는 것이 아니라, 오히려 욥을 향한 질문의 형식으로 제시된다. 야훼의 대답은 욥에게 고난에서 나타나는 그의 태도에 대한 불합리성을 명백하게 제시한다. 그 제시는 세상의 질서와 모든 인간의 지식, 능력 그리고 인식을 넘어서는(욥 38:4-39:30) 수많은 예를 통하여 전달된다. 하나님의 연설은 창조에 대한 묘사(욥 38-39장)와 신화적인 베헤못과 리워야단에 대한 묘사(욥 40-41장)가 주를 이룬다. 사실 이러한 묘사가 어떻게 욥이 질문하는 신정론의 문제를 대답할 수 있는가 하는 문제가 제기될 수 있다. 그러나 욥은 의외의 대답으로 응답한다. 욥은 갑자기 하나님의 질문에 큰 깨달음을 얻는다. 욥의 방향 전환에 대한 고백(욥 40:3-5; 42:1-6)은 양식적으로 탄식과 신의 청허함에 대한 감사 또는 확신과 같이한다. 존재에 대한 매우 깊은 충격의 깨달음에서 욥은 자신의 무가치성을 인식하며, 동시에 관습적인 경건함의 무가치함과 그것들에 대한 논쟁이 의미가 없다는 것을 깨닫게 된다. 자신의 마음을 억제하는 침묵으로부터 인간은 하나님과의 개인적 만남을 통해 겸손하게 바뀐다.

> 4 "나는 미천하오니 무엇이라 주께 대답하리이까?
> 손으로 내 입을 가릴 뿐이로소이다.
> 5 내가 한두 번 말하며,
> 다시는 더하지도 아니하겠고 대답지도 아니하겠나이다." (욥 40:4-5)

침묵은 욥으로 하여금 하나님에 대하여 새롭게 각성할 수 있는 새로운 길을 열게 한다. 자신의 무가치와 대조하여 욥이 더욱 크게 각성한 것은 하나님의 전능성이다. 인간의 삶에 수수께끼는 명백하게 존재하며, 그리고 그 비밀스러운 것들은 가치 있는 인간의 행위를 표현하는 것이라고 인지하게 된다.

> "무지한 말로 이치를 가리는 자가 누구입니까?
> 내가 스스로 깨달을 수 없는 일을 말하였고
> 스스로 알 수 없고 헤아리기 어려운 일을 말하였나이다." (욥 42:3)

마지막으로 욥의 근본적인 변화는 창조 사실을 깨닫는 것도 또한 이치에 맞는 말을 듣는 것도 아니었고, 오히려 '살아 있는 하나님과의 만남'에서 비롯된다. 살아 있는 하나님과의 만남은 그로 하여금 그의 모든 지식과 경험을 내려놓게 하였다. 그리고 그의 내부에서 더 큰 세계를 만나는 경험을 통해 그는 자신에게 다가오는 모든 의문을 덮게 되었다. 사실상 이 만남이 욥의 육신적이고 현재에 처한 고난의 상황을 벗어나게 한 것은 아니다. 여전히 욥은 자신의 살을 피부병 때문에 비벼대고 있으며, 또한 돌무더기 위에 앉아 있다. 그러나 외형적인 변화는 욥에게 문제가 아니다. 내부에서 오는 그의 근본적인 변화의 과정이 욥으로 하여금 하나님 앞에 무조건적인 헌신으로 이끌며 가혹한 자신의 운명에 대해 참고 침묵하게 만든다. 현실의 위기적인 상황 그리고 이해할 수 없는 현상들은 이제 더 이상 그에게 고통을 주지 않는다. 왜냐하면 하나님과 같이하는 자의 삶이 다른 모든 것보다 더 가치가 있기 때문이다.[133]

이러한 삶의 자세가 바로 고난에 대한 올바른 이해이다. 고난에 처한 사람이 자신의 상황을 인식하고 하나님이 주시는 안식 속에서 겸손하고 묵묵히 하나님에게 헌신하는 태도야 말로 믿음을 가진 자의 올바른 태도이다. 고난은 -자신의 명백한 욕심과 탐욕의 결과로서 나타난 것이 아닌 경우에- 분명하게 이해할 수 없는 그리고 그 의미를 들여다 볼 수 없지만 그럼에도 불구하고 함축된 의미가 있는 하나님의 행위이다.

(3) 산문으로서 욥기서의 틀 Ⅱ : 에필로그 (욥 42 : 7-17)

욥 42:7-9	세 친구에 대한 하나님의 판결
욥 42:10-17	욥의 회복과 치유

욥의 돌아섬에 대한 결정 이후에 맺음말은 욥에게서 실행된 회개의 영향과 결과를 마지막으로 제시한다. 전통 신학의 대표자 엘리바스는 하나님으로부터 책망을 받는다. 왜냐하면 그들은 진실을 말하지 않았으며, 마치 그들이 하나님의 말씀을 교리와 전통으로 대변한 것 같지만, 그러나 생명력이 없는 교리에 빠져서 인간이 당한 진정한 고난의 아픔을 외면하고 종극에는 자신들의 잣대를 하나님의 잣대보다 더 높게 세웠기 때문이다. 욥의 변화는 친구들을 위한 중보 기도에서 증명된다.

---

133 비교, 사 51:7-8; 시 73:25-28.

마지막으로 평화와 조화가 욥기서에서 펼쳐진다. 욥의 삶은 풍요로움으로 넘쳐난다. 물론 인과응보 사상으로 다시 돌아가는가 하는 물음이 제기될 수 있지만, 교리적인 이해와 사상으로 바라보기보다는, 오히려 욥의 마지막은 죽음이 어떻게 다가왔는가에 더 관심을 두어야 한다. "그가 오랫동안 만족할 만한 삶을 살고 죽었다(욥 42:17)"라는 욥기 마지막 구절은 나무랄 것 없는 풍성함과 성숙함을 보여준다.[134]

3) 욥기의 신학적 주제들

(1) 욥의 경건성과 보상의 신앙

a. 욥의 경건성(욥 1:1-5)

욥의 자녀들의 숫자를 -아들 일곱과 딸 셋(욥 1:2)- 볼 때, 거의 매달 생일잔치를 했다고 추측할 수 있다. 욥은 아들들이 죄를 범했을지도 모를 상황 때문에 매일 아침에 번제를 드렸음을 알 수 있다. 그리고 욥기의 기자는 '욥의 행위가 항상 이러하였다(욥1:5)'라고 제시한다. 욥의 경건함에 대해서 말해주고 있는 것이다.

경건함은 사색인가 실천인가? 구원은 믿음인가 행동인가? 신앙이라고 하는 부분은 우리들의 영혼적인 면, 정신적인 면인 하나님과의 만남, 믿음 등으로 볼 수 있는데 그렇다고 해서 정신적인 면만으로 소망이 이루어질 수는 없다. 욥은 자신의 믿음을 밖으로 표출한다(욥 1:5). 욥은 굉장한 부를 지닌 계층이다. 신앙을 실천하려고 노력하지 않아도 편하게 먹고 살 수 있는 사람이지만, 그의 믿음의 행위들을 본다면 경건함은 사색일 뿐만 아니

---

134 G. Fohrer, Studien(1983), 18.

라, 실천이기도 하다. 따라서 경건함은 어떤 한 면만 강조해서는 안 된다.

b. 보상의 신앙(욥 1:6-12)

욥기에서 제일 중요한 것은 하나님이 사탄에게 욥에 대해서 말씀하신 부분이다. 두 개의 천상 회의를 관통하고 있는 사탄의 말은 '보상 없는 신앙'에 관한 것이다. 보상 없는 신앙이 가능할까? 우리가 처음 신앙을 가질 때에는 보상 받기 위하여 신앙생활을 시작한다. 그러나 시간이 흐르면서 우리는 믿음의 생활 속에서 보상의 문제가 아니라 오로지 하나님 존재에 대한 믿음만 나타나야 한다. 그러나 이 보상의 문제가 언제나 우리 신앙의 발목을 잡는다. 믿음이 깊어지면 깊어질수록 하나님에게 바라는 보상을 떨쳐버리는 것이 옳다. 왜냐하면 신앙은 보상의 문제가 아니기 때문이다. 그러나 사람들은 믿기만 하면 생활 속에서 모든 보상들이 하나님에 의하여 자동적으로 이루어진다고 생각한다. 즉, 사람이 회개하면 자동적으로 구원받을 것이라고 말한다. 사실 구원에는 하나님의 결정과 자유가 들어가야 하며, 인간은 잠잠히 그의 결정을 기다려야 한다. 왜냐하면 하나님이 우리에게 주는 모든 것은 대가가 아닌 선물이기 때문이다. 하나의 극단적인 예를 들어, 천국이 없다면 하나님을 믿을 수 있을까? 단, 우리가 기억해야 할 것은 천국은 선물이다! 우리는 천국이 없어도 하나님을 믿어야 한다. 왜냐하면 하나님이 천국보다 우선이기 때문이다. 그런데 현재 기독교는 그렇게 가르치지 않는다. 물론 대가를 기대한다는 것이 무조건적으로 나쁘다고 할 수 없다. 인간이 하나님께 충성한다면 부수적으로 그에 따른 보상이 있다. 그러나 평안, 물질적인 부, 명예 등등 인간이 소유하기 원하는 모든 것을 하나님을 믿기만 하면, 자동적으로 소유할 수 있다고 여긴다면 하나님은 거기에 계시지 않을 것이다. 우리 신앙인들의 문제는 믿기만 하면 하나님께서 무조건 우리의 필요를 자동적으로 채워 주셔야만 한다는 당위성을 주장한다는 것이다. 그렇게 되어 버리면 믿음이라는 것은 습관적인 요소에 빠지게 된다. 마치 친구들이 욥의 고난을 실존의 문제로 보지 않고, 교리의 문제로 보듯이 믿음은 습관적인 행위로 전락하게 된다. 물론 보상이라는 작용은 희망이 될 수 있다. 그러나 하나님보다 보상을 더 크게 본다면, 사탄이 말하는 유혹의 함정에 빠져서 사는 인간이 될 것이다. 그리고 그 함정 속에서 탄식하고 하나님을 원망하는 사람이 될 것이다.[135]

(2) 욥기에서 나타난 하나님[136]

아직까지 해결되지 않은 많은 문제들이 욥기에서 전개된다. 욥기 27-31장(28장 제외)에서 욥이 가장 많이 이야기하는 것은 자신이 하나님보다 의롭다는 것이다. 점층법적으로 확장되는 시(詩)에서 욥의 모습은 자신을 스스로 의롭다고 여기게 하는 새로운 욥을 만들어 낸다. 욥기의 시인은 하나님의 의와 욥의 의 사이에 어떤 것이 더 옳으냐를 질문한다. 욥은 자기 자신의 물음에서 시작해서, 주변 사람들에게 이르는 물음까지 수사학적인 질문으로 서로 묻고 있다.

> "이는 하나님이 내 줄을 늘어지게 하시고, 나를 곤고케 하시매,
> 무리가 내 앞에서 굴레를 벗었음이니라."(욥 30:11)

31장에 들어서면 욥은 자신의 의를 법률적으로 판결받기 위하여 재판으로 하나님을 이끌어들인다(욥 31:35). 이미 19장에 재판적인 모습이 드러나지만, 욥기 31장이 가장 최고조에 오른 재판적인 부분이다. 욥은 자신을 괴롭히고, 고발하고, 고난당하게 하는 하나님을 말하면서 자신을 변

---

135 안근조 외1, 『욥기』, 두란노아카데미, 2008, 65.
136 욥 30:9-15;31:33-35; 비교 렘 12:1-6.

호해 줄 존재는 누구인지에 대한 의문을 갖는다. 여기에서 욥이 누구를 지칭하는가에 대해서는 아직 해결되지 않은 문제이다. 하나님인지? 또 다른 하나님인지? 그렇다면 우리가 생각하는 하나님과 욥이 생각하는 하나님이 다른지에 대해서 궁금증이 생길 수밖에 없다.

그 궁금증은 고대 근동의 신들의 재판 부분을 참조하면 간단하게 해결된다. 물론 욥과 욥의 친구들은 이스라엘인들이 아니기 때문에 다신론으로 해결할 수 있지만, 최종 편집에서 욥기의 출처는 이스라엘적인 요소가 많이 들어가 있기 때문에 욥기의 저자가 다신론적 요소들을 용납하였으리라고 생각하긴 어렵다. 그 때문에 욥기가 생각하는 변호사 하나님에 대해서는 욥기 19장을 자세히 봐야 한다. 특히 욥기 19장 25절의 '대속자(고엘 גאל)[137]'는 무슨 말일까? 대속자(고엘/גאל)는 이스라엘의 제도화된 특징을 보여준다. 예를 들어, 어떤 사람이(이스라엘 씨족 공동체의 일원으로) 집 또는 토지를 그 해에 흉년 또는 기타 재난으로 팔아야만 하는 경우, 가장 가까운 친척은 씨족의 공동 소유를 유지하기 위하여 판 것들을 다시 사서 회복시켜야 한다(레 25:25-34). 고엘(גאל) 제도는 땅을 팔 수밖에 없는 상황에서 가장 먼저 살 수 있는 사람이 가까운 친척이어야 함을 나타내며, 이들은 '기업 무를 자(룻 2:20)'라고 불린다. 그 사람은 그 땅을 다시 구입하였다가 희년이나 일정 시기가 되면 다시 그 땅을 돌려주었다. 친척이 그 사람을 살린다는 의미에서 '대속자'라는 말을 사용한다. 이것이 고엘 사상

---

137 이 단어의 원래 의미는 KBL에서 '상환하다(einlösen) 또는 되사다(rückkaufen)'의 의미를 가진다. 동사의 사용보다는 동사의 분사의 사용에 독특함을 볼 수 있다. 분사는 거의 독립분사로서 '구원자(Erlöser) 또는 구속자'로서 사용된다. 동사의 사용은 거의 두 가지 방향에서 제시된다. 첫째, 법과 공동체의 생활에서, 그리고 둘째, 하나님의 구원 행위와 관련하여 사용된다. 그러나 이 동사적인 단어의 사용은 거의 모든 부분이 구원의 행위를 지적하는 의미로서 사용된다(호 13:14; 사 35:10; 렘 31:11; 시 69:19). 이 단어는 세속적인 범위에서 '가장 가까운 친척'을 의미한다(레 25:48-49). 이 의미는 아마도 부족 연대 의식에서 발전된 의미일 것이다. 같은 혈통은 씨족의 혈연뿐만 아니라, 또한 소유도 함께 공유하는 일치성을 가진다(J. Pedersen, Israel 1-2, Kopenhagen 1946, 263-265, 395-397); H., Ringgren, גאל, ThWAT I, 1973, 884-890.

이다. 주전 3~2세기의 고엘 사상은 민족의 땅을 다시 되찾아 줄 수 있는 자라고 생각했고, 디아스포라를 생각했다면 나그네의 삶을 멈추게 할 수 있는 사람을 생각했을 것이다.

그러한 의미에서 욥 19장 29절의 심판장의 의미는 무엇일까?

> "너희들은 칼 앞에서 두려워하라!
> 왜냐하면 칼의 형벌을 받을 범죄는 화를 일으키며,
> 그리고 너희들이 심판(둔 דין)이 있다는 것을 알게 될 것이다." (욥 19:29)

심판(דין)은 히브리어 원문과 관련하여 관계대명사의 역할에 따라 '심판자, 심판하는 것'이라는 의미를 지닌다. 심판이란 말과 관련되면 두 사람 즉, 재판장과 변호자가 자리해야 한다. 욥이 재판장으로 하나님을 모시려는 것인가? 심판하는 판사의 역할은 누구인가? 욥기 19장 29절에서는 심판자라는 의미가 명확하게 나오지 않는다. 욥기에서는 주로 하나님은 검사의 역할을 하기 때문이다. 그 때문에 욥의 독백에서 항상 '이원론'의 사상이 들어가 있다. 욥 27-31장(28장 제외)의 욥은 계속해서 점층적으로 자신의 요구를 강화한다. 이 속에서 욥은 계속 두 명의 하나님을 요구한다. 욥은 하나님에 대한 모습을 선과 악이라는 개념으로부터 두 하나님의 모습으로 보았다. 고엘 사상에 나오는 하나님은 선을 가지고 계신 분이시다. 그리고 욥이 싸우고 있는 하나님은 악을 대표하는 하나님이라고 볼 수 있다. 때문에 욥은 선과 악을 다 포함한 이원론적인 일원론 하나님 사상을 가지고 있었음을 알 수 있다.[138]

---

138 예레미야 12장 1-6절을 보면 욥의 독백과 비슷한 모습을 볼 수 있다. 그 상황에서 욥은 확실하게 선과 악의 모든 것이 하나님에게서 나온다고 말한다.

(3) 고난과 탄식

3장에서의 욥은 왜 다른 사람처럼 느껴질까? 자기가 태어난 것을 저주하는 모습은 십계명의 계명을 어기는 것과 같다. 이 속에는 경건함과 불경건함이 함께 존재한다. 3장에서 다른 욥의 모습은 아마도 고대 근동의 전승 때문인 것 같다. 고대 근동의 전승은 신에 대해서 비난할 때, 그 대상의 메타포로 부모를 사용하였다. 엄격히 말하면, 3장은 철저히 하나님에 대해서 비난을 하고 있는 내용 중에 하나이다. 그래서 욥의 다중성에 대해서 생각해 볼 수 있다. 3장은 욥의 이야기를 확대하면서 포로 후기 사상을 대표할 수 있는 사상을 삽입시키고 있다. 욥기 3장에 들어가면서부터, 하나님에 대해서 문제제기를 해야 하는 데, 고대 근동에서 신에 대한 경건은 신에 대해서 욕하거나, 비난할 수 없었다. 대신 신은 부모에 대한 메타포로 바뀐다. 신정론을 위한 서론이 욥기 3장인가? 어찌 되었든 욥기 3장은 과격한 욥의 모습을 볼 수 있다. 욥의 전체적인 이야기는 고난 속에 있는 사람이 그 고난을 준 원인자가 누구인지 질문할 때, 엄밀하게 말하면 부모는 아니다. 그러므로 신에 대한 정면적인 도전을 하고 있는 것과 같다. 그렇다면 태어난 자보다 태어나지 않은 자가 더 좋을까? 이 안에는 욥의 가장 강력한 비판이 담겨져 있다(욥 3:1-3). 3장에서 고난의 원인자인 하나님과 1-2장의 하나님은 다르다. 1-2장에서의 욥은 믿음과 경건의 바탕에서 하나님이 고난을 주셨다고 말하지만, 3장의 욥은 철저히 비난을 바탕으로 하나님을 보고 있다. 이런 3장의 모습은 고대 근동의 전형적인 메타포이다.[139]

3 "나의 난 날이 멸망하였었더라면, 남아를 배었다 하던 그 밤도 그러하였었더라면,

---

139 참조. F. Horst, BK XVI/1 (1974), 42-45.

4 그 날이 캄캄하였었더라면, 하나님이 위에서 돌아보지 마셨더라면,
빛도 그 날을 비취지 말았었더라면."(욥 3:3-4; 또한 11, 13)

고난의 심연에서 울려나오는 탄식은 기독교인의 미덕이 아니다. 탄식에 대한 기독교의 일반적인 전통은 탄원이 결코 신앙을 위하여 긍정적인 면을 일깨우지 않는다고 한다. 그러나 탄원은 기도 중에서 가장 살아 있는 형태이다(시 7; 13; 22 등등). 욥의 탄원은 비록 메타포로서 하나님에 대한 비난의 간접적인 표현일지라도, 어찌할 수 없는 자신의 상황에 맞서는 탄식을 통해 인간이 고난의 자리를 인식하고 자신의 운명에 굴복하지 않는 저항을 드러낸다. 누군가에게 또는 무엇인가를 탄원하고 탄식하는 자는 자기에게 다가오는 고난과 재앙에 맞서는 자이다. 탄원하는 자는 잠잠하지 않는다. 항상 시끄럽고 논란을 불러 일으킨다. 탄원은 그 때문에 자신의 실존이며, 가장 절박한 인권이다. 또한 탄원은 자신의 내부의 변화이며, 그 변화는 해방으로 인도한다. 욥기 3장은 욥이 그동안 보여준 침묵 속에 있는 모습이 아니라, 자신의 고난을 하나님에게 탄원하고 대화하려는 움직임이 드러난다.[140]

(4) 고난에 대한 자세

무죄한 자가 고난에 빠졌을 때, 그는 어떤 태도를 취해야 하는가? 욥기는 이중적인 방향에서 이 문제를 접근하고 있다:

첫째, 욥기에서 고난에 대한 인간의 태도를 정립하는데 있어서 가장 먼저 만나는 부분이 테두리로 구성된 산문의 이야기이다. 여기서 욥은 고난 중에 나타나는 인간의 태도 중 가장 올바른 태도를 보이고 있다. 욥은 자신의 입으로 불신의 말을 하지 않는다.

---

140 L. Lux, 『이스라엘 지혜』, 178-179; 안근조 외1, 『욥기』, 66-67.

"이 모든 일에 욥이 죄를 범하지 아니하고

하나님을 향하여 어리석게 원망하지 아니했다."(욥 1:22)

그는 하나님에게 '무엇 때문에' 그리고 '왜'라는 문제 제기 없이 고난을 받아들인다. 침묵과 저항 없이 묵묵하게 자신의 고난을 장례 예식(욥 1:20)으로 집행하는 표현을 한다. 이러한 자세는 인간이 고난을 당했을 때, 어떻게 해야 하는가를 제시하는 잣대로 유대교, 가톨릭과 기독교에서 사용하였다. 이러한 점 때문에 현대의 사람들에게 욥은 경건한 인내자로서 독자에게 개인적인 선험자로 제시된다.

둘째, 대화체(욥 3-29장)의 부분에서 친구들은 고난 당한 사람이 자신의 고난에 대하여 저항하는 행위를 용납하지 않는다. 그러나 욥기의 대화체에서 욥의 모습은 이야기체에서의 욥과 다른 모습으로 나타난다. 고난에 대하여 대처하는 전통적인 방법과 새로운 방법이 서로 충돌하고 있음을 본다. 욥의 친구인 엘리바스는 욥에게 지혜 전승에 대한 재수용 아래에서 그의 탄식과 저항을 중지하라고 요구한다.

"어리석은 자는 그 노를 다 드러내어도

지혜로운 자는 그 노를 억제한다."(잠 29:11; 비교 욥 5:1-2)

아마도 엘리바스는 욥에게 테두리 이야기에서 행하였던 경건한 인내자로서의 자세를 고수하라고 말하는 것 같다. 친구들이 생각하는 고난의 올바른 자세는 '자신의 잘못을 깨닫고 회개하고 돌아오라'는 것이다. 친구들의 전통은 철저하게 잠언의 일반적인 지혜 전승에 기인한다. 그리고 그들은 전통적인 인과응보 교리를 보호하려고 하는 대표자들로 묘사된다. 그러나 욥은 신이 주는 고난을 참는 자세를 거부한다(욥 6:1-13; 7:11).

"그런즉 내가 내 입을 금하지 아니하고 내 마음의 아픔을 인하여 말하며 내 영혼의 괴로움을 인하여 원망할 것이다."(욥 7:11)

사실 누가 정당한가 하는 질문은 아마도 맺음말에서 욥의 자세가 정당한 것으로, 그리고 친구인 엘리바스가 정당하지 않은 것으로 판결(욥 42:7-8)나기 때문에 고난을 받은 인간은 인내자(Dulder)의 자세보다는 오히려, 탄식하는 자의 자세가 올바르다는 결론을 내린다. 즉, 탄식은 인간이 할 수 있는 가장 합법적인 자세로 하나님으로부터 인정을 받는다.[141]

왜 친구들은 정당한 전승의 대표자들임에도 불구하고 하나님으로부터 정당하지 않다고 책망을 받았는가? 그들의 모습은 인간이 당한 고난을 같이하며 타인의 고난에 대해 슬퍼하지 않고 책 속에 있는 교리로만 보았기 때문이다. 그들의 신학은 탄식하는 사람을 감싸고, 위로하는 신학이 아니라, 책망과 견책 그리고 인간적인 무관심과 냉소적인 들추어 냄, 인간에 대한 경멸에서 인간의 고난을 판단하였기 때문이다.

(5) 고난의 원인과 목적

무죄한 자의 고난과 고통을 어떻게 설명할 수 있을까? 하나님은 의로움, 정당성 그리고 공의 등등을 대표한다. 아니 그러한 것들의 주인이시다. 그런 하나님 스스로가 인간에게 고난을 줄 수 있는가? 아브라함에게 이삭을 제물로 드리라고 한 하나님의 말씀에 대해서 아브라함은 무엇을 생각했을까?(창 22:2) 이 경우 야훼 스스로 고난의 제공자가 되는 것일까? 인간에게 다가오는 고난의 목적은 여러 가지 형태에서 찾아 볼 수 있다.

첫째, (두개의 천상 장면 없이도) 테두리 이야기의 가장 오래된 형태에서 고난이 어디서 그리고 왜 오는가에 대한 질문은 주제가 되지 못한다. 왜냐하

---

141   E. Zenger u.a., Einleitung, KStTh Bd1,1,(2004), 345-346.

면 테두리 이야기에서 나타나는 4개의 불행(스바 사람 1:15/ 불 1:16/ 바람 1:19/ 병 2:5)은 신적인 판결의 메타포로서 나타나기 때문이다. 이 고난의 원인이 신으로부터 온 것이라는 것은 아마 욥도 인정하는 것 같다.

> "가로되 내가 모태에서 적신이 나왔으며 또한 적신이 그리로 돌아간다.
> 주신 자도 야훼시요 취하신 자도 야훼시니
> 야훼의 이름이 찬송을 받으실지니이다." (욥 1:21)

욥기 1:21절은 두 개의 천상 장면을 통하여 더욱더 고난의 원인과 목표가 논쟁되어진다. 신학적인 전승은 다음과 같이 말한다: "하나님은 고난을 허가한다." 신의 고난은 신 스스로가 아니라, 오히려 사탄을 통하여 제시된다. 그러나 사탄은 자신의 명백한 한계를 제시한다. 그렇다면 하나님의 고난에 대한 허락은 어떤 목적을 가지는가? 욥이 자신이 받은 고난에 대항하여 싸우는 것과 하나님의 허락은 관련성을 가지는가? 하나님을 통한 고난의 허락은 욥의 친구들이 말하는 "자신이 죄가 있기 때문에 고난"을 당한다는 비난에 반증을 가하는 목적이 있다. 하나님은 처음부터(이야기-테두리) 그리고 욥의 탄식에 이르기까지 그의 경건에 사욕이 없음을 의심하지 않는다.

둘째, 친구들과의 논쟁은 적어도 고난의 원인과 목표에 네 가지의 대답이 나올 수 있도록 주어진다.[142]

① '고난은 인간의 죄의 결과'이다. 고난의 목적은 인간의 죄를 벌하고, 그 자신의 죄값을 치루며, 또한 죄인이 회개하도록 경고하기 위함이다.

---

142 위의 책.

"그들의 귀를 열어 교훈을 듣게 하시며

명하여 죄악에서 돌아오게 하신다." (욥 36:10)

그러므로 경건한 자와 범죄자는 인과응보적인 믿음의 결과로 나타난다
(욥 15:20-35; 18:5-21; 27:7-10, 13-23; 36:5-14).

② 고난은 인간의 본성에 속한다. 모든 인간과 살아 숨쉬는 모든 짐승인
피조물들은 고난이 자신의 삶에 다가와 있는 결과이다.[143]

"인생은 고난을 위하여 났나니

불티가 위로 날음 같다." (욥 5:7)

그 때문에 인간이 소유하고자 하는 집착의 마음이 인간으로 하여금 고
난을 만들게 한다. 물질적이며 덧없는 피조물을 통하여 인간의 삶은 고난
과 연관된다(욥 4:19).

③ 고난은 (인간의 패망 앞에서 보호하려는) 신적인 교육과 견책의 형태이
다(욥 5:17-18;33:19, 30).

"그 영혼을 구덩이에서 끌어 돌이키고

생명의 빛으로 그에게 비춰려 하심이니라." (욥 33:30)

이와 같은 고난의 설명은 교육에서 오는 경험들에 기인한다. 아버지
가 그의 아들을 위하여 강력하게 매를 드는 것과 같이(잠 3:11-12; 13:24;

---

143 욥 4:17-21; 5:7; 9:2; 15:14-16; 25:4-6.

23:12-14) 고난은 인간에 대한 신의 사랑과 관심을 위한 표시이다. 이 같은 관점은 무엇보다도 엘리후의 관점을 대표한다(욥 33:9).

④ 고난은 경건한 자를 시험하는 도구이다. 이미 테두리 이야기에서 설화적으로 펼쳐진 견해가 욥의 친구들에게서 나타난다(욥 36:21). 즉, 고난은 경건을 보증하는 시험이다. 고난에서 그의 믿음과 정의가 올바른가를 제시한다.

에필로그에서 야훼의 세 친구에 대한 책망은 위에서 제시한 전통적인 지혜가 고난에 대처하는 교리가 틀렸다는 것을 제시하는가? 사실 교리가 틀린 것이 아니라, 그 교리를 어떤 잣대로 사람에게 적용하는 가에 대한 실패라 할 수 있다. 야훼는 욥의 경우 세 친구로부터 제시된 고난의 설명(원인과 이유)을 거절하는 것으로 나타나기에 고난의 원인과 목적의 해결은 마지막 부분인 야훼의 대답에 눈을 돌리게 한다.

셋째, 고난은 원인보다는 목적이 있다는 것을 인지해야 하며, 그 목적은 고난 당하는 자를 위한 것이다. 욥의 경우, 고난은 자기 자신의 해방을 위한 목적으로 고난이 사용되었다는 것을 하나님의 연설 부분(욥 38:1-40:2; 40:6-41:26)에서 찾아 볼 수 있다.

욥은 그의 탄식에서 '온 지구가 혼란이 있다는 것(욥 3; 21:7-11)'과 세상이 악인 손에 넘어갔다는(욥 9:24) 비난에 대해 견책을 당한다. 우리가 알지 못하는 일이 우리에게 일어날 때, 우리는 그 상황을 어떻게 설명할 수 있을까? 우리가 생각하기에 죄 없다고 생각하는 사람들이 예상하지 못했던 고난이나 죽음을 당했을 때, 가장 기본적으로 드는 생각은 하나님이 생사를 주관하신다는 것이다. 하나님은 의롭다고 생각하는 사람들의 생명을 왜 취하셨는지에 대한 궁금증을 갖게 된다. 그래서 욥기의 서두에 욥의 경건함을 그의 행사가 '항상 그러하였다'는 말로서 나타낸다. 경건한 사람이 고난을 당했을 때의 상황을 어떻게 이해해야 하는가? 욥의 독백은 우리의 삶의 자리에서도 많은 것을 생각하게 한다. 이해할 수 없는 부분에서 인간은 갈등을 통해 중요한 것을 깨달을 수 있다. 욥기가 지혜 문학인 까닭은 사람의 삶 속에서 어둡고 이해할 수 없는 부분을 가지고 하나님께 대면하며 갈등하고 있기 때문이다. 지구가 혼란스럽다는 말은 창조자에 대한 반론이다. 자신의 잘못 없이 고난이 생기는 경우에 대해서 어떻게 해결해야 하느냐에 대한 문제이다.

고난의 목적을 밝히려는 야훼의 연설은 앞서 집요하게 자신의 고난에 대한 설명을 요구하며 자기의 의와 하나님의 의에 대한 문제를 고난의 원인으로 제기하며 끈질기게 대답을 요구했던 욥에게 기대를 갖게 한다. 그러나 뜻밖에도 야훼의 연설은 욥의 고난에 관심이 없다. 내용적으로 자연과 동물 세계에서 욥의 인식 능력과 동물에 대한 처리 권한을 취소하는 현상들이 제시된다. 두 번째 야훼의 연설에서 제시된 짐승들은 황무지에 살며, 인간의 지배 영역에 속하지 않는다. 그렇게 야훼의 대답은 엉뚱하기까지 하다. 무엇인가 자신의 의문에 대한 확실한 응답을 기대했지만, 오히려 야훼는 결코 쉽게 알아차릴 수 없는 대답으로 답한다.

하나님의 대답은 창조로 시작한다. 처음에 창조는 무질서로부터 시작한다. 그것은 완벽한 무질서라기보다는 창조주로부터 다듬어질 수 있는 무질서이며, 항상 새롭게 되풀이하면서 질서로 향하는 무질서이다. 그러나 무질서로부터의 질서는 결코 인간(욥)이 만들 수 없다. 또한 인간(욥)은 그것들이 만들어진 근거와 원인들을 확실하게 알 수도 없고, 이해할 수도 없다. 어떤 경우에 창조는 경이롭고, 탁월하며 그리고 끔찍한 광경 또는 상황일 수도 있다. 야훼의 연설은 내향적으로 향하던 욥을 해방시키는 역할을 한다. 야훼의 연설은 기대되어진- 기대할 수 없는 방법으로 하나님의 전능성을 보인다. 여기에서 집행된 움직임은 인간 중심에서 우주 중심을 넘어서 그리고 종극에는 신 중심까지 나아간다. 친구들이 인간 세상에서 일어나는 인과응보의 교리로 욥의 고난에 대한 원인과 목적을 해결하려고 할 때, 하나님의 방법은 창조의 신비스러움을 통하여 욥에게 대답하며, 그

의 영혼을 열게 한다.[144]

욥이 하나님과 의를 비교해서 그의 무죄를 인정받고 그가 정의를 위해 싸웠다는 것에 대하여 관철시키려고 한다면, 그가 하나님과 같은 지식 속에 있어야 한다. 또 욥이 세상 질서를 비난하려 한다면, 하나님과 같이 세상을 만들 수 있어야 한다. 욥은 이러한 깨달음 속에서 다음과 같은 결정 앞에 서 있다. 곧 욥은 지금까지 그의 행위를 지속하며 하나님에게 자신의 의를 고집하거나 아니면 반대로 돌아서든가 하는 선택의 기로에 서 있는 것이다. 욥이 일반적으로 알기 쉽고 의로운 세상을 만들기 원한다면, 그는 자기 스스로 하나님과 동등해지길 원해야 하며 하나님이 되어야 한다. 그러나 욥이 스스로 세상의 지배자로서 또는 창조자로서 행동한다면 그도 역시 범죄자가 될 것이다. 교만을 낮추고 겸손하라는(욥 40:11-12) 하나님의 요구는 욥에게 처음 테두리 이야기로 돌아가라는 것이 결코 아니다. 그 요구는 항변을 계속할 것인가 또는 아주 새롭게 자신의 고난에 대한 원인을 찾기보다, 오히려 고난의 목적이 무엇인지를 깨달으라는 것이다.

욥은 하나님의 요구에 깊은 충격을 받는다. 욥은 자신의 무가치성을 의식하며, 동시에 관습적이고 습관적인 경건함이 자신의 의를 높이게 되었다는 각성을 하게 된다. 이 같은 깨달음은 결국 법정 싸움으로써 탄식과 고발을 하려고 했던 논쟁을 사라지게 한다. 억울하지만 말할 수 없는 억제된 침묵에서 하나님과의 만남을 통한 인간 존재의 새롭고 겸손한 침묵으로 바뀌게 된다.

> 4 "나는 미천하오니 무엇이라 주께 대답하리이까?
> 손으로 내 입을 가릴 뿐이로소이다.
> 5 내가 한번 두번 말하였사오니,

---

144 E. Zenger u.a., Einleitung, KStTh Bd1,1,(2004), 345-347.

다시는 더하지도 아니하겠고 대답지도 아니하겠나이다." (욥 40:4-5)

자신의 무가치와 대조하여 욥은 하나님의 전능성을 인식하게 된다. 그리고 하나님의 전능성을 절실하게 경험하게 된다. 욥의 테두리 이야기에서 욥의 경건함이 습관과 관습에서 나오는 행위-물론 이것이 잘못되었다는 것은 아니지만-라면, 욥기 40장 4-5절의 욥은 이제 자신의 삶의 이해할 수 없는 부분이 있다는 사실을 경험하고 그 이해할 수 없는 부분이 인간을 생동감 있게 살아가게 하는 원동력이라는 사실을 깨닫고 자신의 내면으로부터 하나님을 보게 되었다. 신학적 또는 관습과 습관적으로 부딪치는 만남이 아니라, 야훼의 폭풍우 속에 연설은 이제 욥으로 하여금 살아있는 만남에서 하나님을 인식하게 했다. 즉, 욥은 하나님을 신뢰할 수 있는 만남 속에서 하나님을 인식하였다.[145]

물론 이러한 깨달음으로 인해 욥이 육안으로 변한 것은 아무것도 없다. 여전히 욥은 돌 위에 앉아 몸을 긁고 있다. 그러나 욥의 내부적인 하나님에 대한 변화는 확신과 신뢰를 가지게 하였다. 더 이상 욥은 자신의 고난을 이해할 수 없다는 견지에서 머물러 있지 않으며, 고난이 자신에게 고통을 주지 않게 되었다. 왜냐하면 하나님과 같이하는 자는 다른 모든 것보다 더 탁월하며 좋기 때문이다.

"내가 주께 대하여 귀로 듣기만 하였나니,
이제는 눈으로 주를 뵈옵나이다." (욥 42:5)

야훼의 연설에서 욥에게 제시된 '창조와 하나님의 자유, 그리고 하나님의 선과 악의 개념'들이 그의 생각을 초월하게 하였다. 단순하게 감정으로

---

145 G. Fohrer, Studien(1983), 16-17.

느끼는 세상이 사라지고 내면으로 보는 세상 또는 하나님이 다가오는 세상을 만난 것이다. 그 결과로 의심이 사라지기 때문에, 이제는 주를 본다고 고백한다. 히브리적인 사고에 있어서 귀와 눈을 통해 주를 본다는 것은 인간 전체의 변화를 말한다. 그러므로 고난은, 고난을 통하여 자신의 모습을 보았을 때, 자신 속에 내재되어 있는 자기모순을 정화하게 하며, 잠복해 있는 교만을 제거하게 한다.

욥의 감정의 세계는 갑자기 이전과 다른 형태를 갖게 된다. 어두움의 구름이 사라지고, 세계와 그 세계를 움직이는 분에 대한 무한한 신뢰가 마음에서 생기게 된다. 42장 5절은 욥이 다시 초반의 테두리 이야기 속의 욥으로 전환되는 것을 보여주는 것 같지만, 처음의 욥보다 더욱더 심화되고 성숙한 신앙을 보여준다. 이러한 생각은 고난을 어떻게 이해하는가에 대한 해답도 함께 제시한다. 고난은 -의인의 고난인 경우- 이해할 수 없는, 그리고 투명하지 않는 것 같지만 고난당하는 자가 스스로 그 고난을 극복하였을 때 그의 신앙은 보다 더 깊은 의미가 함축되어 있는 하나님의 행위를 알고, 느끼고 깨닫게 될 것이다.[146]

(6) 구약의 사탄[147] 용어 이해와 선과 악의 기원에 대하여(욥기 이해)

고대 근동에서는 현대인들이 생각과는 다르게 사탄 또는 악마 숭배라는 개념은 거의 나타나지 않는다. 왜냐하면 고대 셈족에서 악마상은 거의 나오지 않기 때문이다. 사실상 고대 근동에서 초월적인 존재들은 비가시적인 초월적 개념의 문제가 아니라, 실제적인 형상으로 제시하기 때문에 더욱더 그러하다. 아마도 가시적인 형상은 고대 근동의 신화에서 나오는 신들의 특징 때문에 비롯된 것 같다. 고대 근동의 신들은 선한 신과 악한 악

---

146   참조. F. Horst, BK XVI/1(1974), 42-45.

147   사탄이라는 히브리어 용어는 세 개의 어근에 뿌리를 두고 있다: שׂטן(stn) 그러나 동일한 의미를 지닌 동사 역시 שׂטם(stem)도 함께 사용한다.

마상으로 나누어진 신들의 개념이 아니다. 오히려 선과 악이 뒤섞여 있는 신들의 세계가 나타나는데, 이것은 강한 신이 약한 신을 지배하는 셈족의 신화적 특징에 기인한다. 고대 근동에서는 어떤 초월적인 것이 악을 일으키는 존재라고 생각하지 않는다. 단지 기능적으로 신을 제외하고 사람에게 불행을 일으키는 존재로 보고 있다.

옆의 그림은 앗시리아의 악마 신앙에 대한 서판이 기록된 것이다. 거의 메소포타미아에서는 앗시리아의 서판과 마찬가지로 동물들이 사탄 또는 악마의 형상으로 나타난다. 길가메시의 훔바바는 오는 사람만 잡아먹는 악마상이다. 앗시리아의 바람 마귀는 바람을 일으켜서 사람을 죽이는 악마상이다. 앗시리아의 악마상은 대부분 동물적인 것이고, 수메르의 악마상은 조류 인간으로 추정된다. 이것은 고대 근동의 신들이 이원론(Dualism)적 속성을 가지고 있지 않았다는 것을 의미한다.[148]

주전 4세기에 이르러서야 악한 신을 지칭하는 아리만과 선한 신인 아후라마즈다의 페르시아의 이원론적 개념을 볼 수 있다. 비록 그것이 성서에 영향을 미쳤는가 하는 것은 제외하고, 이러한 이원론적 개념은 포로 후기에 가서야 찾아 볼 수 있다.

a. 고대 근동보다는 이스라엘에게 있어서 사탄 또는 악마(초월적인) 존재와 영향을 숭배 -우상과 다른 초월적인 존재- 하거나, 따라간다는 것은 드물게 한정되어 나타난다. 이스라엘에서 악마의 존재가 드물게 나타난

---

148 폴 루카스, 『악마의 역사』, 이지현 역, 도서출판 더불어책, 2003, 49-71.

것은 다음과 같은 이유에서 생각해 볼 수 있다: 첫째, 이스라엘이 출애굽, 광야, 왕정 시대를 거치면서 경험한 하나님의 경험의 확실성이 그들 신앙에 주요한 관점이기 때문이다. 또한 미신과 마법적인 것으로부터 나오는 영향은 형상(제 2계명의 확실한 영향)으로 이해되는 것이 아니라, 기능으로 이해되기 때문이다. 둘째, 이스라엘의 민족 신앙에서 미신과 마법적인 것에 대한 숭배의 기록을 찾을 수가 없다. 왜냐하면 포로 후기로 가면 갈수록 십계명의 1계명과 2계명이 이러한 특별한 존재의 숭배와 영향을 차단하고 제거하였기 때문이다. 이스라엘 내부에서 발생하는 민간 신앙도 역시 같은 양상을 보인다.[149] 셋째, 마법과 마술은 하나님의 위엄을 손상시키기 때문에 금지되었다. 꿈을 제외하고(출 22:18; 레 19:31; 20:27) 야훼 외에 초월적인 것과 초월적인 것을 따라가는 사람들은 죽임을 당하게 하였다.

그러나 구약성서가 악마의 기록을 가지고 있는 것은 사실이다. 이 존재들은 고대 근동과 같이 광야의 짐승(사 13:21), 또는 밤에 울부짖는 짐승(사 34:14)으로 묘사된다.

"들짐승이 이리와 만나며 숫염소가 그 동류를 부르며,
올빼미(לילית 리리트)[150]는 거기 거하여 쉬는 처소를 삼으며." (사 34:14)

광야의 마귀로서 대표적인 이름은 아사셀(עזאזל 레 16:10)이며, 주로 야훼를 위한 속죄로서 사용되는 존재이다.[151]

---

149 민간 신앙은 어떤 면에서 성서의 기록과 반대의 현상을 보일 수도 있다. 창 30장 14-16절의 '합환채', 또한 창 30장 37-39절의 '색깔을 가지는 양떼 이야기' 그리고 왕하 2장 19-22절에 물에다 소금을 넣은 사건에 대한 것은 확실히 민간 신앙을 바탕으로 한다.

150 이 이름은 메소포타미아의 여성 악마의 이름이다.

151 이외에 신 32:17; 시 106:37;96:5들은 마귀라기보다는 우상을 지칭하는 것이 더 확실하다.

b. 히브리어 어원에서 사탄은 현대인들이 생각하는 차원과는 다르다. 우선 히브리어에서 이 단어는 '적대자 또는 반대자(Widersacher 또는 Gegner)'를 의미한다. 구약성서에서 총 39번 중에서 명사는 총 27번 나타난다. 그리고 동사는 파생어들과 함께 12번 나타난다. 명사 사탄은 히브리어 동사 사탄(שטן 적대시하다)으로부터 유래되었다. 사탄은 처음부터 고정적인 기능을 표현하지 않으며, 또한 명칭 혹은 고유한 이름을 표현하지 않는다. 오히려 다른 사람에 직면하여 그때그때마다 하는 행동을 또는 이 같은 행동을 규정하는 인간의 특징을 표현한다. 동사로서 사탄은 '적대시하다(anfeinden)', 명사로서 '적, 원수, 반대자 또는 공격자(Gegner)'를 의미한다. 이런 의미를 통하여 이 단어는 단순하게 인간적인 원수(시 38:21; 55:4; 71:13; 109:4, 20, 29) 또는 인간적이며, 세속적인 공격자(사 29:4; 왕상 5:18; 11:14, 23, 25; 시 71:13)로 묘사된다. 발람을 저지하기 위해 길 위에 서 있는 천사도 사탄으로서 자세하게 묘사된다(민 22:22,32).

전체 이 단어의 분류는 다음과 같은 결론에 도달한다:

a) 인간적인 반대자로서 히브리어 단어 사탄(שטן)은 3가지 범위에서 나타난다.

(a) 가족(형제들) 혹은 두 개의 그룹(목자들)의 사이에서 개인과 관계되는 싸움의 묘사로서(창 27:41; 50:15; 26:20-21).

(b) 정치적인 사건이든, 시편에서 기도자를 통한 원수의 묘사이든 간에 전쟁의 용어로서(삼상 29:4; 삼하 19:23; 왕상 5:18; 왕상 11:14; 창 49:23; 시 38:21; 71:13; 호 9:7, 8).

(c) 그 단어가 시편 109편과 에스라 4장에서 증명하는 것과 같이 법적인 용어로서(시 109: 4, 20, 29(기소하다, 소송을 제기하다); 스 4:6).

b) 인간의 범위를 넘어선 초인간적인 반대자로서는 두 개의 범위에서 나타난다.

(a) 사탄이 관사를 가지고 있는 일반명사인 경우: 사탄이라는 단어는 거

의 천상의 구성원으로서 악을 일으키는 또는 악한 성격을 가지고 파괴하는 본성을 제시하는 용어가 아니라, 기능 표시로서 또는 직업, 그리고 관리의 표시로서 사용된다: 욥 1장과 2장에서; 스가랴 3:1-2.

(b) 사탄이 관사를 가지지 않은 고유명사인 경우: 천상에 관련된 구성원이든, 혹은 하나님과 관련된 것이든 간에 독립적인 반대자로서 제시된다: 역대상 21:1.[152]

c. 성서 내부에서 단어의 사용에 따라서 사탄(שׂטן)의 용어의 커다란 변화를 감지할 수 있다. 사탄(שׂטן)은 구약성서에서 인간적인 반대자 또는 적대자들을 제외하고 거의 초월적인 존재 또는 그 기능면에서 초월적인 존재들을 나타낸다. 사탄과 더불어 죄없는 자에 대한 고난과 인간의 불행이 어디에서 시작되는가에 대한 기원도 역시 생각해 볼 수 있다.

사탄에 관한 초기의 사용들은 대부분 인간적인 적대자로서 사용된다. 이 경우 단순하게 사람이 사람에게 악의를 가지고 적대시하는 '적대자' 또는 '대적자'(창 27:41)로서 사용된다. 구약성서에서 거의 형제(창 27:41; 50:15; 26:20-21) 또는 그룹(삼상 29:4; 삼하 19:23; 왕상 5:18 등등)등이 서로 반목하는 경우 이러한 의미로서 '사탄'이라는 용어를 사용한다.

사탄을 초월적인 존재로 인식하게 되는 시기는 포로기 이후부터이다. 스가랴 3:1-3과 욥기 1-2장에는 인간을 위하여 천상의 신하 앞에서 등장하는 천상의 기소인의 형태로 그러한 적대자가 주어진다. 스가랴 3:1-3과 욥기 1-2장은 (초기) 포로 후기 시대에 속하며 사용된 사탄 용어는 아직 관사와 함께(핫사탄/השׂטן)[153] 사용된, 다시 말하자면 고유명사가 아니라 오히려 칭호 또는 기능으로서 사용된다.

---

152   K. Nielsen, שׂטן, ThWAT VII, 1993, 745-751.

153   ה(하/관사) + שׂטן(사탄/명사) = 핫사탄(השׂטן)

이러한 용어의 변화와 마찬가지로 거기에 관련된 주제들이 포로 전과 포로 후로 명백하게 나누어진다. 먼저 관련된 주제는 선과 악의 기원에 관한 것이다. 포로 전 이스라엘 사람들은 선과 더불어 악도 그리고 인간이 만나는 불행의 기원에 관한 것도 야훼 그 자체로 이해하였던 것 같다.

> "사울의 신하들이 그에게 말했다:
> 보라! 왕을 놀라게 하는 악한 하나님의 영이[154] 있다." (삼상 16:15; 비교 삼상 19:9)

사실 구약성서의 여러 증거들이 이러한 점에 대하여 말하고 있다. 왜냐하면 일원론 또는 유일신으로 섬겨오는 하나님 외에 어떤 다른 초월적인 존재가 인간이 알 수 없고 이해할 수 없는 고난과 불행을 일으킨다고 생각할 수 없었기 때문이다.

그러나 적어도 포로기 후기 전반에 인간에게 불행을 야기하거나 야기시키는 부분이 야훼로부터 분리하여 인격화 되고, 페르시아 종교의 영향하에 실체화 되어 포로기 후기 후반에 천상 궁중의 구성원으로 결합하게 된다.

> "그리고 하나님의 분노가 불타올랐다. 왜냐하면 그가 그렇게 행하려고 했기 때문이다.
> 그러자 하나님의 사자가 그를 향한 적대자(사탄 שָׂטָן)로서 그 길에서 막아섰다…." (민 22:22)

민수기 22장 22절은 악의에 찬 천사를 사탄으로서 언급하는데, 민수기

---

154 이러한 표현은 히브리 성서에서 두 가지로 나타난다: 악한 하나님의 영(삼상 16:15)과 악한 야훼의 영(삼상19:9)은 모두 하나님에게 속해 있다는 표현이다.

22장 22절에서는 초월적인 존재를 말하는 것이 아니라, 오히려 발람을 적대시하는 인간적인 적대자(사탄 שׂטָן)로서 나타난다.

또한 사무엘하 24장은 역대기상 21장 1절과 극적인 대조를 보인다. 포로 전 작품인 사무엘하에서는 다윗에게 인구 조사를 지시한 자가 야훼로 나타나지만 포로 후기 작품인 역대기에서는 인구 조사로 다윗을 격발시킨 자가 사탄으로 나온다. 시기적으로 욥기와 스가랴에서는 사탄이 과도기적 존재로 나온다. 왜 이런 변화가 생기는 것일까? 무엇보다 세상에 속한 인간들의 삶 가운데의 대적자가 하늘에 속한 적대자가 되어 인간을 향한 고발자, 적대자로 서 있다. 사람들은 이 세상에서 야훼의 분노에 대하여 또는 하나님의 악한 영을 말하는 것보다 사탄으로 말하기를 더 선호했다고 볼 수 있을 것이다. 대부분의 사람들은 야훼에 대한 부정적인 것들은 하나님으로부터 거리를 두게 해야만 했다(비교, 사 26:19 그리고 왕상 22:19-23[155]; 또한 사 45:7 야훼는 선과 악을 만든다).

사실 이 핫사탄(사탄은 관사가 없으나, 욥기에서는 관사를 가진 사탄으로 나타나다: 핫(관사)+ 사탄)의 형상 배경과 기능 연구는 많은 학자들에 의하여 다양하게 연구되어왔다.[156] 이러한 점을 가장 극명하게 보여주는 것이 욥

---

155 욥기에서 사탄이 하나님으로부터 욥을 시험하기 위하여 재난과 불행을 일으키는 것을 말하였듯이, 미가야 장면도 역시 왕을 미혹하게 하는 영이 나와서 야훼가 그동안 해야 할 것을 대신하게 한다.

156 초기의 학자들은 일반적으로 이 단어를 악마의 지배하에 두었다. 그러나 그동안 이러한 초월적인 존재에 대한 해석을 제외하고 사탄 형상의 배경에 대하여 색다른 세 가지의 해석들이 제시되었다: A. Brock-Utne, Der Feind. Die at.-liche Satansgestalt im Lichte der sozialen Verhältnisse des nahen Orients, Klio 28, 1935, 219-227에서 고대 근동의 위대한 왕들 옆에서 왕에게 자문하는 사람들은 작은 국가를 비방하거나 고발할 수 있으며, 작은 국가의 군주들은 그들을 두려워한다. 욥기에서 마찬가지로 사탄은 야훼의 궁정에서 그 일원으로서 욥을 비판하는 사람의 모형으로 생각할 수 있다고 한다; H. Torczyner, Wie Satan in die Welt kam (Mitteilungsblätter der hebr. Universität Jerusalem 4, 1938, 15-21. 고대 근동에서는 왕이 신하를 감시하는 기능이 있다. 여기에서 야훼가 사탄을 통하여 인간의 충성심을 시험하기 위하여 다니게 한다; 그러나 1960년대 후반부터 악마적 형상이 다시 강조되는 현상이 나타났다; R. Schärf Kluger, Satan in the Old Testament, Evanston 1967, bes. 25-53에서 그는 분석 심리학자의 도움으로 하나님의 인격에서 발전한 결과인 사탄의 형상은 야훼가 가지고 있는 어두움과 섬뜩한 면을 실체화 한다; 마지막으로 하나님이 아버지의 역할로서 이해하는 가족 드라마로서 해

기와 스가랴서이다. 욥기에서 아주 빈번하게 사탄이라는 용어가 나온다 (16번). 욥기의 프롤로그에서 14번 그리고 대화 상황에서 2번 나타난다. 대부분 명사 사탄은 관사와 함께 나타난다. 관사와 함께 사용된 핫사탄은 욥기에서 하나님의 자녀들의 구성원에 속한다(욥 1:6). 관사의 사용은 사탄이 고유명사가 아니라 일반명사로 사용되었다는 것을 의미한다. 그로 인해 포로기 후기 사용에서 핫사탄은 악한 본질(또는 본성)적인 면보다는 기능적인 면이 강조되었다는 것을 알 수 있다. 사탄의 기능적인 사용은 세속적인 기능에서 잘 나타난다. 사탄의 기능적 사용이란 적대적 태도를 통하여, 반항 또는 반대, 그리고 어떤 계획을 반대하길 원하는 사회적 또는 정치적 반대자로서 자신의 정치적 상황을 반박하는 경우를 의미한다. 특히 포로기 후기 전반의, 에스라 4장 6절에서 이 단어(שִׂטְנָה)는 기소장을 다루는 것이 아니라, 오히려 사마리아 지도층으로부터 유다와 예루살렘에 대항하여 페르시아 정부에게 공식적인 문서로 제시한 항의서를 다룬다.

이러한 사탄 용어의 발전은 스가랴 3장 1-2절과 욥기 1장과 2장에서 정확하게 기능적인 면이 부각된 것을 볼 수 있다. 스가랴에서는 하나님의 궁중에 반대자가 나타난다. 그 반대자는 개인적이며, 부정적으로 사건을 야기 시킨다. 또한 그는 하나님의 행사에 독립적으로 반대하는 것이 아니라 -관사를 가진 이 단어(핫사탄: הַשָּׂטָן)가 암시하는 것과 같이- 직업상으로 습관적인 항의에 대한 정당성과 부당함을 찾아내려는 것으로 자신의 관찰을 통하여 옳고 그름을 밝히려는 기능이다.

또한 욥기 1장과 2장의 경우와 같이, 사탄은 천상 궁중에 속하는 구성원을 형성하며, 하나님이 사탄에게 인간에게 불행을 줄 수 있는 전권을 주는 경우에만 일을 행할 수 있다. 이 경우 사탄은 독립된 존재라기보다는 하나

석이다. 아들은 아무런 근거 없이 아버지를 사랑하며 그리고 복종한다. 가족의 갈등은 그렇게 시작되고 아버지도 역시 아들의 마음을 알고 싶어 한다; K. Nielsen, Art, שׂטן, ThWAT VII, 1993, 745-751, 특히 748-749.

님에게 속한 존재이며, 하나님의 사탄이며, 하나님의 명령을 받는다.[157] 이것은 악의 기원을 하나님에게서 멀리 분리시키려는 노력으로 볼 수 있다. 그래서 사탄은 하나님 대신에, 욥기서와 같이, 악과 부정한 것의 집행자가 되었다. 왜냐하면 사람들은 하나님을 윤리적으로 완벽한 선 그 자체로 여기며 악과 결합하는 것을 결코 원하지 않기 때문이다.

사무엘하 24장 12절에서 이스라엘을 향한 야훼의 분노로서 야훼는 그의 뜻과는 다르게 다윗으로 하여금 민족을 계수하도록 자극하는 내용이 서술된다. 결과적으로 야훼의 분노는 다윗으로 하여금 신적 명령(삼하 24:10)을 위반하도록 하였으며 야훼를 인간적인 죄를 야기하는 존재로 인식시켰다. 그러나 포로 후기에 사람들은 하나님을 가장 윤리적이며 초월적인 존재로 생각했기 때문에 죄를 야기하는 분으로서 하나님을 이해하고자 원하지 않았다. 그 후에 역대기상 21장 1절에서 사탄은 관사 없이, 고유명사로서 야훼와 분리된 독립적인 존재로 나타난다. 역대기상 21장 1절은 사탄에 대하여 정확하게 설명한다. 사무엘하 21장 1절과 유사 본문인 포로 후기 역사 작품인 역대기상 21장 1절은 다음과 같이 말한다: "그리고 사탄(관사 없이, 히브리 본문)이 이스라엘에 적대적이며 그리고 다윗에게 그가 이스라엘을 계수하라고 자극했다.(대상 21:1)" 사탄은 신적인 분노의 기구로서– 그러나 아직까지는 죄의 창시자나 인간의 큰 파괴자, 하나님의 적대자로서가 아니지만– 그의 임무를 수행한다. 사실상 사탄이 독립적이며, 스스로 하나님과 적대적인 관계로 돌입한 것은 구약에서가 아니라, 오히려 신약에서다.

포로기부터 발생한 사탄에 대한 계속적인 발전은 신구약 중간기에 진행되었다. 그래서 사탄은 구약성서보다는 신약성서에서 더 중요한 역할을 하였다. 사탄은 민족 신앙의 구성요소가 되고, 예수에 대한 이야기들과

---

157   왕하 6:33; 암 3:6; 사 45:7; 또한 전 7:13-14; 욥 2:10; 삼상 2:6-7; 신 32:39.

신약성서의 문서들에서 현재 우리가 생각하는 사탄의 자리를 발견한다.

사탄이 신약에서 그리고 예수의 공생애 시기에 큰 역할을 하고 있다는 것을 부정할 수 없다. 특별히 예수와 사탄의 관련성에서 만들어진 전반적인 진술에서 예수는 사탄을 물리쳤다(눅 10:18; 마 4:1-11; 비교, 롬 16:20). 이것은 구약의 포로 후기 상황에서 나타난 사탄의 기능이 아니다. 신약에서 사탄은 독립적으로 예수를 유혹하며 하나님을 적대시한다. 이제 사탄은 악의 대명사가 되어 독립적인 자신의 존재를 구축하게 된다(계 12:9).

d. 악의 존재로서 사탄의 독립적인 모습이 구약성서보다는 신약성서에서 부각된다면, 이 세상에 존재하는 악의 기원은 어디인가? 죄 없는 사람의 고난과 불행 파멸들은 이 세상이 존재하는 한 계속되었다. 현재 우리가 보는 욥도 역시 마찬가지이다. 왜 아무런 잘못도 없이 죽고, 고난 당하고 불행에 빠져야 하는가?

욥기에서는 이 질문에 대한 대답이 주어진다. 욥기에서는 죄 없는 자의 고난의 원인으로서 첫째로 사탄을 지목한다. 그러나 우리가 앞에서 사탄의 어원과 기능을 말한 것과 같이 사탄 역시 악의 기원이라고 할 수 없다. 사탄은 확실하게 하나님의 아들들(욥 1:6; 2:1)에 속하며 하나님에게 속한 존재이다.

욥기에서 악의 기원을 설명하기 위한 두 번째 대답은 욥의 친구들에게서 발견된다. 욥의 친구들과의 대화에서 사탄의 역할은 없어지며, 친구들은 집요하게 욥에게서 악의 기원을 찾으려고 한다.

> "왜냐하면 재앙은 땅에서 솟는 것이 아니다.
> 밭에서 고난이 돋아나는 것도 아니다.
> 진실로 사람이 재앙을 유발하며,
> 그것은 마치 독수리가 위로 날아오름과 같다." (욥 5:6-7)

인간이 악의 기원이 될 수 있을까? 아마도 인간이 최초에 타락한 모습으로 돌아간다면 이러한 대답이 가능한 것이라고 생각된다. 인간이 하나님에 의하여 창조되었을 때, 인간은 자신의 내부에 선과 악을 알지 못하였다. 그 후에 하나님과 같이 되려는 욕심(창 2:6)이 그들 속에 있는 선과 악을 일깨웠고 이후 계속적으로 인간의 마음 안에서 형성되는 모든 것은 선보다는 악으로 생각하게 되고 행동하게 되었다(창 6:5; 8:21). 결국 하나님은 인간을 지은 것을 후회하셨다(창 6:6). 이것이 욥의 친구들이 믿었던 신앙이다. 욥의 친구들은 끊임없이 욥에게 자신의 지은 죄를 돌아보라고 요구한다. 그리고 그들은 욥에게 회개하고, 자신을 성찰하며 돌아볼 것을 계속 경고한다(욥 11:4). 악의 발화와 행위를 누가 시작했는가를 생각한다면 아마도 인간이 악의 기원이 될 수 있을 것이다.

그러나 친구들이 간과한 것이 있다. 그것은 욥이 의인이라는 것이다. 잠언은 의인은 넘어지지 않는다고 말한다.

> "야훼께서 의인의 영혼은 주리지 않게 하시나,
> 악인의 소욕은 물리친다."(잠 10:3; 비교, 11:28)

친구들이 말하는 행위–결과에 관련성에 기초한 악의 기원이 인간이라는 주장은 모든 인간에게 적용되지 않는다. 욥이 왜 고난을 당하는가? 하나님은 욥을 의인이라고 칭하면서, 왜 그에게 고난을 허용하셨는가? 이제 악의 기원에 관하여 가장 중요한 세 번째 질문이 나타난다. 하나님 자신이 선과 악의 기원이 될 수 있는가? 아마도 이 대답은 욥의 입에서 그 대답을 얻을 수 있지 않을까?

> "… 알몸이 그리로 돌아갈지라, 주신 자도 야훼시오,
> 거두시는 이도 야훼시오니 야훼의 이름이 찬송 받을지라."(욥 1:21)

"그대의 말이 어리석은 여자의 말 같도다. 우리가 하나님에게 복을 받았으니 화도 받지 않겠는가…" (욥 2:10)

욥의 고백은 가식적인 고백이 아니라, 오히려 가장 힘든 순간에 가장 힘 있는 믿음의 고백이다. 그의 믿음에서 배여 나오는 고백은 인간이 당하는 불행과 행복이 다른 어떤 존재에게 나오는 것이 아니라, 모두 하나님에게 속해 있다는 것을 제시한다. 앞서 사탄에 대한 논증에서 언급했듯이 현대의 우리들은 하나님을 부정한 것과 함께 관련지어 생각하면 불경죄를 저지른 것과 같다고 생각한다. 그래서 악한 모든 것은 다른 어떤 존재에게 일임하게 된다. 만일 하나님이 악하다면, 우리는 그를 믿을 수 없다고 생각한다.

그러나 뒤집어 보면 우리가 수용할 수 있는 한쪽 면만 믿는 믿음은 전적인 신뢰가 아니다. 하나님께 좋은 것과 악한 것, 모든 것이 있고 나에게 역시 좋은 것과 악한 것을 주시는 분이라는 것을 인정할 수 있어야 한다. 중요한 것은 악이 사탄 또는 인간에게서 나온 것이라면 우리의 전체적인 삶은 단지 사탄과 나와의 싸움 외에는 아무것도 아닐 것이다. 나의 삶은 두 가지의 가능성으로 살아갈 것이다. 사탄으로부터 피하여 악을 멀리할 수 있든지, 아니면 사탄에게 패하여 끌려 다니든지, 이 두 가지의 가능성이다. 사탄을 피하여 멀리한다고 해서 구원이 나에게 다가오는가? 우리의 소망은 선과 악 두 가지를 지배하시는 분에게 향해야 하지 않을까? 하나님은 당연히 우리가 행복하게 살기 원하시는 분이다. 그 때문에 우리에게 선을 주시며, 선을 행하시는 분이다. 그러나 하나님의 다른 면 역시 현재 우리가 생각하는 일반적인 선과 악의 개념을 넘어서는 하나님을 생각해 볼 수 있을 것이다.

지혜의 영향
: 지혜와 예언

구약성서 안에 상호 간에 어울리지 않을 것 같은 두 분야가 있다. 즉, 예언과 지혜이다. 우리가 언뜻 보기에도 예언과 지혜는 서로 평행선에 서 있는 것처럼 보인다. "부름에 응하지도 않았는데, 무조건 선포해야 하는 그들", 그 때문에 이들은 하나님에게 사로잡힌 예언자로 불린다. 예언자의한 발은 하나님이 그들에게 보여준 비전을 통한 선포가 중심을 이루며, 그들의 또 다른 발은 인간의 삶 속에서 자신의 비전에 대한 근거를 발견하기를 추구한다. 예언자의 선포는 언제나 죄, 패망, 회개, 용서, 그리고 구원 등이 중심을 이룬다. 반면에 지혜는 인간의 삶 속에서 올바른 성공과 행복을추구하는 경험에 중심을 두고 있기에 어리석은 자와 지혜로운 자, 또 근면한 자와 게으른 자의 삶의 특징과 결과를 논하며, 인간이 어떻게 해야 자신의 길을 알 수 있는가에 대한 물음을 전개한다. 예언과 지혜의 차이를피히트너(J. Fichtner)는 다음과 같이 명백하게 말한다: (예언자는)"하나님으로부터 사로잡혔기 때문에, 모든 인간적인 연민없이 자기에게 임하는위험을 감수하며 자신의 민족에게 패망을 전하는 자이다. 반면에 (지혜자는) 자신에게 주어진 삶의 극복을 위하여 조심스럽게 왼쪽과 오른쪽을 살피며 자신의 나아갈 길을 인식하며, 세상을 해석하며, 자신 뒤에 오는 후대를 교육하려는 자"이다.[1]

과연 예언과 지혜가 서로 평행을 이루고 있는 것일까? 예언과 지혜가 제시하는 기본 선에서는(렘 18:18) 공통점이 없는 것으로 나타나지만, 그 영향력에 있어서는 서로 관련되지 않을까? 지혜는 인간 삶의 경험으로 이루어진 것이기에 예언 문학보다는 광범위하며, 그 영향력 또한 크기 때문에, 지혜가 예언에 영향을 주지 않았을까? 지난 50년간 많은 학자들은 - 최초의 연구자인 피히트너에서부터- 이 두 분야(예언과 지혜)의 공통점에 대하여 지속적인 연구를 하였다.[2] 지난 연구에 있어서 중요한 관점은 예언

---

1   J. Fichtner, Jesaja unter den Weisen, ThLZ 74, 1949 = - in: Gottes Weisheit (AZTHII/3), Stuttgart, 1965, 18; 비교, G. v. Rad, Weisheit (²1982), 392; D. F. Morgan, "Wisdom und the Prophets," JOST.S 11, 1978, 212; A. B. Ernst, Weisheitliche Kultkritik, BThSt 23, Neukirchen-Vluyn, 1994, 1-2.

2   최초의 연구자로서 윗글(1949), 75-79쪽을 언급할 수 있다; J. Fichtner, Jesaja unter den Weisen(1965), 18-26; J. Lindblom, Wisdom, VT.S(1955), 192-204; S. Terrien, "Amos and Wisdom," in B. W. Anderson and W. Harrelson (eds.), Israel's Prophetic Heritage. Essays in Honor of James Mnilenbnrg, New York, 1962, 108-115; H. W. Wolff, Amos' geistige Heimat, WMANT18(1964), 1964; W. Schottroff, Der altisraelitische Fluchspruch, WMANT 30, Neukirchen-Vluyn, 1969; J. L. Crenshaw, The Influence of the Wise upon Amos, ZAW 79, 1967, 42-52; - , Method, JBL(1969), 129-142; R. B. Y. Scott, The Way, 1971; J. W. Whedbee, Isaiah, 1971; J. Jensen, The Use of Tora by Isaiah: his debate with the wisdom tradition(CBQ.MS3), Washington, 1973; R. N. Whybray, The Intellectual Tradition, BZAW 135(1974); H.W. Wolff, J l/ Amos, BK XIV/2, Neukirchen-Vluyn, 1975; H. H. Schmid, "Amos(1974), 121-144; D. F. Morgan, Wisdom, JSOT.S11(1979), 209-244; - , Wisdom in the Old Testament Traditions, Atlanta: J. Knox, 1981, bes. 63-93; R. N. Whybray, "Prophecy and wisdom", FS R. Ackroyd, 1982, 181-199; R. C. v. Leeuwen, "The Sage in the prophetic Literature," in: The Sage in Israel and the ancient near East, (ed.) J. G. Gammie, Eisenbrauns: Winona Lake, 1990, 295-306; H. v. Lips, Weisheitliche Tradition im NT, WMANT64, Neukirchen-Vluyn, 1990, bes. 69-92; A. B. Ernst, Weisheitliche Kultkritik, BThSt23(1994); J. A. Soggin, "Amos and Wisdom," in: Wisdom in ancient Israel, FS J. A., Emerton, J. Day, (ed.등), New York: Cambridge, 1995, 119-123; A. A. Macintosh, "Hosea and the wisdom tradition: dependence and independence," in: Wisdom in ancient Israel, FS J. A. Emerton, J. Day, (ed.등), New York: Cambridge, 1995, 124-132; W. McKane, "Jeremiah"(1995), 142-151; G.. Wanke, "Weisheit im Jeremiabuch," VWGT10, Güterloh, 1996, 87-106; H.-J. Hermisson, Weisheit im Jeremiabuch, BZAW 300, Berlin, 2000, 175-191.

자가 지혜 문학에 영향을 준 것이 아니라, 반대로 지혜 또는 지혜 문학이 예언자 선포, 즉, 그들의 선포에 근거를 제시하는 관점 -예언자의 근거 제시- 에서뿐만 아니라, 그들 주위에 인간과 사회 그리고 세계사(고대 근동의 정치적 상황)를 야훼의 지속적인 지배로 보고 해석하는데 지대한 영향을 미쳤다는 것이다. 즉, 예언자들은 자신의 선포를 증명하기 위하여 얼마간은 다른 분야에서 오는 양식과 내용을 받아들였으며, 그 때문에 예언서에서 지혜 문학의 영향은 생소한 것이 아니라, 오히려 예언자의 연설에 관한 이해를 돕는데 중요한 열쇠를 제공한다.

1. 예언자들과 지혜의 관련성

지혜와 예언의 관련성은 다음과 같은 접촉점을 가지게 된다: 원래 예언자는 미래 진술에 대한 야훼의 말씀을 전하는 과정에서, 항상 청중과 반목이 일어난다(비교, 암 7:10-17; 사 28:9). 이러한 반목으로 인해 예언자는 선포의 정당성에 대한 근거를 제시해야만 한다. 따라서 예언자는 자기 예언에 대한 상황을 올바르게 해석해야 한다. 즉, 사회적인 상황을 효과적으로 판단하고, 자신의 선포에 대한 근거를 분명하게 전달하기 위하여 다른 분야의 진술 양식을 차용한다. 그러한 한 부분이 바로 지혜이다. 지혜는 무엇보다도 현재의 한 사람, 한 그룹 또는 한 국가가 처한 상황을 날카로운 시각에서 보게 하는 힘을 길러 주며, 선과 악에 대한 평가를 -여기에서는 하나님이 원하는 것이 무엇인가를 제시하게 하는- 인식하게 한다.

14 "너희는 살려면 선을 구하고 악을 구하지 말지어다.
만군의 하나님 여호와께서 너희의 말과 같이 너희와 함께 하시리라.

15 너희는 악을 미워하고 선을 사랑하며 성문에서 정의를 세울지어다.

만군의 하나님 여호와께서 혹시 요셉의 남은 자를 불쌍히 여기시리라."

(암 5:14-15; 비교, 사 5:20-21)

이러한 관련성을 통하여 사실상 "예언자의 연설에 나타난 지혜 문학의 영향"이 성립된다. 그러나 모든 예언자에게서 자신의 선포에 대한 근거 제시에 지혜의 영향이 나타난다고 말할 수 없다. 첫째, 소위 고문서 예언자 (주전 8세기 문서 예언자) 전 시기는 그들의 어록이 단지 역사서 안에 삽입된 것만을 전하기 때문에 아주 단편적이며, 문학적인 틀의 형성이 단순하다. 둘째, 주전 9세기의 예언자들은 주전 8세기 문서 예언자보다는 청중과 반목이 그리 크지 않았다. 엘리야(왕하 1:1-16)나 엘리사 또는 이믈라의 아들 미가야(왕상 22장)의 예언들은 민족 전체를 위한 예언이 아니라, 단지 왕에게 향하는 예언이기 때문에, 자신의 선포에 대한 근거는 항상 야훼의 권위와 동일하게 간주되었다. 마지막으로, 주전 8세기 문서 예언자들의 어록은 주전 9세기 예언자와는 다르게 자신의 이름과 함께(암 1:1; 사 1:1 등) 각각 자신의 책으로 수집되었으며, 자신들의 어록들이 문학적인 양식으로 후대에 다시 편집되었다.

이러한 특징들은 주전 8세기 예언자들의 대중 연설이 한쪽으로는 예언자 스스로 청중 앞에서 효과적으로 자신의 주장을 위하여 다른 범위의 양식을 강력하게 차용했으며, 다른 한쪽으로는 후기에 대중연설이 예언자 연설양식으로-구전에서 문서로-만들어졌다는 것을 의미한다. 그 때문에 우리는 여기에서 주전 8세기 예언자의 선포에서 지혜의 영향을 살펴볼 것이다. 특히 예언서에 나타난 지혜에 영향은 주전 8세기 문서 예언자 중에 지방 예언자로서 대표되는 아모스와 궁중 예언자로서 이사야가 전형적인 예언의 양식에 기원자로서 간주되기 때문에, 우선 이 두 예언자에 대한 지혜의 영향을 추적할 것이다. 아모스와 이사야의 선포에서 지혜의 영향은 고대 이스라엘 지혜의 기원에 두 방향을 −궁중 지혜와 민족 지혜− 대표하고 있기 때문이다. 마지막으로 예레미야의 예언과 지혜의 영향을 살펴봄으로써 포로 전 예언자들의 지혜의 영향에서 나타난 예언의 형태에 대해 알 수 있을 것이다.

방법론에 있어서 우리는 4가지 방법으로 예언에 나타난 지혜의 영향에 대해 추적하고자 한다. 첫째, 앞에서 열거한 예언자들(아모스, 이사야, 예레미야)은 지혜를 어디서 알았을까? 둘째, 예언자들은 어떤 지혜의 양식을 사용했을까? 셋째, 예언자들에게 차용된 지혜의 용어는 어떤 것이 있는가? 넷째, 민족을 향한 비판이든 약속이든 예언자가 사용한 선포 내용의 주제에서 지혜의 영향을 찾을 수 있을까?

2. 주전 8-7세기 예언자들

1) 아모스

(1) 아모스에게 나타난 지혜 영향의 기원

아모스가 최초의 문서 예언자라는 근거에서 그의 어록을 예언 양식의 시작과 동시에 그 예언 안에 나타난 지혜의 영향도 처음일 것이라는 가정이 성립된다. 그렇기 때문에 주전 8세기 예언자들 중에서 아모스와의 관련성에 보다 많은 관심을 둘 것이다.

아모스는 최초의 문서 예언자로서 가치뿐만 아니라, 또한 그의 출신(암 1:1)이 지방 예언자이기에 만일 그의 선포에서 지혜의 영향을 볼 수 있다면, 그것은 지혜의 기원이 왕궁에서가 아니라, 오히려 부족에서 기인된다는 것을 증명할 수가 있다. 볼프(H. W. Wolff)와 테리언(S. Terrien)은 아모스의 영적인 지혜 기원을 한쪽으로는 지질학적인 그리고 인종학적인 환경을 통한 고대 근동과의 접촉의 영향과 또 한쪽으로는 이스라엘 내부에 고대 이스라엘의 부족 지혜(Sippenweisheit)의 영향이라는 것을 증명하려고 노력하였다.[3]

아모스서에서는 이삭(암 7:9, 16)과 브엘세바(암 5:5; 8:14)의 이름이 나타난다. 이러한 이름의 사용은 단순한 것이 아니라, 주변 세계와의 연관성을 보여준다. 아모스의 고향인 테고아는 사해 동 서쪽에 살고 있는 이삭의 성을 따르는 에돔인(창 25:29,30)들과 인종학적으로 밀접하게 연관을 가진다.[4] 또한 지질학적으로 에돔 지역의 경계선으로서 브엘세바에서, 그리고 에돔에서 테고아의 지질학적인 근접성은 적어도 아모스(암 1:1; 비교, 7:12)와 연관되는 환경과 에돔 족속 그 자체 사이에 문화적인 교환의 가능성을 제공한다. 일반적으로 에돔의 지혜에 대한 명성[5]은 왕상 4장 30-31 절; 렘 49장 7절(바룩서 3:22-23)과 욥의 민족 설화에서 찾아 볼 수 있다.[6] 아모스의 고대 근동(암 1:3-2:16) 국가들의 범죄에 대한 날카로운 조망과 이스라엘 사회(암 2:6-8)의 부패된 것들을 날카롭게 비판할 수 있는 힘을 제공하는, 그의 영적인 고향은 인접 국가와의 문화적 교류를 통한, 실생활적인 언어와 생각, 방법에서 찾을 수 있다.[7]

그러나 현행의 아모스 연구는 아모스의 지혜와의 접촉점으로 제시하는 증거들을 그리 높게 평가하지 않는다. 왜냐하면 이삭(암 7:9, 16)과 브엘세바(암 5:5; 8:14)의 이름들은 아모스와 지혜의 접촉의 증거로서 제시하는

---

3   S. Terrien, Amos(1962), 108-115; H. W. Wolff, Amos(1964), 53-55

4   또한 두 민족들은 형제로서 묘사된다(민 20:14; 신 23:8). 유다와 에돔을 결합하는 인척 관계와 갈렙과 옷니엘(대상 2:34, 42)의 형제 자손인 여라무엘인들은 일반적으로 에돔(삼상 27:10; 30:29) 근처로부터 유다의 부족 영토로 접근한다.

5   에돔의 지혜와 양식에 대하여, R. H. Pfeiffer, Edomitic Wisdom, ZAW 44, 1926, 13-25을 보라.

6   H. W. Wolff, Amos(1964), 53-55; S. Terrien, Amos(1962), 113-114 .

7   H. W. Wolff, Amos(1964), 2-3.

결정적인 증거가 될 수 없기 때문이다. 또한 에돔의 지혜가 어떤 지혜의 성격을 가졌었는가 하는 질문에 현행의 연구는 정확하게 대답하지 못하기 때문이다. 사실상 에돔과 이스라엘의 직접적인 지혜의 접촉은 성서뿐만 아니라, 또한 성서 이외의 본문에도 나타나지 않는다. 그러나 간과할 수 없는 것은 반유목민으로서 전통이 적어도 예레미야 시대까지[8] 남아 있다는 것과 목자로서 아모스의 직업(암 1:1; 7:14)을 연관시킬 때, 부족이 지니고 있는 삶의 경험에서 나오는 민족 지혜의 차원을 생각할 수 있다. 우리는 이것을 부족 지혜라고 한다.

부족 지혜의 성립과 개념은 다음과 같다: 첫째, 부족 지혜는 이스라엘의 유목민 시기까지 거슬러 올라가는 전승에서 기원을 본다. 부족 지혜의 양식은 반유목민 시기로서 제시되는 아모스 시기까지 이스라엘 주변 지방과 지방 도시에 계속적으로 남아 있었다. 둘째, 부족 지혜의 범위는 처음에 양떼들을 돌보면서(암 7:15) 경험한 자연 세계와 목동으로 떠돌아다니며 주변 세계를 경험한 것에 기인한다(암 3:3-8). 즉, 다른 부족과 다른 민족의 삶, 그리고 자연 세계에서의 경험이 교육적인 차원을 위하여 부족 안에서 보존되었으며, 후대를 위한 부족 지혜의 전형적인 구두 전승으로 계속 이어졌을 것이다(참조, 암 1:3-2:16; 3:3-8 등). 셋째, 이러한 상황 때문에 부족 지혜 전승의 전달자는 지방 성소의 제의 관원이 아니며, 오히려 부족장, 장로 또는 각 가정의 아버지들이며, 전승 장소는 부족과 고대 이스라엘의 대가족이 된다.[9] 넷째, 이러한 전달자의 모습 때문에 부족 지혜는 중앙 성소나 주 도시에서 교육하는 언어와는 다르다. 마지막으로, 부족 지혜는 아마도 이스라엘 민족이 국가로 형성되기 전 구두전승으로부터 시작하였을 것이다. 이후 구두 부족 지혜 전승은 궁중의 교육을 위하여 수집되었으며(잠 25:1), 왕자나

---

8   참조, 렘 35장 1-10절을 보라.

9   참조, D. F. Morgan, Wisdom, 39-44.

고관들의 교육을 위하여 문서로 고정되었을 것이다. 문서화된 경우 대부분 부족 지혜 양식의 특징은 사라지며, 기교적인 양식으로 변하게 된다.[10]

(2) 아모스에 나타난 지혜의 양식

아모스의 부족 지혜를 증명하기 위하여 4개의 커다란 주제를 제시한다. 첫째, 수 잠언(암 1:3-2:16). 둘째, 수사학적인 질문(암 3:3-8). 셋째, 화(הוֹי 호이/화로다)의 외침(암 5:18; 6:1, 3-6). 넷째, 권고의 말(암 4:4-5; 5:4-6, 14-15).[11]이다. 그러나 이러한 양식적인 특징에서 반드시 질문해야 할 것이 있다. 일상적이며, 습관적인 언어의 양식이 지혜의 영향인가 하는 점이다.

a. 수 잠언과 아모스의 이방 신탁(잠 30:15b-30과 암 1:3-2:16)[12]

원래 수수께끼에서 기원을 가지고 있는 수 잠언은[13] 잠언 30장 15b-30절과 고대 근동의 지혜 양식인 벤 시락서 시락[14], 아퀴나 본문[15]과 예언서의 아모스의 본문에서 나타나며, 이 본문들은 서로 동일한 양식을 사용하고 있다.

잠언인 경우 양식적인 차이는 2가지로 나타난다:

첫 번째 양식인 경우, 단계적으로 한 수가 높아짐으로(x/x+1: 여기서는 3과 4) 최종적인 수에서 클라이맥스를 지시하는 양식이다. 이 양식은 이미

---

10   이러한 변형의 특징은 가장 오래된 잠언으로 인정된 잠 10-29장이 기교적인 평행법에 의하여 만들어져 있는 것에서 증명된다: 또한, H. W. Wolff, Amos, 17 참조.

11   이 4가지 주제 중에서 테리언은 단지 두 개의 주제만 언급한다: S. Terrien, Amos(1962), 109-110(수 잠언)과 11-112(수사학적 질문).

12   이용호, "지혜 문학의 수 잠언과 아모스의 이방 신탁의 양식 비교"(2006), 133-151.

13   다음에 제시되는 것들은 단계적으로 수가 높아지는 수 잠언으로 제시된다: 잠 6:16-19(6-7) 30:15ab-16(3-4), 18-19(3-4), 21-23(3-4), 24-28(3(?)-4), 29-31(3-4); 욥 5:19-22(6-7); 시락23:16-18(2-3); 25:7-11(9-10); 26:5-6(3-4); 50:25-26(2-3);암 1:3(3-4) 외 다수.

14   집회서 23: 16-18; 25: 7-11; 26: 5-6, 28-29; 50: 25-26.

15   E. Schau (hg), Papyri (1911), plate 44 (papyrus 53, lines 14-15a).

앞서 언급한 수 잠언의 양식 설명에 반복이기 때문에 잠 30장 18-19절의 도표만 제시한다.[16]

제목줄	기이한 일(세 가지- 수 X)			정말 모를 일 (네 가지- 수 X+1: 저자의 의도)
목록줄		(X+1을 밝히기 위한 보조 요소)		본문 전체 클라이맥스
	수 X	① 독수리가 하늘을 지나간 자리	수 X+1	④ 사내가 젊은 여인을 거쳐 간 자리
		② 뱀이 바위를 기어간 자리		
		③ 배가 바다 가운데 지나간 자리		
해석줄	간음하는 여인의 행색도 그와 같아 먹고도 안 먹은 듯 입을 씻고 "난 잘못한 일 없다"고 시치미 뗀다(20)			

이러한 수 잠언의 첫 번째 양식과 아모스의 이방 신탁을 서로 비교하면 동일한 양식이 나타난다. 암 1장 3절부터 2장 5절까지는 수 잠언 양식과 동일한 효과를 가져온다.

> 3 "여호와께서 이와 같이 말씀하시되 다메섹의 세 가지 죄로 말미암아
> 그리고 네 가지 죄로 말미암아, 내가 그 벌을 돌이키지 아니하리니,
> 왜냐하면 이는 그들이 철 타작기로 타작하듯 길르앗을 압박하였음이라.
> 4 내가 하사엘의 집에 불을 보내리니 벤하닷의 궁궐들을 사르리라.
> 5 내가 다메섹의 빗장을 꺾으며 아웬 골짜기에서 그 주민들을 끊으며
> 벧에덴에서 규 잡은 자를 끊으리니,
> 아람 백성이 사로잡혀 기르에 이르리라 야훼께서 말씀하셨느니라." (암
> 1: 3-5)

---

16 잠 30:18-19과 20;욥 5:19-22과 23-27;집회 23:16-17과 18-21;25:7-11과 11-12;26: 28a과
    28b 비교, 잠 30:15b-16과 17; 30:29-31과 32-33들은 이런 양식을 가진다. 그러나 잠 6:16-19,
    21-23;집회 50:25-26들은 확장된 절을 가지지 않는다.

제목줄	다메섹의 범죄 (세 가지- 수 X)	돌이키지 않음(네 가지- 수 X+1 : 저자의 의도)
목록줄	수 X : 생략	수 X+1 :철 타작기로 길르앗을 짓부순 죄 때문이다
해석줄	심판 선언(4-5절)	

위의 아모스의 양식을 잠언의 첫 번째 양식과 비교하면, 미묘한 차이가
있다. 수 잠언의 양식은 4가지 요소가 다 제시되는 반면에, 아모스의 양식
은 마지막 네 번째 요소만 제시된다는 점이다. 그러나 이러한 차이는 우리
가 수 잠언의 4가지 요소를 정확하게 관찰했을 때 해결된다. 잠언의 앞서
나오는 세 가지 요소(독수리, 뱀, 그리고 배)는 네 번째 요소인 남자와 여자
의 수수께끼를 풀기 위한 복선으로 사용된다.

즉, 자연에서 인간의 삶에 대한 방향으로 나아가 작가가 의도하는 네 번
째의 주제, 가장 핵심적인 요소를 위하여 앞의 세 가지를 제시한다. 앞의
세 가지 요소가 생략되더라도 네 번째 주제를 통하여 작가의 의도를 알 수
있다. 아모스 이방 신탁의 경우 이방 민족의 심각한 범죄를 강조하기 위한
"강력한 효과"로서 네 번째 요소만을 제시하는 스타카토의 양식을 사용한
다. 결과적으로 스타카토 양식을 사용한다.[17] 결국 스타카토 양식의 강조
는 잠언의 양식과 동일한 결론에 이른다.[18]

잠언에 나타난 수 잠언의 두 번째 유형은 잠 30장 15b-16절에서 볼 수
있다. 또한 이 양식은 이미 수 잠언의 양식 설명에 반복이기 때문에 도표
만 제시한다.

---

17   Chr. Hardmeier, Texttheorie und biblische Exegese, BEvTh 79, München, 1978, 299.

18   M. Haran, "The Graded, VTS.22(1971), 261; H. W. Wolff, Joel/ Amos, BKXIV/2,
      Neukirchen-Vluyn, 21985, 166-169; C. Fischer, Die Fremdvölkersprche bei Amos und
      Jesaja, BBB 136, Bonn, 2002, 31-33 등.

제목줄	아무리 먹어도 배부른 줄 모르는 것(세 가지)	"족하다" 할 줄 모르는 것(네 번째)
목록줄	① 지옥	
	② 애기 못 낳는 모태	
	③ 물로 채울 수 없는 땅	
	④ "만족하다" 할 줄 모르는 불	
	작가 의도의 특징 요소	
해석절	"아비를 조롱하며 어미 순종하기를 싫어하는 자의 눈은 골짜기의 까마귀에게 쪼이고 독수리 새끼에게 먹히리라." (잠 30:17)	

두 번째 양식적 대조는 아모스의 이방 신탁양식 중 "이스라엘 단락"이 잠언의 두 번째 양식과 동일하다는 것을 지적하고 있다.

6 "여호와께서 이와 같이 말씀하시되

왜냐하면 이스라엘의 세 가지 죄로 말미암아 그리고 네 가지 죄로 내가 그 벌을 돌이키지 아니하리니

이는 그들이 은을 받고 의인을 팔며 신 한 켤레를 받고 가난한 자를 팔며

7 힘없는 자의 머리를 티끌 먼지 속에 발로 밟고 연약한 자의 길을 굽게 하며

아버지와 아들이 한 젊은 여인에게 다녀서 내 거룩한 이름을 더럽히며,

8 모든 제단 옆에서 전당 잡은 옷 위에 누우며 그들의 신전에서 벌금으로 얻은 포도주를 마심이니라." (암 2:6-8)

제목줄	이스라엘의 범죄(세 가지- 수 X): 작가 의도의 특징 요소	돌이키지 않음(네 가지- 수 X+1): 작가 의도의 특징 요소
목록줄	① 인간 존엄성의 파괴(2:6b)	
	② 법 정의의 파괴(2:7a)	
	③ 가족-부족의 성적 타락(2:7b)	
	④ 사회 제도의 부패(2:8)	
	작가 의도의 특징 요소	
해석절	심판 선언(암 2:13-16)	

잠언 30장 15b-16절의 구성 요소는 한 가지 15b절의 주제를 설명하기 위한 것이다. 이 수 잠언에서 공통적인 주제는 "인간과 자연의 끊임없는 욕심"이다.[19] 이 양식은 아모스의 이스라엘 신탁(암 2: 6b-8)과 동일한 양식을 가진다. 즉, 아모스의 이스라엘 신탁은 4가지의 요소인 인간의 존엄성 파괴, 법 정의의 파괴, 가족-부족의 성적 타락 그리고 사회 제도의 부패가 한 가지 공통적인 주제 "사회 정의 비판"이라는 것을 설명하고 있다.

이러한 양식적인 동일성은 아모스가 이방 민족과 자신의 민족의 범죄를 확실하고 효과적으로 기억하고 전하기 위해서 수수께끼를 기원으로 하는 수 잠언의 지혜 양식을 받아들인 것으로 나타난다.[20]

b. 수사학적/교훈적인 질문(암 3:3-8)

3 "두 사람이 뜻이 같지 않은데 어찌 동행하겠으며
4 사자가 움킨 것이 없는데 어찌 수풀에서 부르짖겠으며

---

19   A. Meinhold, ZBK 16.2(1991), 507.

20   이용호, "지혜 문학의 수 잠언과 아모스의 이방 신탁의 양식 비교"(2006), 150.

젊은 사자가 잡은 것이 없는데 어찌 굴에서 소리를 내겠느냐?

5 덫을 땅에 놓지 않았는데 새가 어찌 거기 치이겠으며

잡힌 것이 없는데 덫이 어찌 땅에서 튀겠느냐?

6 성읍에서 나팔이 울리는데 백성이 어찌 두려워하지 아니하겠으며

여호와의 행하심이 없는데 재앙이 어찌 성읍에 임하겠느냐?

7 주 여호와께서는 자기의 비밀을 그 종 선지자들에게

보이지 아니하시고는 결코 행하심이 없으시리라.[21]

8 사자가 부르짖은즉 누가 두려워하지 아니하겠느냐

주 여호와께서 말씀하신즉 누가 예언하지 아니하겠느냐?" (암 3:3-8)

이 구절들은 아모스의 예언에 대한 선포를 제시하는 것이 아니라, 그의 예언자 됨에 대한 정당성을 증명하는 구절이다. 3절을 제외한 나머지 구절들은 한 절에 두 개의 수사학적/교훈적인 질문[22]을 사용하여 청중으로 하여금 긍정의 대답을 끌어내고 있다.[23] 또한 예언자의 언어 사용과는 다르게 그 질문은 자연 관찰을 바탕으로 하는 행위-결과의 관련성을 제시한

---

21 암 3:7절은 다음과 같은 관점에서 신명기 사가의 첨가로 처리된다: 첫째, 3:3-5과 3:8절은 시문으로 구성된 반면에, 3:7절은 산문이다. 이것은 시문에 후대에 저자가 첨가된 것으로 판단된다. 둘째, 3:7절에 '그의 종, 예언자들'은 아모스 시기보다는 후기에 나타난 신명기 사가(비교, 왕상 14:18; 왕하 17:13, 23; 21:10; 24:2)와 후기의 예레미야(비교, 렘 7:25; 25:4; 26:5; 35:13; 44:4 등)에서 주로 사용한 단어를 사용한다. 또한 '어떤 것을 행하다'는 신명기 사가들이 자주 애용하는 관용구이다(비교, 왕하 17:12; 또한 20:9 등). 셋째, 비록 7절에서 소드(סוד/비밀)가 고대 지혜(잠 11:13; 20:19b; 25:9)에서 자주 사용하는 용어일지라도, 그 사용에 있어서 지혜의 용어(גרה סוד 가라 소드: 항상 이 두 단어가 결합하는 "어떤 비밀스러운 소문이나, 비방 거리를 전하다, 말하다")와는 차이를 제시하며, 단지 이 단어는 예레미야 이래로 "비밀 또는 비밀스러운 계획"을 의하는 단어로 사용되었다. 그 때문에 이 단어는 후기에 지혜 용어로서 사용된다. 마지막으로, 7절은 명백하게 내용적으로 6절과 8절을 해석하고 있는 후기 첨가로서 지적된다; G. von Rad, "Die deuteronomistische Geschichtstheologie in den Königsbüchern," TB 8, GSt, 1958, 189-204; W. H. Schmidt, "Die deuteronomistische Redaktion des Amosbuches," ZAW 77, 1965, 185-188; L. Markert, Struktur und Bezeichnung des Scheltworts, Berlin. New York, 1977, 86 외 다수.

22 비교, S. Terrien, Amos(1962), 111-112; H. W. Wolff, Amos(1964), 5.

23 E. G. E. Watson, "Classical Hebrew Poetry," JSOT.S 26, Sheffield, 1984, 338.

다.[24] 이와 같은 언어 사용은 예언자의 언어 사용이 아니라, 지혜자의 교육 방법이다.[25] 아모스는 자신의 예언자 됨의 정당성을 세 가지로 제시한다. 첫째, 수사학적(교훈) 질문의 연속된 사슬을 통한 자기 정당성의 주장, 둘째, 질문의 내용은 일반 예언이 아니라, 자연 관찰(사자-먹이와 새 덫)을 통하여 제시된다. 셋째, 그 양식과 내용은 지혜 문학에서 주로 사용하는 "행위-결과의 관련성"으로 결합한다. 이러한 언어 표현은 아모스가 자신의 예언자 됨에 정당성을 위하여 지혜 문학에서 애용하는 양식과 내용을 차용하고 있음을 제시한다.

c. "화(הוי 호이/ 화로다)의 외침"(암 5:18-19)[26]

화의 외침[27]은 "화로다(הוי/호이)[28]"라는 말은 전형적인 양식으로서 뒤따르는 분사(경우에 따라서는 대명사)[29]와 연결된다.[30] 또한 "화로다"라는 말에

---

24 사람과 만남(3절)-사자와 먹이(4절)-새와 덫(5절)-사람과 도시의 재앙(6절)-사자와 예언(8절)

25 잠 6:27; 17:16; 30:4; 욥 8:11등.

26 또한 암 6:1, 3-6; 비교, 2:7; 5:7; 6:13 비교, 사 5:8-24과 10:1-4 이사야의 경우 화의 외침에서 지혜와의 접촉은 양식보다는 주제적 접촉으로 나타난다: 음주(사 5:11-12, 22; 암 6:5-6; 잠 23:30) 대립 잠언 선-악, 쓴 맛-단 맛(사 5:20; 암 5:14-15; 8:10; 잠 27:7 등); J. Fichtner, Jesaja, 1965, 21; J. W. Wedbee, Isaiah (1971), 80-110을 참조하라.

27 "화의 외침"에 관련된 것들은 다음과 같다: H. W. Wolff, Amos(1964), 16-23; E. Gerstenberger, "The Weo - Oracles of the Prophets," JBL 81, 1962, 249-263, 특히 257; G. Wanke, "Mitteilungen הוי und אוי," ZAW 78, 1966, 215-218; J. G. Williams, "The Alas - Oracles of the eighth century Prophets," HUCA 38, 1967, 75-91; W. Schottroff, Fluchspruch, WMANT 30(1969), 112-120; W. Janzen, Mourning Cry und Woe Oracle, BZAW 125, Berlin, 1972; H. J, Kraus, Hoy als prophetische Leichenklage über das eigene Volk im 8. Jahrhundert, ZAW 85, 1973, 15-46; E. Otto, "Die Stellung der Wehe-Worte in der Verkündigung des Propheten Habakuk", ZAW 89, 1977, 73-107; C. Hardmeier, Texttheorie, BEvTh 79(1978), 174-179, 202-206; H. W. Wolff, BK XIV/2(²1985), 284-287; D. R. Hillers, "Hoy und Hoy-Oracles: A neglected Syntactic Aspect", FS D. N. Freedman, 1983, 185-188; K. J. Dell, "The Misuse of Forms in Amos,"VT45, 1995, 45-61; M. Köhlmoos, "Der Tod als Zeichen-Die Insenierung des Todes in Am 5", BN107/108, 2001, 62-77. 외 다수.

28 이후부터는 "호이"로 통일한다.

29 분사와의 결합 후에는 계속해서 정동사 형태 즉, 완료(암6: 3b, 5b) 또는 미완료(암 6: 6aβ)와 결합한다.

30 예를 들어, 암 5장 18절은 호이 함미트압빔([분사]המתאוים הוי/화로다 ~을 기다리는 자들이여)으로 호이와 분사의 결합을 볼 수 있다.

는 위협당하는 자가 언급되지 않으며, 그의 행위만을 나타낸다(암 5:7). 또한, "화의 외침"은 자세하게 열거된 책벌 선언과 결합하지 않는다. 왜냐하면 다가오는 패망은 이미 죽은 자로 간주한 "화로다" 속에 함축하고 있기 때문이다. 게다가 "화로다"와 분사의 결합 구조에서 '호이'는 다시 나타나지 않으며, 분사의 사용만 연속적으로 나타난다(암 6:1, 3-6). 분사의 빈번한 사용은 인간적인 태도에 대한 비판이 '호이'에 암시되어 있다는 것을 전제로 하는 표현을 강력하게 제시한다.[31] 이와 같은 전제 아래에서 예언자는 '호이' 외침을 결정하게 만든 인간적 태도 속에 죽음의 원인이 내재해 있다는 것을 청중에게 확실하게 전달하기 위하여 죽은 자가 아닌, 살아 있는 자에게 '호이'를 선언한다.[32] 마지막으로 이 "호이"의 기원은 구약성서의 왕상 13장 30절의 "장례식의 애곡"에서 찾을 수 있다.

그러면 아모스의 "화의 외침"의 양식이 지혜에서 기원한 것인가? 이 주제는 많은 학자들에 의해서 다양한 방법으로 연구되었다. 그러나 화의 외침의 양식을 결정하는 결정적인 단어인 "호이(הוי)"는 지혜 문학 어디에서도 나타나지 않는다.[33] 그와 같은 통계적인 증거는 다음과 같은 결론을 도출해 낸

31　G. Wanke, Mitteilungen, ZAW 78(1966), 217-218을 참조하라.

32　윗글, 218; W. H. 슈미트, 『구약성서입문 II』, 38.

33　구약성서에서 '호이'는 52번 나타난다: 첫째, 만가(애곡)의 외침에서 '호이'는 4개의 구절에서 장례식과 관련을 가진다(왕상 13:30; 렘 22:18; 34:5; 암 5:16). 둘째, 사람들이 "아이고! 야!"로서 번역할 수 있고, 일반적으로 "위협, 슬픔, 경고 그리고 흥분"을 표시하는 감탄사로서 특징을 나타내는 독립 감탄사가 8번 사용된다(아이고!; 사 1:24; 17:12; 렘 30:7; 47:6; 하! 우아!; 사 55:1; 슥 2:10(x2)). 셋째, '호이'가 분사, 명사 그리고 형용사와 결합하여 33번 나타난다. 분사, 명사와 형용사 그룹은 전체 33번 중에서 23번은 분사와 결합한다. 분사와 결합할 때 고대 본문에서 거의 분사 복수가 12번(사 5:8, 18, 20; 10:1, 29:15; 31:1; 암 5:18; 미 2:1; 렘 23:1; 겔 34:2; 습 2:5; 암 5:7) 나타나고 후기 본문에서 분사 단수는 11번(사 33:1; 45:9, 10; 렘 22:13; 합 2:6, 9, 12, 15, 19; 습 3:1; 슥 11:17; 합 2:5) 나타나는 것이 눈에 띈다. 그중에 4번의 경우는 주격으로 사용된 분사이다(레 23:1; 겔 34:2; 습 2:5; 슥 11:17). 그 다음에 5번은 명사와 결합한다(사 1:4; 18:1; 28:1; 30:1; 나 3:1). 게다가 2번은 전치사 없는 고유명사와 함께 나온다(사 10:5 앗수르; 사 29:1 아리엘). 마지막으로 3번은 형용사와 함께 사용된다(사 5:21, 22; 암 6:1); G. Wanke, Mitteilungen, 216; H. J, Kraus, Hoy, 15-46, 19-23; J. G. Willians, Alas-Oracles, HUCA 38(1967), 82-83; H. J. Zobel, "הוי", ThWAT II, 383.

다: '호이(הוֹי)'의 외침에서는 지혜 문학의 영향을 볼 수가 없다. '호이(הוֹי)'
는 세속적인 애곡의 기원(왕상 13:30)을 나타낸다. 그리고 예언자는 "화의
외침"의 양식을 장례식의 애곡을 통한 교육적인 관점보다는 자신의 선포근
거를 제시하기 위하여 심판과 파멸(죽음)의 관점에서 '산자에게 이미 죽음
이 선고되었다'는 선언으로서 차용하였다.

d. 권고의 외침(암 4:4-5; 5:5-6, 14-15)

> 4 "너희는 벧엘에 가서 범죄하며 길갈에 가서 죄를 더하며
> 아침마다 너희 희생을, 삼일마다 너희 십일조를 드리며
> 5 누룩 넣은 것을 불살라 수은제로 드리며
> 낙헌제를 소리내어 선포하려무나
> 이스라엘 자손들아 이것이 너희가 기뻐하는 바니라
> 주 여호와의 말씀이니라." (암 4:4-5)

> 4 "여호와께서 이스라엘 족속에게 이와 같이 말씀하시기를
> 너희는 나를 찾으라 그리하면 살리라
> 5 벧엘을 찾지 말며 길갈로 들어가지 말며 (…)[34]
> 길갈은 반드시 사로잡히겠고
> 벧엘은 비참하게 될 것임이라 하셨나니
> 6 너희는 여호와를 찾으라 그리하면 살리라
> 그렇지 않으면 그가 불 같이 요셉의 집에 임하여 멸하시리니

---

34 이 구절은 첨가로 받아들인다. 그 근거는 다음과 같다: 첫째, 벧엘과 길갈은 북 이스라엘의 성지이
    며, 반면에 브엘세바는 유다의 지명이다. 아모스의 선포는 유다에게 향하는 임무가 아니라, 북 이
    스라엘만을 향한 예언이다(암 1:1). 둘째, 심판 전에 지명은 벧엘, 길갈과 브엘세바이지만, 심판은
    단지 벧엘과 길갈만 나타난다. 셋째, 율률적으로 브엘세바는 전체 5절의 음률을 깨뜨리고 있다;
    참조, H.W. Wolff, BKXIV/ 2(²1985), 272.

벧엘에서 그 불들을 끌 자가 없으리라."(암 5:5-6)

14 "너희는 살려면 선을 구하고 악을 구하지 말지어다!
만군의 하나님 여호와께서 너희의 말과 같이 너희와 함께 하시리라
15 너희는 악을 미워하고 선을 사랑하며 성문에서 정의를 세울지어다.
만군의 하나님 여호와께서 혹시 요셉의 남은 자를 불쌍히 여기시리라."
(암 5:14-15)

위의 구절들은 권고의 말/외침 또는 예언자의 권고의 말/외침으로서 간주된다. 이러한 양식은 예언자의 전형적인 양식보다는, 오히려 잠언에서 두 개의 사물 또는 단어를 사용하여 듣는 사람으로 하여금 자신의 행위를 일깨우게 하는 교육적인 효과를 얻으려는 방식이다. 이 양식의 특징은 거의 명령형으로 이루어져 있다:

"너희는 옷을 찢지 말고,
마음을 찢으라!"(욜 2:13; 렘 4:4)

또 권고의 말의 마지막 결론으로서 레마안(לְמַעַן/그리하면) 또는 펜(פֶּן/그렇지 않으면)의 문장들이 결론으로서 첨가된다.

"너는 권고를 들으며
훈계를 받으라(명령형: 경고와 훈계)
그리하면(לְמַעַן 레마안) 네가 필경은
지혜롭게 되리라(명령형: 권면의 경고)."(잠 19:20)

명령형을 사용하여 한쪽으로는 경고를, 다른 쪽으로는 훈계를 하며, 마

지막으로 권면의 경고로 이루어진 이 권고의 외침은 아모스와 잠언의 권고의 양식에서 서로 비교된다:

(a) 대구법적인 연설 양식: "찾다-찾지 말라", "선-악", "죽음-생명" 등의 대조를 통한 선포는 확실하게 예언자의 말이 아니라, 지혜에서 사용하는 대립 잠언(특히 잠 10-15장에서)과 동일한 양식으로 사용된다.

(b) 행위-결과의 관련성을 일깨우는 결과 문장("너희는 여호와를 찾으라 그리하면 살리라") 이것은 암 5장 14-15절과 잠 19장 20절; 15장 24절이 비교되며, 또한 암 5장 4, 6절; 4장 4절(비꼬는 양식)과 잠 4장 4절(=7:2); 9장 6절; 11장 19, 23절; 12장 28절과 비교된다.

(c) 알(אל/부정어)과 펜(פ) 문장[35]의 접속사를 통한 문장의 사용. 이러한 문장의 사용은 행위-결과의 관련성을 제시하는 암 5장 6절과 잠 20장 13절; 24장 17-18절에서 정확하게 일치한다.

이러한 아모스의 권고의 말은 야훼의 의지를 전하는 제사장 신탁[36]의 양식과 회개를 일깨우는 회개 양식과도 다르다. 권고의 말의 사용은 회개보다는 미래의 일어날 것을 경고하는 교육적인 작용에서 그 역할을 찾아 볼 수 있다.

(3) 아모스에 나타난 지혜의 주제

a. 사회 정의 비판의 배경과 지혜의 영향

6 "여호와께서 이와 같이 말씀하시되 이스라엘의 세 가지 죄로 인하여,
또한 네 가지 죄로 인하여 내가 그 벌을 돌이키지 아니하리니,

---

35 목적을 나타내는 부정 접속사로 사용된다. 더 자세한 것은 E. Kautzsch, 『히브리어 문법』, 신윤수 역, 비블리카 아카데미, 2003, 165b, 107q를 보라.

36 J. Begreich, Die Priesterliche Tora, TB 21, 1964, 232-260.

왜냐하면 그들이 은을 받고 의인을 팔며 신 한 켤레를 받고 가난한 자를
팔며

7 힘없는 자의 머리를 티끌 먼지 속에 발로 밟고 연약한 자의 길을 굽게
하며 아버지와 아들이 한 젊은 여인에게 다녀서 내 거룩한 이름을 더럽
히며

8 모든 제단 옆에서 전당 잡은 옷 위에 누우며

그들의 신전에서 벌금으로 얻은 포도주를 마심이니라." (암 2:6-8)

4 "가난한 자를 삼키며 땅의 힘없는 자를 망하게 하려는 자들아!

이 말을 들으라.

5 너희가 이르기를 월삭이 언제 지나서

우리가 곡식을 팔며 안식일이 언제 지나서 우리가 밀을 내게 할꼬

에바를 작게 하고 세겔을 크게 하여 거짓 저울로 속이며

6 은으로 힘없는 자를 사며 신 한 켤레로 가난한 자를 사며

찌꺼기 밀을 팔자 하는구나." (암 8:4-6)

　본문의 내용은 가난한 자에 대한 부자의 부정과 착취를 비판하는 내용
으로 제시된다. 이러한 사회 불의에 대한 의식을 아모스는 자신의 삶의 경
험에서 배웠을 것이다. 아모스의 구절(암 2:6-8; 8:4-6)에는 아주 특징적
인 주제가 들어가 있다. 그것은 바로 부자의 윤리이다. 대지주인 부유한 상
류층의 착취 정책은 대체적으로 소작인의 경제적인 붕괴를 초래한다. 이
것에 대항하여 아모스는 대지주에게 강력한 도덕적인 호소와 함께, 또한
그들의 부에 대한 사회적인 의무를 기억하게 함으로써 소작농 보호를 촉
구하였다.

　이러한 부자의 윤리를 제시하는 것은 구약성서의 법이나, 시문학에서
볼 수 없으며, 오히려 이스라엘 사회에서 자유롭게 인간을 위한 삶을 생각

하게 하는 지혜일 것이다. 우리는 위에서 아모스가 제시한 문제의 근본을 제시하는 구절을 지혜 문학에서 찾을 수 있다. 특히 잠언의 인간 창조의 근본 취지는 정확하게 아모스 사상의 배경을 이루고 있다.

> "가난한 사람을 억압하는 것은
> 그를 지으신 분을 모욕하는 것이지만,(잠 14: 31a)
> 그러나 궁핍한 사람에게 은혜를 베푸는 자는
> 그를 경외하는 자이다." (잠 14: 31b)[37]

잠언 14:31b 양식의 특징들은 다음과 같다: 반행의 교차 대구법, 반의적 평행법(가난한 사람을 억압하는 것:궁핍한 사람에게 은혜를 베푸는 것), 분사의 격 묘사(억압하는 것, 은혜를 베푸는 것). 31a절에서는 가난하게 된 소작인을 경제적으로 강탈하는 자는 그들의 창조자를 모욕하는 것이라고 말한다. 31b절의 창조주 앞에서 가난한 자를 돌보는 것은 사회적으로 약한 자에게 은혜와 배려와 동정을 나타내도록 인도한다. 이 격언은 격언을 듣는 자로 하여금 명백하게 '관계의 변화'를 목표로 한다. 31a절은 가난하게 된 소작인의 경제적인 착취에 윤리적인 경계를 세운다. 31b절에서는 가난하게 된 영세 농부를 창조주 앞에서 주지시킴으로써 가난한 자들에 대한 부유한 자들의 사회적 의무를 잊지 않게 한다.[38]

이러한 지혜 문서의 주제 "부유한 자의 사회적 의무"는 어느 사회층에서 요구할까? 아마도 그 당시 억압당하고 착취당하는 사회층에서 나온 생각이 아닐까? 왕궁에서 이스라엘 사회를 움직이는 지도층에서 이러한 문제를 제시한 것이 아니라, 오히려 왕궁과 떨어진 지방의 중산층에서 형성된

---

37   또한 잠 17:5; 22:2 등.

38   P. Doll, Menschenschöpfung, SBS 117(1985), 16-19.

것은 아닐까? 아모스는 그 당시에 지방민들이 생각한 것을 바탕으로 이스라엘 사회를 보았을 것이다. 어떤 정책이 올바르고 어떤 정책이 국가를 붕괴시키는가 하는 것은 국가의 지도층과 부유층의 책임에 달려 있다. 그 때문에 하나님은 가난한 자보다는 부자에게 윤리적인 책임이 있다고 말씀하고 있다. 그러한 점에서 잠언의 인간 창조는 아모스에게 이스라엘 사회를 바로 볼 수 있는 힘을 주었을 것이다.

b. 대구법적인 단어의 쌍(암 5:14-15; 6:2b)

> 14 "너희는 살려면 선을 구하고 악을 구하지 말지어다 !
> 만군의 하나님 여호와께서 너희의 말과 같이 너희와 함께 하시리라.
> 15 너희는 악을 미워하고 선을 사랑하며 성문에서 정의를 세울지어다.
> 만군의 하나님 여호와께서 혹시 요셉의 남은 자를 불쌍히 여기시리라."
> (암 5:14-15)

이러한 대구법적인 단어의 쌍으로 사람의 잘못을 일깨우는 방법은 양식적으로 잠언에 그 기원을 가진다고 앞서 '권고의 말' 단원에서 이미 지적하였다. 14절에서 대구적 단어 "선-악"과 15절에서 "미워함-사랑함"의 주제는 정확하게 인간이 누구를 또는 무엇을 선택해야 죽음에서 벗어나며, 또한 생명을 가질 수 있는가를 제시하고 있다. 그러한 양식과 더불어 아모스의 본문은 잠언에서 제시하는 삶과 죽음의 문제를 다루고 있는 주제와 동일하게 제시된다.[39]

"악-선":

---

39   H. W. Wolff, Amos(1964), 30-36.

"악을 도모하는 자는 잘못 가는 것이 아니냐.

선을 도모하는 자에게는 인자와 진리가 있으리라." (잠 14:22)

5 "악인은 정의를 깨닫지 못하나

여호와를 찾는 자는 모든 것을 깨닫느니라." (잠 28:5)

"미워함-사랑함":

"훈계를 좋아하는 자는 지식을 좋아하거니와

징계를 싫어하는 자는 짐승과 같으니라." (잠 12:1).

"매를 아끼는 자는 그의 자식을 미워함이라

자식을 사랑하는 자는 근실히 징계하느니라." (잠 13:1).

잠언에서 대구법에 의한 이러한 단어 쌍의 사용은 결국 인간은 선과 악 중에서 어떤 것을 따르는가, 또한 어떤 것을 사랑하는가 또는 미워하는가 에 따라 자신의 삶과 죽음이 결정된다는 것을 의미한다. 특히 이러한 대구 적 단어들은 명백하게 잠언에서 말하고 있듯이 선과 사랑을 생명으로 말 한다. 반면에 악과 미워함을 죽음으로 말하고 있다.

"바른 길을 싫어하는 자는 엄중한 처벌을 받고,

책망을 싫어하는 자는 죽는다." (잠 15:10)

(4) 지혜의 용어

지혜 문학에서 사용되는 전문적이며 추상적인 지혜 용어들이 아모스 에게서 사용되었을까? 무엇보다도 예언자와 관련된 지혜의 전문용어들 은 다음과 같다: 호크마(חכמה/여성 지혜)와 하캄(חכם/지혜로운, 지혜); 빈

(בִּין/주지하다, 인지하다)과 빈나(בִּינָה/인식); 투시야(תּוּשִׁיָּה/지식, 인식, 힘 등); 야다(יָדַע/알다)와 다아트(דַּעַת/지식); 야아츠(יָעַץ/계획하다, 상담하다), 요에츠(יוֹעֵץ/상담가, 군사 고문관)와 에차(עֵצָה/계획, 충고). 이 단어들의 정확한 개념은 다음 이사야와 지혜의 관련성에서 설명될 것이다.

위에서 제시한 이러한 단어들은 예언서에서 중요할 뿐만 아니라 또한 이스라엘 후기 잠언(잠 1-9장)의 중심 용어로서 사용된다. 또한 이 단어들은 거의 추상적인 특성을 내포하고 있기 때문에 적어도 전문적인 교육을 받은 사람들이 사용하는 용어로 생각된다. 과연 아모스가 이러한 단어들을 사용했을까? 놀라운 것은 아모스는 이러한 단어를 전혀 사용하지 않았다는 것이다. 특히 지방 예언자들의 말들에는 위의 지혜 용어의 사용을 찾아 볼 수 없다.[40] 이런 점은 지혜의 영향이 지방 예언자와 궁중 예언자 사이의 차이점으로 나타난다. 호크마(חָכְמָה/여성 지혜)와 하캄(חָכָם/지혜로운, 지혜), 야아츠(יָעַץ/계획하다, 상담하다), 요에츠(יוֹעֵץ/상담가, 군사 고문관), 투시야(תּוּשִׁיָּה/지식, 인식, 힘 등)는 주전 8세기에 예언자들 중 지방 예언자인 아모스, 호세아에서는 나타나지 않는다. 빈(בִּין/주지하다, 인지하다)과 빈나(בִּינָה/인식) 중 빈(בִּין)은 호세아 4장 14절과 14장 10절에서 사용된다. 야다(יָדַע/알다)는 아모스 3장 2, 10절; 5장 12, 16절과 호세아에서는 총 14번 사용된다. 빈(בִּין)과 야다(יָדַע)는 일상생활 용어와 지혜 용어로 사용될 수 있다. 아모스와 호세아는 일상적인 용어로서 사용하였지만 이사야는 지혜 용어로서 사용하였다(사 1:3). 다아트(דַּעַת/지식)는 호세아 4장 1, 6절; 6장 6절에서 제시된다. 에차(עֵצָה/계획, 충고)는 호세아 10장 6절에서 나타난다. 그러나 아모스가 다아트(דַּעַת)나 에차(עֵצָה)와 같은 지혜의 전문 용어를 사용하였다는 구절은 제시할 수 없다.

경험 지혜의 용어들은 없을까? 지방 예언자에게서 사용된 지혜의 용어는

---

40   H. v. Lips, Tradition, 1990, 73.

없을까? 비록 후기의 구절로서 여겨지지만 경험에서 나오는 지혜의 용어로서 사용된 단어를 찾아 볼 수 있다: 소드(סוד/회합, 비밀 등)[41]

이 단어는 5가지로 번역할 수 있다:

① 무리/ 범위/ 공동체: 렘 6:11; 15:17; 시 64:3; 욥 19:19.

② 충고/ 회합: 창 49:6; 잠 15: 22; 시 83: 4.

③ 비밀: 잠 11:13; 20:19; 25:9.

④ 하나님의 공동체/ 하나님의 비밀: 잠 3:32; 렘 23:18, 22; 암 3:7; 사 25:14; 욥 15:8; 시 89:8.

⑤ 성스러운 무리: 겔 13:9; 시 55:15; 111:1.

이 같은 의미들 중에서 '소드(סוד)'가 지혜의 개념으로 사용되었다는 증거로서 제시되는 구절들은 잠 11장 13절; 20장 19절; 25장 9절; 렘 15장 17절; 23장 18, 22절; 암 3장 7절; 욥 15장 8절 등이다. 왜냐하면 이 구절들은 포로기 전 시기부터 포로 후기까지 이어지는 시기에 궁중에서 사용되는 추상적인 지혜의 개념이 아니라, 경험에서 오는 지혜의 개념을 포함하고 있기 때문이다.

> "내가 기뻐하는 자의 모임(סוד 소드) 가운데
> 앉지 아니하며 즐거워하지도 아니하고
> 주의 손에 붙들려 홀로 앉았사오니
> 이는 주께서 분노로 내게 채우셨음이니이다." (렘 15:17)

렘 15장 17절은 예레미야가 자신의 예언 때문에 친척, 이웃과 정다운 저녁 식사 자리에 함께 앉아서 대화하지 못함에 대해 한탄하는 구절이다. 우

---

41   L. Köhler, Der hebräische Mensch : eine Skizze ; mit einem Anhang Die hebräische Rechtsgemeinschaft, Darmstadt, 1980, 18; S. Terrien, Amos(1962), 11.

리는 소드(סוד)를 통하여 그 당시 그들이 이러한 모임을 통하여 자신의 하루일과를 서로 함께 나누었음을 추측할 수 있다. 이 모임에서 자신의 경험을 서로 이야기하고 서로 들음으로써 그들의 경험이 풍부해지는 '교육적인 역할'을 하였다고 생각할 수 있다.[42] 특히 소드(סוד)의 통계적인 자료[43]는 이 단어가 궁중에서 전문 지혜의 단어로 사용된 것이 아니라, 인간의 경험의 풍부하게 만드는 경험 지혜의 단어라는 것을 증명하고 있다.

> "주 여호와께서는 자기의 비밀(סוד 소드)을
> 그 종 선지자들에게 보이지 아니하시고는
> 결코 행하심이 없으시리라." (암 3:7)

아모스에서 소드(סוד)는 한번 사용된다. 아모스 3장 7절에서 이 단어는 아모스가 자신의 예언자 됨에 대한 정당성을 주장하는 말에서 제시된다. 아모스 3장 7절에서 이 단어는 위에서 제시한 ① 무리와 범위, ② 비밀, 그리고 ③ 하나님의 공동체/비밀을 합성할 수 있는 단어이다. 또한 무리들의 회합/만남에서 경험의 대화를 나누는 작용도 역시 포함된다. 암 3장 7절이 아모스 자신의 것인가, 아니면 후기의 첨가인가 하는 문제를 제외한다면, 이 단어를 통하여 최소한 경험에서 오는 지혜 용어를 발견할 수 있다.

우리는 아모스의 말에서 지금까지 지혜의 영향을 추적하였다. 아모스의

---

42   W. H. Schmidt, Redaktion, ZAW 77(1965), 186; L. Köhler, Mensch(1980), 18.

43   이 단어는 동사로 사용된 시 2:2; 31:14을 제외하고, 모두 명사로서 구약에서 21번 사용되었다. 통계적인 분포로는 모세 오경에 한번의 사용(창 49:6)을 제외하고 신명기 사가와 역대기 사가에서는 발견되지 않는다. 21개 중 8번은 지혜 문학 중 잠언에서 5번(3:32; 11:13; 15:22; 20:19; 25:9)과 욥기에서는 3번(15:8; 19:19; 29:4)에 사용된다. 그러나 욥의 주석자들은 이 단어를 "sod"로서 읽은 것이 아니라, 다르게 "sôk"로서 읽기 원한다(G. Fohrer, Das Buch Hiob, KAT16, Gehr Mohn1963, 496 외 다수). 시편에서는 6번, 예레미야에서 4번(6:11; 15:17; 23:18; 23:22) 그리고 에스겔과 아모스에서 각각 1번씩 사용된다; H. D. Neef, Gottes himmlischer Thronrat, AzTh 79, Stuttgart, 1994, 35-47; M. Saebo, סוד, THAT, 148-150; H. J. Fabry, סוד, ThWAT 5, 775-782.

지혜의 영향을 궁중의 추상적인 지혜보다는 경험에서 비롯된 지혜의 영향으로 이해한다. 특히 아모스에게 나타난 지혜의 기원에 있어서 아직 고고학적인 증거들이 충분하지 않지만, 당대 솔로몬에게서 비롯된 국제 문화 교류(왕상 4:29-30)는 성서에서 제시하듯 신빙성이 있으며, 아모스는 그의 직업이 말해 주듯이 목자로서 고대 근동 지역을 다니면서, 다른 문화를 접할 수 있었을 것이다. 그러한 가설을 뒷받침하는 증거가 바로 예언서에서 나타난 지혜의 양식이다(수 잠언: 암 1:3-5 외 다수/ 수사학적, 교훈적 질문: 암 3:3-8/ 권고의 말: 암 4:4-5; 5:4-6, 14-15). 그러나 주의를 요하는 것은 명백하게 화의 외침(הוי/호이)의 양식은 그 기원에 있어서 지혜에서 온 것이 아니라, 세속적인 장례 의식에서 온 것이기에 '호이(הוי)' 단어를 지혜의 영향으로 볼 수 없다는 결론에 이른다.

아모스의 말에 대한 지혜의 영향을 찾으려는 노력은 주제의 사용에서도 뚜렷하게 나타난다. 아모스의 사회 정의에 대한 비판(암 2:6-8; 8:4-6)과 대구법적인 용어의 사용(암 5:14-15; 6:2b)들은 잠언에서 제시하는 주제와 일치하고 있다. 마지막으로 지혜의 전문적인 용어가 지방 예언자에게서 나타날까? 이러한 질문에 확실하게 대답할 수 있는 증거를 찾는 것은 쉽지 않다. 비록 후기의 첨가로 여겨짐에도 불구하고 제시할 수 있는 단어는 소드(סוד/ 회합 또는 비밀)이다.

2) 이사야

앞 단원에서 우리는 아모스에 나타난 지혜 영향을 보았다. 아모스의 지혜 근원이 부족에서 발생한 경험에 의한 지혜로서 제시할 수 있다면, 이사야는 궁중 지혜의 원형을 보여 주고 있는가? 확실하게 이사야는 아모스에서 제기한 지혜의 기원, 지혜 용어의 사용 그리고 주제 면에서 확실하게 다른 양식과 용어를 보여준다. 이사야가 아모스와는 다른 삶을 살았다는 것에서 궁중 지혜의 원형을 볼 수 있지 않을까?

(1) 이사야의 지혜 기원

이사야는 어떻게 지혜를 알았을까? 피히트너(J. Fichtner)는 이사야는 원래 지혜자 그룹에 속하는 지혜자이면서 동시에 지혜자를 비판하는 예언자라고 말한다. 즉, 한쪽으로는 하나님의 역사를 이끄는 계획에 반대하여 자신의 계획을 스스로 자랑하는 자들을 비판했으며(사 5:21; 29:14; 30:1-3; 31:1-3), 다른 쪽으로는 하나님의 역사에 대한 계획을 이해할 수 있는 능력이 지혜에서 비롯되었다고 말한다는 것이다.

이러한 불균형으로 인한 긴장의 해결을 위해 피히트너는 다음과 같이 말한다: 이사야는 소명 전에 지혜자의 계급에 속해 있었다. 이후 이사야는 그의 소명 사건(사 6장)에서 그 자신의 지혜 때문에 자신의 길이 잘못되었다는 것을 깨달았다는 것이다. 그는 소명 후에 "야훼 홀로 지혜롭다." (31:2) 그리고 이스라엘(5:21; 29:14), 이집트(31:3; 19:15), 그리고 앗수르 (10:12-13)에서 나타나는 지혜는 야훼의 계획(עצה 에차)과 반대되기 때문에 패망한다는 것을 깨달았다고 한다.[44] 피히트너의 주장은 이사야에 나타난 지혜 영향의 기원을 잘 설명해 줄 수 있는 기초를 제공한다. 그러나 이 이론에는 몇 가지 생각해야 할 것이 있다: 지혜자의 그룹이 있다는 것을 예루살렘 멸망 전에 증명할 수 있을까? 이사야가 소명 사건 전에 행한 예언은 잘못된 것일까? 혹시 이사야가 비난한 지혜자의 그룹은 우리들이 생각하는 일반적 지혜 교사의 개념으로서의 지혜자가 아니라 정치가를 지칭하는 것은 아닐까?[45]

---

44   J. Fichtner, Jesaja, AZTHII/3(1965), 21.

45   더 자세한 사항은 Part 01에서 언급한 이스라엘 지혜의 기원을 보라!

당대에 이사야의 활동 범위는 궁중이었기 때문에 언어 사용에 있어서 지방 예언자보다는 고급스러운 언어를 사용했다. 곧 교육 받은 자로 추측할 수 있다. 그러나 이사야를 지혜자로 간주하는 것은 애매하다. 먼저 이사야가 지혜자를 비난한 구절들을 통해 이사야의 지혜의 기원을 추적해 보기로 하자.

> 13 "주께서 이르시되 이 백성이 입으로는 나를 가까이 하며
> 입술로는 나를 공경하나 그들의 마음은 내게서 멀리 떠났나니
> 그들이 나를 경외함은 사람의 계명으로 가르침을 받았을 뿐이라.
> 14 그러므로 내가 이 백성 중에 기이한 일 곧 기이하고 가장 기이한 일을
> 다시 행하리니 그들 중에서 지혜자의 지혜가 없어지고
> 명철자의 총명이 가려지리라." (사 29:13-14; 비교 30:1-3과 31:1-3)

사 29장 13-15절에 "지혜자의 지혜가 없어지고, 명철자의 총명이 가려지리라"라고 지혜자의 그룹에 대해서 비난하는 것 같지만, 사 29장 9-16절에 나타난 사건과 관련지을 때, 지혜자라고 지칭되는 그룹은 모호하다. 13절은 "입술 예배"를 말한다. 앗시리아의 침공에(주전 701년) 위협당한 정치가들이 이사야에게 제사(예배)를 간청한 역사적 사건에서 기인한다.[46] 이사야는 사 29장 9-16절을 통하여 그들의 영악한 지혜를 공격한다. 그렇다면 그 대상자들은 누구일까? 이사야 29장 9-16절의 지혜자는 정치가들일 것이다. 이러한 생각은 사 30장 1-3절과 31장 1-3절에서 명백해진다. 입술로는 야훼의 믿음을 강조하지만, 생각은 이집트의 믿음으로 내려가는 그들, 신이 아니라 사람(이집트: 3절)에게 의지하려고 한다. 이사야

---

46   W. Dietrich, Jesaja, BEvTh 74(1976), 173; S. Deck, Die Gerichtsbotschaft Jesajas Charakter und Begründungen, fzb 67, Würzburg, 1991, 117-118.

는 야훼의 지혜를 대조시켜서 그들을 비난한다. 여기에서 그들은 지혜자가 아니라, 명백하게 정치가들이다.

사 5:21의 표현은 아주 적절하게 정치가들의 속성을 지적한다:

> 21 "스스로 지혜롭다 하며 스스로 명철하다 하는 자들은 화 있을진저!"
> (사 5:21; 비교 잠 26:5, 12)

"스스로 지혜롭다 하는 자"의 표현은 스스로 안다고 하는 지나친 자만에 빠져 있는 자를 묘사하는 것이다. 이러한 비난은 이사야 29장 14b절의 경우처럼 자신의 계획을 의지하는 자들에게 향하는 비난으로 나타난다. 결국 주전 8세기 이사야 시기에 지혜자의 그룹은 우리들이 생각하는 잠언에 나타난 지혜자의 그룹이 아니라, 지혜의 옷을 입은 정치가를 비난한 것으로 나타나며, 동시에 지혜자가 한 그룹을 형성하였다는 증거는 어디에도 찾을 수 없다.

그렇다면 이사야의 지혜는 어디에서 온 것일까? 궁중의 교육에서 찾을 수 있을까?

> 2 "하늘이여 들으라! 땅이여 귀를 기울이라! 여호와께서 말씀하시기를
> 내가 자식을 양육하였거늘 그들이 나를 거역하였도다.
> 3 소는 그 임자를 알고 나귀는 그 주인의 구유를 알건마는
> 이스라엘은 알지 못하고, 나의 백성은 깨닫지 못하는도다." (사 1:2-3)

이 구절은 이사야의 지혜의 한 단면을 보여준다. 인간의 삶의 경험은 사람을 사람답게 만들어 주는 가장 이상적인 지혜의 모습으로 나타난다. 왜냐하면 인간이 동물을 통하여 배우는 삶의 경험과 그 경험을 지혜로움으로 이끄는 추상적 단어(알다 야다/יָדַע와 깨닫다 빈/בִּין)의 사용이 돋보이기

때문이다. 이사야의 지혜 용어의 전문적인 사용은 궁중에서 많이 사용하는 전형적인 형태이다.

(2) 이사야가 사용한 지혜 용어

이사야의 지혜 용어의 사용은 그 통계에 있어서 아주 빈번하다. 지방 예언자들이 잠언에서(특히 잠 1-9장) 사용되는 전문적인 지혜 용어를 거의 사용하지 않는 반면에, 이사야는 그의 예언의 많은 부분에서 전문적인 지혜 용어를 사용하고 있다:

a. 호크마(חכמה/여성 지혜)와 하캄(חכם/지혜로운, 지혜)

이 단어들은 외경을 제외하고 구약에서 318번 나타나며, 구약 지혜 문학에서 180번 나온다. 동사는 "지혜롭다"라는 뜻으로, "실용적 목적"을 위하여 어떤 일에 능숙한 사람과 지혜로운 자의 상태를 지칭하는 말이다. 명사로서 "지혜"의 뜻을 가진 חכמה (호크마)는 매우 추상적으로 사용되는 명사이다.[47] 이사야는 이 단어[48]를 인간의 지혜와 하나님의 지혜를 대조할 때 사용하며, 하나님의 지혜를 강조하는 잠 21장 31-32절과 16장 1절[49]과 같이 하나님의 지혜의 우월성을 강조하기 위하여 사용한다. 인간의 지혜(חכם 하캄)가 하나님의 지혜에 대치될 때 항상 하나님의 지혜는 승리한다.[50]

b. 빈(בין/주지하다, 인지하다)과 빈나(בינה/인식)

---

47 더 자세한 사항은 Part 01을 보라!

48 사 5:21; 11:21; 20:13; 19:11(2번), 12; 29:14; 31:2.

49 이 구절에 대한 설명은 이 책 Part 03 부분, 이스라엘 고유한 지혜를 통한 역사 인식을 보라!

50 H. v. Lips, Tradition, WMANT 64(1990), 14; M. Saebo, Art. חכם, THAT I, 1976, 557-567; R. N. Whybray, The intellectual Tradition, BZAW 135(1967), 98.

이 단어들은 구약에서 250번 사용되며 잠언에서 67번, 욥기 36번 그리고 이사야에서 28번 사용된다. 이러한 통계적 증거는 이 단어가 일차적으로 지혜 문학에서 애용하는 단어이며, 이사야에서 빈번하게 사용된 점으로 보아 이사야서가 지혜 문학의 영향을 받았음을 알 수 있다. 빈(בין)과 빈나(בינה)는 실용성이 포함된 단어가 아니라 오히려 지적인 해석과 식별의 분야에서 자주 사용되는 용어이다. 특히 이 단어는 테부나(תבונה/ 이해하는 힘)와 쌍을 이루는 단어이다. 테부나(תבונה)가 기계나 다른 어떤 도구를 사용하는 면에서 "이해"하는 힘을 말한다면 빈(בין) 또는 빈나(בינה)는 생각의 개념을 해석하는 능력을 말한다. 그럼 점에서 이사야에게서 이 단어의 사용은 전적으로 직관, 지적인 인식 능력 그리고 지적인 해석 능력으로 나타난다.

> 3 "소는 그 임자를 알고 나귀는 그 주인의 구유를 알건마는
>
> 이스라엘은 알지 못하고, 나의 백성은 깨닫지(בין) 못하는도다." (사 1:3)

특히 사 1장 3절에서 동사 빈(בין)은 짐승의 습관과 이스라엘의 비교를 통하여 이스라엘은 하나님을 향한 인식을 소유하지 못했기 때문에 하나님을 올바로 해석할 수 없다는 것을 지적한다. 그 때문에 이사야에게 있어서 이 단어는 "올바른 신 인식 해석"(사 6:9-10; 32:3-4)에서 주로 사용된다.[51]

c. 투시야(תושיה/ 지식, 지혜)

구약에서 이 단어는 13번 나타난다. 이 단어의 정확한 의미를 파악하기는 어렵다. 왜냐하면 구약에서의 사용 횟수가 매우 적으며 게다가 70인역

---

51 M. F. Fox, Words for Wisdom, ZAH 6, 1993, 161-164; H. Ringgren, Art. בין ThWAT I, 1973, 621-629; H. Wildberger, Jesaja, BKX/1, Neukirchen-Vluyn, ²1980, 15; J. W. Wedbee, Isaiah(1971), 42 외 다수.

에서는 매 경우마다 다른 의미를 제시하고 있기 때문이다. 그럼에도 불구하고 13번의 사용에서 투시야(תושיה)는 빈나(בינה)와는 다르게 실용적인 이해를 강조하는 테부나(תבונה)와 가깝다. 이사야에서 투시야(תושיה)가 1번 사용되는데, 지혜의 영향이 확실한 사 28장 28-29절 중에서 본문에 핵심을 이루는 29b절에서 사용된다. 야훼의 교훈으로 나타난 야훼의 계획(עצה 에차)과 동의어적 사용은 역사에서 자기의 계획을 이끄는데 필요한 야훼의 지혜를 대표하고 있다.[52]

d. 야다(ידע/알다)와 다아트(דעת/지식)

이 단어들은 구약성서에서 광범위하게 나타난다. 1058번과 더불어 아람어로는 51번 나타난다. 동사(ידע 야다)는 지혜 문학에서 잠언 35번, 전도서 35번, 욥기 70번, 그리고 이사야 75번 나타난다. 명사 다아트(דעת)는 1058번 중 90번 구약에서 사용되며 지혜 문학에서 잠언 40번, 욥기 11번, 전도서 8번, 그리고 이사야에서 9번 나타난다.[53] 이러한 통계 자료는 동사보다는 명사 다아트(דעת)가 그의 삶의 자리를 지혜에 두고 있다는 의미이다. 지혜 문학에서 다아트(דעת)는 거의 호크마(חכמה)와 동일하게 사용된다. 지혜에서 다아트(דעת)의 의미는 인간이 가지고 있는 것이 아니라 야훼 그 자체로 나타난다. 그 때문에 야훼의 경외는 인식의 시작으로 나타난다(잠 1:7).

이사야에서 이 단어들(야다와 다아트)는 이사야 1장 3절(동사); 5장 13절; 11장 2절; 33장 6절에서 사용되고 있다. 특히 주목해야 할 것은 이사야 1장 3절(동사); 5장 13절; 11장 2절이다. 사 1장 3절과 5장 13절은 "올바른 신 인식"에 대해 다룬다. 이스라엘 백성이 하나님에 대한 복종, 믿음,

---

52   J. C. Gertz, תושיה, ThWAT VIII, 1995, 641-643; A. Müller, Proverbien, BZAW 291(2000), 174.

53   이사야에서 9번 중 사 1-39장에서 3번 사용(사 5:13; 11:2; 33:6) 됨.

하나님의 경험, 그리고 하나님에 대한 사랑이 없기 때문에 하나님을 멀리하는 것이 아니라 그것들을 인식할 수 있는 능력이 없기 때문에 하나님을 멀리하는 것이라고 하였다.

> "여호와의 신 곧 지혜와 총명의 신이요
> 모략과 재능의 신이요 인식(דעת)과 여호와를 경외하는 신이
> 그 위에 강림하시리니." (사 11:2)

> "이는 지혜와 훈계를 알게 하며(לדעת)
> 명철의 말씀을 깨닫게 하며." (잠1:2)

또한 사 11장 2절의 이 단어는(다아트 דעת) 메시야의 능력 중 하나로서 여호와 경외를 알게 하는 능력으로 표현한다. 이러한 능력은 잠언에서 지혜와 동일하게 사용했듯이(잠 1:2) 하나님의 지혜 그 자체로, 이 단어를 메시야의 능력으로 설명한다.[54]

e. 야아츠(יעץ/계획하다, 상담하다), 요에츠(יוען/군사 고문관)와 에차(עצה/계획, 충고)

구약에서 동사 야아츠(יעץ)는 "계획하다, 충고하다"로 80번 사용되며 분사 요에츠(יועץ)는 "고문관" 또는 "정치적 상담가"로서 23번 나타난다. 이사야에서 동사는 14번 분사는 4번 사용된다. 잠언은 5번(동사), 분사는 3번으로 주로 인생의 상담가로서 나타난다. 명사 에차(עצה)는 84번 구약에서 나타난다. 잠언에서 명사는 두 가지 방향으로 나타난다. ① 먼저 성공

---

54 G. Lisowsky, Konkordanz zum Hebräischen Alten Testament, Stuttgart, ³1993, 572-580; J. Bergman, ידע, ThWAT III, 1982, 479-486; J. Becker, Gottesfurcht im Alten Testament, AnBib 25, Rom, 1965, 214-222; H. Wildberger, BKX/3(1982), 1673.

PART 04 지혜의 영향 : 지혜와 예언 • 261

적인 삶을 위하여 수용해야 하는 충고로서 제시된다.[55] 이러한 사용은 이스라엘 지혜의 특징보다는 일반적인 삶의 충고이며, 지혜 용어보다는 일상적인 용어이다. 그러나 ② 비록 적은 수에 속할지라도 잠 19장 21절과 21장 30-31절은 이스라엘 지혜의 고유성을 대표하는 이스라엘 지혜의 용어로서 이해해야 한다.[56]

인간이 성공할 수 있는 조건을 가지고 있다고 해도 그것의 성공 여부는 알 수 없다. 왜냐하면 사람은 미래를 주관할 수 없기 때문이다. 미래를 주관하는 것은 오직 야훼이며, 야훼의 계획만 인간의 성공을 보장한다. 우리의 생각이 야훼의 계획과 동일선상에 놓일 때 그 계획은 반드시 성공할 수 있다. 이것은 이사야 역사관에서 아주 분명하게 나타난다. 그는 이 에차(עצה)를 인간적인 생각과 신적인 계획 사이에 대조시켰으며, 에차(עצה)를 야훼가 역사를 이끄는 방법이라고 생각한다. 인간의 모략/생각과 관련하여 이사야는 야훼의 역사를 움직이는 계획과 맞지 않으면 인간의 모략/생각들이 충돌을 일으켜(사 7:5; 8:10; 29:15; 30:16) 실패한다고 선포한다(사 7:7; 8:10; 29:15-16; 30:1a).

이러한 이사야의 선포는 역사를 움직이는 것이 하나님 그 자신의 계획(עצה 에차)에 있으며, 하나님 없이 인간 자신만을 위한 계획은 한계가 있다고 말한다. 이러한 점은 잠 19장 21절과 21장 30-31절의 생각과 일치한다.[57]

---

55 지혜의 원천: 잠 20:5(비교 18:4); 지혜자가 되는 길: 잠 19:20; 13:20; 12:15b; 평화는 충고에서 잠 12:20; 인생의 성공을 위해서: 잠 1:25, 30; 8:14; 11:14; 15:22; 24:6(삶의 특징)

56 이것이 왜 지혜의 용어로 간주할 수 있는가에 대하여 이 책 Part 03 부분, 이스라엘 지혜의 역사인식을 위한 단어 이해를 보라!

57 L. Ruppert, יעץ, ThWAT Ⅲ, 1982, 718-751; H. Wildberger, Jesajas Verständnis, VT. S 9(1963), 88; J. Hausmann, Studien, FAT 7(1995), 256-258.

(3) 지혜의 양식과 주제들

이사야의 말에 있어서 지혜의 영향을 그 주제와 양식으로 나누어서 생각할 수 있을까? 지방 예언자(아모스)와는 다르게 이사야에서는 양식과 주제가 함께 나타나는 것을 볼 수 있다.

a. 포도원의 노래(사 5:1-7)

1 "나는 내가 사랑하는 자를 위하여(리디디 לִידִידִי) 노래하되 (1a)

내가 사랑하는 자의 포도원(시라트 도디 שִׁירַת דּוֹדִי)을 노래하리라 (1b)

내가 사랑하는 자에게 포도원이 있음이여 심히 기름진 산에로다.

2 땅을 파서 돌을 제하고 극상품 포도나무를 심었도다.

그 중에 망대를 세웠고 또 그 안에 술틀을 팠도다.

좋은 포도 맺기를 바랐더니 들포도를 맺었도다.

3 예루살렘 주민과 유다 사람들아 구하노니

이제 나와 내 포도원 사이에서 사리를 판단하라

4 내가 내 포도원을 위하여 행한 것 외에 무엇을 더할 것이 있으랴

내가 좋은 포도 맺기를 기다렸거늘 들포도를 맺음은 어찌 됨인고

5 이제 내가 내 포도원에 어떻게 행할지를 너희에게 이르리라

내가 그 울타리를 걷어 먹힘을 당하게 하며 그 담을 헐어 짓밟히게 할 것이요

6 내가 그것을 황폐하게 하리니 다시는 가지를 자름이나 북을 돋우지 못하여 찔레와 가시가 날 것이며 내가 또 구름에게 명하여 그 위에 비를 내리지 못하게 하리라 하셨으니

7 무릇 만군의 여호와의 포도원은 이스라엘 족속이요 그가 기뻐하시는 나무는 유다 사람이라 그들에게 정의(제다카 צְדָקָה)를 바라셨더니 도리

어 포학(체아카 צְעָקָה)이요 그들에게 공의(미쉬파트 מִשְׁפָּט)를 바라셨더니 도리어 부르짖음(마쉬파흐 מִשְׁפָּח)이었도다!" (사 5:1-7)

포도원의 노래(사5:1-7)는 잘 짜여진 하나의 노래로 반전되는 상황을 확실하게 보여준다. 그럼에도 불구하고 포도원의 노래는 문학적으로 통일된 것이 아니라, 몇 가지 층을 이루고 있다. "내가 사랑하는 자를 위하여 노래하되(5:1a)"라는 구절과 "내가 사랑하는 자의 포도원(5:1b)"에서부터 2절까지 분리된다. 왜냐하면 첫 번째는 "사랑하는 자(리디디 לִידִידִי)"를 위한 노래이지만, 두 번째는 "사랑하는 자에게 속한 포도원(시라트 도디 שִׁירַת דוֹדִי)"에 대한 노래로 바뀌어 있기 때문이다. 또한 1b-2절은 포도원을 사랑한 자가 포도원에 어떻게 애정을 쏟았는가를 노래하다가 3절에서는 상황이 갑자기 반전된다. 마치 피고와 원고가 세워진 법정 상황이 전개되며, 판결까지 이어진다. 7절은 다시 둘로 나뉘어져 누가 그런 악행을 저질렀는가에 대하여 밝히고 그 악행의 근거를 제시한다.

이 같은 진행은 포도원의 노래 양식을 결정하는데 중요한 작용을 한다. 단순하게 비교를 통하여 죄의 지적을 노래화한 것인가 또는 비난과 하나님의 판결을 강조하기 위해서 노래를 끌어온 것인가 하는 문제를 결정하는데 양식은 중요한 작용을 하기 때문이다.

여기에서 노래는 단순하게 청중의 주의를 끌기 위한 작용으로 나타난다. 이사야는 고대의 지혜적 기법을 사용하여 청중의 주위를 이끈 다음, 그 후에 죄의 지적(3-4)과 하나님의 판결(5-6)을 선언하며 마지막으로 그들이 누구인가 또한 하나님이 원하셨던 것이 무엇인가를 밝히고 있다. 양식적인 판단에서 이 포도원의 노래는 "비유를 포함한 판결 선언"이 된다. 거기에서 지혜의 특징은 1-2절과 7절 처음에 나타난다. 청중의 주의를 돌리며, 악행을 저지른 사람들 스스로가 자신의 악행에 대해 생각하게 한 후에, 그 사람들이 바로 자신이라는 반전의 효과를 이루게 하는 기법은 교육

적 효과를 위한 전형적인 지혜의 방법이다.[58]

그럼에도 불구하고 다시 한번 생각해 볼 점은 포도원의 노래의 핵심이 교육적인 효과로서 이스라엘을 각성시키기 위한 것이라기보다는 판결이 이미 선언된 패망을 각인시키기 위함이라는 것이다.

포도원의 노래에서 나타나는 패망의 진행은(5:5-6) 교육이 아닌 야훼의 결심을 구체화한다: ① 울타리를 제거한다. ② 담을 헐어버린다. ③ 비를 내리지 않는다. 이러한 상황에서 과연 포도원이 살아날 수 있을까? 이 질문에 대한 대답은 부정적일 수밖에 없다. 이처럼 명백한 패망의 진행은 교육적 기능보다 더 우위에 있으며, 그 선언은 이스라엘 민족은 살아날 수 없다는 것을 지적한다. 여기에서 지혜의 기능은 중심적인 역할이 아니라, 오히려 패망을 설명하는 보조적인 역할로 작용한다. 그러므로 포도원의 노래에서 지혜의 영향은 예언자가 자신의 주장을 펼치기 위한 테투리적인 것으로 보인다.[59]

b. 농부의 노래(사 28 : 23-29)

23 "너희는 귀를 기울여 내 목소리를 들으라!
자세히 내 말을 들으라! (교훈 촉구 양식)
24 파종하려고 가는 자가 어찌 쉬지 않고 갈기만 하겠느냐
자기 땅을 개간하며 고르게만 하겠느냐
25 지면을 이미 평평히 하였으면 소회향을 뿌리며 대회향을 뿌리며

---

58 교육적 기능: 사 5:1aβ, 1b-2, 7a; 사 1장 3절과 비교하여 자연과 인간과의 관계(잠 25:14; 26:11 등).

59 H. Niehr, Zur Gattung von Jes 5, 1-7, BZ 30, 1986, 99-104; W. H. Schmidt, Jesaja 5,1-7, GPM76, 1987/88, 146-153; C. A. Evans, Kleinere Beiträge - On the Vineyard Parables of Isaiah 5 and Mark 12, BZ 28, 1984, 82-86; U. Becker, Jesaja - von der Botschaft zum Buch, FRLANT 178, Göttingen, 1997, 127 외 다수.

소맥을 줄줄이 심으며 대맥을 정한 곳에 심으며 귀리를 그 가에 심지 아니하겠느냐

26 이는 그의 하나님이 그에게 적당한 방법을 보이사 가르치셨음이며

27 소회향은 도리깨로 떨지 아니하며 대회향에는 수레바퀴를 굴리지 아니하고

소회향은 작대기로 떨고 대회향은 막대기로 떨며

28 곡식은 부수는가, 아니라 늘 떨기만 하지 아니하고 그것에 수레바퀴를 굴리고

그것을 말굽으로 밟게 할지라도 부수지는 아니하나니

29 이도 만군의 여호와께로부터 난 것이라: (요약하는 양식)

그의 계획(עצה 에차)은 기묘하며

지혜(תושיה 투시야)는 광대하니라." (사 28:23-29)

사 28장 23-28절은 23절에서 예언자들이 즐겨 사용하는 교훈 촉구 양식으로 시작하며, 29a절은 요약하는 양식(summary appraisal)[60]으로 24-28절에서 말하는 상황을 제시하며, 마지막에 전체적인 모든 일이 야훼의 계획과 그의 지혜(תושיה 투시야)에 속한다는 것을 클라이맥스와 전체적인 통일성을 제시하며 마무리된다. 단락을 형성하면서 어떤 다른 층의 개입은 전혀 없다. 단락 진행의 상황은 두 개의 본문으로 되어 있다.

첫째, 사 28장 24-26절은 밭을 갈고 씨를 뿌리는 것에 대하여 말하며 둘째, 27-29a절은 추수를 위한 타작 방법을 기술하고 있다. 26절과 29a절은 각기 농사의 시작과 끝을 제시하며 마감하는 기능을 하지만 이사야가 말하고자 하는 29b절을 위한 각 단락을 연결하는 가교 역할을 한다.

이러한 양식적 분석을 통하여 지혜의 영향을 분리할 수 있는가를 질문

---

60   B. S. Childs, Isaiah and the assyrinan Crisis, SBT3, London, 1967, 128-136.

할 때, 다음과 같은 지혜의 특성을 분리할 수 있다. 첫째, 사 28장 23절에 "교훈 촉구 양식"은 원래 예언자의 말이 아니라 지혜의 양식에서 즐겨 사용하는 문장이다. 즉, 교훈의 소개를 위하여 주의를 환기시킬 때 사용된 것이다.[61]

둘째, 사 28장 24-25절과 27-28절은 교훈적 질문(didaktische Frage)의 요소이며 경험적 관찰과 혼합되어 있다. 궁중의 지혜의 질서를 대표하는 양식과 일상민, 즉, 농부에 의하여 쌓아진 경험 지혜의 양식이 혼합되어 나타난다.

셋째, 지혜적 용어는 무엇보다도 26절과 29절에서 사용된다: 야사르(יסר/지시하다)[62], 야다(ידה/ 가르치다)[63], 에차(עצה/ 계획) 그리고 투시야(תושיה/ 지혜). 앞에 두 단어(야사르/야다)는 구약성서에서 지혜의 영역에서 자주 사용하는 단어로 주로 교육에 관계된다. 뒤에 두 단어(에차/투시야)는 전형적인 지혜 용어이다.

사 28장 23-29절을 이해하기 위해서는 선포되어야만 하는 배경을 이해해야 한다. 이사야의 예언 선포가 벽에 부딪친 상황에서 주어졌다. 왜냐하면 이 구절은 이사야의 앗수르에 대한 예언의 변화가 전체 이사야(사 1-39장)에서 감지되기 때문이다. 초기에 이사야는 앗수르를 야훼의 도구로서(사 10:5) 말한다. 그러나 이 후에 야훼에 의해서 앗수르의 멸망을 예고한다(사 31:8). 청중은 이처럼 예언이 변하는 것에 대해서 하나님께서 주신 예언을 변경할 수 있는지 의문을 제기하지만 답은 분명하다.

농부가 씨앗을 뿌리는 것과 추수를 하는 것은 일관성이 있다. 야훼가 앗수르를 도구로 사용하다가 그들을 멸망시키는 것은 야훼 자신의 계획을

---

61   잠 4:1; 7:24; 욥 13:6; 33:1-3.

62   참고, R. D. Branson, יסר, ThWAT III, 688-697.

63   참고, S. Wagner, ידה ThWAT III, 1982, 920-930.

일관성 있게 행하시는 것이다. 그러한 구절이 바로 28장 29b절이다.

"그의 계획(עצה 에차)은 기묘하며 (הפליא 히페리)

그의 지혜(תושיה 투시야)는 거대하다." (사 28:29b)

'기묘하다(הפליא 히페리)'라는 단어는 '계획(עצה 에차)'과 결합할 때 인간이 습관적으로 기대하는 것과는 다른 일의 결과가 나타나는 것을 의미한다. 대부분 히페리(הפליא)는 하나님의 행위와 결합하는 단어이며 인간의 생각에 불가능한 것이 가능하게 나타날 때 사용된다.[64] 이 단어의 사용으로 생각할 수 있는 것은 역사를 인도하는 야훼의 계획(עצה 에차)은 인간이 생각하고 계획한 대로 나타나는 것이 아니라, 오히려 야훼 스스로 소유하고 있는 야훼의 지혜로 경영되고 있다는 것을 의미한다. 그래서 '기묘하다'라는 의미가 더욱 확장된다.

사 28장 23-29절은 전체적으로 지혜의 영향이 이사야가 말하려는 선포의 핵심을 이루고 있다. "교훈 촉구 양식"과 농부의 경험 지혜 그리고 마지막으로 29b절을 통해서 "야훼는 자신의 지혜를 통하여 역사를 경영하신다"는 것을 강조한다. 이러한 양식과 주제는 지혜에서 전형적으로 사용된다.

요약하면, 이사야서에서 나타나는 선포에 대한 지혜의 영향은 지방 예언자에게서 보다 더 정확하게 나타난다. 첫째, 전문적인 지혜 용어의 다양한 사용은 이사야가 학식이 있는 예언자였다는 사실에서 찾아 볼 수 있다. 둘째, 다양한 지혜 용어가 그의 선포에서 적절하게 사용되고 있기에 더욱

---

64   참고, J. W. Whedbee, Isaiah(1971), 54 또한 75-79; J. Barthel, Prophetenwort, FAT 16(1997), 329-348.

더 지혜의 영향을 감지할 수 있다(사 28:23-29). 그럼에도 불구하고 지방 예언자의 사용과는 다르게 더욱 세련되고 고급스러운 언어와 양식이 반드시 궁중 지혜의 전형적 산물이 아니라 일상적 삶의 경험 지혜에서 나올 수 있다는 점도 간과할 수 없다.

3) 예레미야

(1) 예레미야에게 나타난 지혜 영향의 기원

예언자와 지혜자의 관계에서 보듯이 그들이 성장한 환경이 그들이 제시한 선포에 영향을 준다. 특히, 두 예언자(아모스와 이사야)의 지혜의 영향에 나타난 차이점은 언어적 용어 선택에서 나타난다. 이사야는 보다 추상적인 지혜의 용어를 자신의 선포에 적절하게 사용했다는 점에서 지방 예언자로서 아모스 예언자와 현격한 차이점을 발견할 수 있다. 이런 점에서 예레미야는 거의 이사야의 어휘 사용과 일치하는 면을 볼 수 있다. 그가 지방 예언자(왕상 2:26)이면서 어떻게 이사야와 비슷한 지혜적 용어와 주제를 사용할 수 있었을까? 과연 예레미야에게 이사야의 지혜적 영향만이 감지되는가?

사실 예레미야는 이사야와 비슷한 어휘 사용 이외에도 아모스에게 나타난 경험에 의한 지혜의 사용도 있다는 점이 특이하다.[65] 그 때문에 예레미야에게서 지혜의 사용은 민족(부족) 지혜로 대표할 수 있는 아모스의 경험에 의한 지혜와 배운 자의 전형적인 어휘와 생각이 통합되어 나타나는 것을 볼 수 있다. 그렇기 때문에 여기에서는 아모스와 이사야와 분류와 같이 지혜의 영향을 네 가지 방법이 아닌 하나의 통합된 본문에서 살펴보고자 한다. 예레미야서는 아모스와 이사야서보다 지혜의 사용이 빈번하게 나타

---

65 렘 5장 26절과 암 3장 5절은 자연 세계에 짐승을 통하여 인간관계를 계시한다.

난다. 그렇다고 해서 예레미야가 지혜를 창조적으로 사용했다는 것은 아니다. 오히려 그의 선험자들(아모스와 이사야)의 양식과 주제 그리고 어휘들을 더 자세히 자신의 선포에 적절하게 사용했다는 것이 아마 올바른 판단일 것이다. 먼저 우리는 많은 지혜 본문 중에서 예레미야 것으로 추정되는 몇 개의 본문을 제시할 것이다.[66]

(2) 예레미야에게 나타난 지혜의 양식과 주제들

a. 예레미야 4장 19-22절

> 19 "슬프고 아프다 내 마음 속이 아프고 내 마음이 답답하여 잠잠할 수 없으니 이는 나의 심령 네가 나팔소리와 전쟁의 경보를 들음이로다.
> 20 패망에 패망이 연속하여 온 땅이 탈취를 당하니 나의 천막은 홀연히 파멸되며, 나의 휘장은 삽시간에 열파되도다.
> 21 내가 저 기호를 보며 나팔소리 듣기를 어느 때까지 할꼬!
> 22 왜냐하면 나의 백성은 나를 알지 못하며(בין 빈) 어리석기 때문이다. 또한 지각(בין 빈)이 없는 미련한 자식이기 때문이다. 악을 행하기에는 지각(חכם 하캄)이 있으나 선을 행하기에는 무지하도다." (렘 4:19-22)

렘 4장 13-18절은 임박한 심판의 환상 보도이다. 그러한 환상 보도는 4장 23-26절까지 이어진다. 그 사이에 환상 보도를 중단시키며 예레미야의 근심어린 자기 고백이 19-22절에 예언자의 말로 처리되어 나타난다. 19-22절은 다가오는 심판에 대하여 예레미야의 고뇌(19-21)와 이스라엘 백성에 대한 비난(22)으로 이 본문을 나눌 수 있다.

---

66   렘 4:19-22; 5:20-25; 5:26-29; 9:22-23; 10:23-24; 17:5-11; 18:18.

우리가 주목해야 할 부분은 22절이다. 22절에는 지혜 문학에서 사용하는 어휘 빈(בִּין)과 또한 잠 10-15장에서 즐겨 사용하는 대구법[67]을 사용한다. 예레미야는 이 단어(בִּין)를 사용함으로써 하나님에 대한 인식이 없는 것이 아니라 하나님을 인식할 수 있는 능력이 없음에 대하여 한탄한다. 지혜의 영향을 받은 본문이라는 결정적인 근거는 정확하게 이사야의 지혜적 용어와 사상이[68] 반영되고 있다는 것이다(사 1:3).[69]

b. 예레미야 5장 20-25절

> "우준하여 지각이 없으며 눈이 있어도 보지 못하며
> 귀가 있어도 듣지 못하는 백성이여 이를 들을지어다."(렘 5:21)

렘 5장 10-19절 중 18-19절은 "여호와의 말씀이니라"로 시작하는 편집이 가해진 10-19절의 결론이다. 20-31절까지의 한 단락은 20절에서부터 전형적인 시의 공식(20)으로 새로운 단락을 이룬다. 또한 20-31절은 세 단락으로 나누어진다: 21-25(백성의 강퍅함); 26-29(백성의 불의); 30-31(지도자들의 불의)

그중에서 우리들이 다루어야 할 본문 20-25절은 시적 구조로서, 20-22절은 사람들을 부르기 위한 양식(들으라!)으로, 23-25절은 백성의 강퍅함을 말하고 있다. 이러한 양식은 한 쪽으로는 비난의 특징을 그리고 다른 쪽으로는 야훼의 경외를(비난의 근거) 결합하고 있다.

전문적인 지혜 용어가 렘 5:21절에서는 감지되지 않는다. 그럼에도 불

---

67 이 책 Part 04 부분을 참조하라.

68 C. Westermann, 『이사야』, 국제성서주석, 한국신학연구소, 1990, 190.

69 G. Wanke, Weisheit, VWGT10,(1996), 90-92; W. Rudolph, Jeremiah, HAT 12, Tübingen, 1968, 36-37.

구하고 이 본문을 지혜적 생각 때문으로 볼 수 있는 것은 먼저 21절의 생각이다. 비록 빈(בין)이라는 단어가 사용되지 않았더라도 예레미야가 백성에게 선포하는 것은 예레미야 4장 22절과 같이 하나님 인식에 대한 능력이 없음을 말하고 있다. 렘 5:21절의 인식 능력 없음은 24절에 "하나님의 경외"에 대한 거부로 이어진다. 20-25절에 이어 26-29절은 양식과 어휘보다는 주제적인 면에서 지혜의 생각을 가지고 있다. 여기에서 사용된 "가난한 자를 착취(26절)"하는 부자들의 행위는 잠 10:16; 11:18; 12:5-7과 28:2-12(비교 암 2:6-7)를 반영하고 있으며 가난한 자와 고아의 법 권리의 배제는 잠 25:7; 31:5,8 (비교 시 140:13; 146:7)에서 나타난다.[70]

c. 예레미야 9장 23-24절[71]

23 "여호와께서 이같이 말씀하신다:
지혜로운 자는 그 지혜를 자랑치 말라
용사는 그 용맹을 자랑치 말라 부자는 그 부함을 자랑치 말라
24 자랑하는 자는 이것으로 자랑할지니 곧 명철하여 나를 아는 것과
나 여호와는 인애와 공평과 정직을 땅에 행하는 자인줄 깨닫는 것이라
나는 이 일을 기뻐하노라 여호와의 말이니라." (렘 9:23-24)

본문은 명백하게 야훼 연설을 기초로 한 지혜 교훈시적 구조로 이루어져 있다.[72] 지혜, 부와 권력에 대한 경고와 긍휼, 공평, 정의 행함을 위한 권

---

70 G. Wanke, Weisheit, VWGT10,(1996), 87-106; U. Wendel, Jesaja und Jeremia, BtsT 25, Neukirchen-Vluyn, 1995, 61.

71 렘 9:22-23(BHS).

72 E. Kutsch, Weisheitsspruch und Prophetenwort, in: Kleine Schriften zum Alten Testament, BZAW 168, Berlin, 1986, 197-215.

고 등 각각에 주제어들은 지혜 문학에서 애용하는 것들이다. 부유함은 잠언 11장 4, 28절에서, 또한 강함은 시편 49장 73절; 전도서 9장 16절에서, 그리고 지혜는 잠언 3장 5-7절에서 각각 부정적으로 입증한다. 이러한 부정적 판단의 구절은 그 다음 구절인 24절과 비교된다. 24절은 긍휼, 공평과 정의를 통하여 23절의 부정적 이미지와 대조를 이룬다. 잠언 10-15장에서 권고의 양식과 더불어 사용하는 수사학적 기법과 예레미야 7장 23-24절은 동일한 양식이다. 다만 차이점은 이 본문에 예언자의 양식이 첨가되어 있다는 것이다. 처음에 "여호와께서 이같이 말씀하셨다"와 "나 주의 말이다"[73]와 같은 문장이 첨가되었다.

d. 예레미야 10장 23절

렘 10장 17-25절은 여러 개의 작은 단락으로 나누어져 있는 단락의 모음집이다. 아직 이 여러 개의 단락들을 적절하게 모으는 일은 학자마다 다르기 때문에 여기에서는 10장 23절만 주목해 보고자 한다. 예레미야 10장 23절은 잠언 지혜의 역사 인식을 제공하는 중요한 구절과 동일한 주제를 가지고 있다.

> 23 "여호와여 내가 알거니와
> 사람의 길이 자신에게 있지 아니하니
> 걸음을 지도함이 걷는 자에게 있지 아니하니이다." (렘 10:23)

> 21 "사람의 마음에는 많은 계획이 있어도
> 오직 여호와의 뜻만이 완전히 서리라."
> (잠 19:21; 21:30-31; 비교 잠 16:1, 3, 9, 33; 19:14; 20:24 등)

---

73   W. Rudolph, HAT 12(1968), 115.

마치 예레미야는 잠 19장 21절을 알고 있었던 것처럼 잠 19장 21절의 내용에서 한 걸음 더 나아가서 잠언의 내용을 수용하고 고백하고 있는 것처럼 보인다.[74]

e. 예레미야 17장 5-11절

5 "나 여호와가 이같이 말하노라:
무릇 사람을 믿으며 혈육으로 그 권력을 삼고
마음이 여호와에게서 떠난 그 사람은 저주를 받을 것이라
6 그는 사막의 떨기나무 같아서 좋은 일의 오는 것을 보지 못하고
광야 건조한 곳, 건건한 땅, 사람이 거하지 않는 땅에 거하리라
7 그러나 무릇 여호와를 의지하며 여호와를 의뢰하는 그 사람은 복을 받을 것이라
8 그는 물가에 심기운 나무가 그 뿌리를 강변에 뻗치고 더위가 올지라도 두려워 아니하며 그 잎이 청청하며 가무는 해에도 걱정이 없고 결실이 그치지 아니함 같으리라
9 만물보다 거짓되고 심히 부패한 것은 마음이라 누가 능히 이를 알리요마는
10 나 여호와는 심장을 살피며 폐부를 시험하고 각각 그 행위와 그 행실대로 보응하나니
11 불의로 치부하는 자는 자고새가 낳지 아니한 알을 품음 같아서 그 중년에 그것이 떠나겠고 필경은 어리석은 자가 되리라." (렘 17:5-11)

---

74   G. Wanke, Weisheit, VWGT10(1996), 91-92.

새로운 단락의 시작은 "서론적 대언자 경구"[75]에서 나타난다. 그리고 마지막 11절은 잠언의 속담으로 마무리 된다. 이 본문은 통일적인 하나의 단락을 이루고 있는 것이 아니라, 3개의 서로 다른 지혜적 생각을 품고 있다: ① 두 가지의 길(5-8) ② 거짓된 마음(9-10) ③ 부자의 치부(11).

먼저 아루르(ארור/저주 받아라)와 함께 시작하는 5-8절은 7절에 바루크(ברוך/축복 받아라)와 쌍을 이루어 대조적인 상황을 연출하여 경고와 권고로서 지혜적 생각을 제시한다. 이것은 시편 1편의 사상과 동일한 주제를 포함하고 있다.[76] 이집트의 지혜서 아멘-엠-오페 V:20-VI:12도 동일한 사상과 양식이 나타난다.

두 번째로 예레미야 17장 11절은 비유로서 잠언에서 나타나는 매우 일상적인 비교와 흡사하다(잠 25:11-14). 짐승과 인간관계의 비유는 이사야와 아모스에게서 보았듯이 잠언에서 즐겨 쓰는 양식이다. 불의로 치부하는 자와 자고새의 습성을 동일시하며 결국에는 부화한 새가 자고새를 떠나는 것과 같이, 부자의 모든 것도 없어져서 어리석은 자가 된다.

마지막으로 9-10절이 지혜와 연관이 있을까? 9-10절은 명백하게 지혜 사상의 배경을 반영하고 있다. 특히 "그의 행위의 열매"라는 생각은 지혜 문학의 행위-결과의 관련성에서 중심적으로 다루는 문제이다. 잠언 24장 12절은 9-10절의 생각을 그대로 옮겨 놓은 것과 같다. 잠언 24장 12절에 "마음을 저울질 하는 자, 영혼을 지키시는 자"는 10절에 "나 여호와는 심장과 폐부를 시험한다"라는 말과 같은 사상을 제시한다.[77]

---

75 P. C. Craigie, 『예레미야 1-25 상』, 권대영 역, WBC 26, 2003, 408.

76 아마도 시편 1편이 이 본문의 영향을 받지 않았을까?

77 G. Wanke, Weisheit, VWGT10,(1996), 101-103.

f. 예레미야 18장 18절

예루살렘 멸망 전에 지혜자의 그룹의 존재에 대한 질문은 아주 중요하다. 거기에서 대표되는 구절이 예레미야 18장 18절이다.

> 18 "그들이 말하기를 오라 우리가 꾀를 내어 예레미야를 치자
>
> 제사장에게서 율법(토라 תורה)이,
>
> 지혜로운 자에게서 책략(에차 עצה)이,
>
> 선지자에게서 말씀(다바르 דבר)이 끊어지지 아니할 것이니
>
> 오라 우리가 혀로 그를 치고 그의 어떤 말에도 주의하지 말자 하나이다."
>
> (렘 18:18)

예언자와 제사장 그룹은 성서에서 계속 증명되는 그룹이다. 충고(עצה 에차)는 누구에게 속한 것일까? 학자들은 예레미야 18장 18절의 충고가 지혜자에게 속한 것이며, 그렇기 때문에 이스라엘은 원래부터 지혜자의 그룹이 존재했다고 하는 결정적인 증거로 사용될 수 있다고 보았다. 그러면 충고(עצה 에차)의 사용에 대한 구약성서의 최초의 기원은 어디에서 찾을 수 있을까? 아마도 다윗 시대에서 찾을 수 있을 것이다(삼상 17:4, 14-15). 그러나 충고(עצה 에차)의 사용이 누구에게 속하는가에 대한 결정적인 증거는 남북 분열의 도화선이 된 르호보암의 결정에서 나타난다. 열왕기상 12장 6-11절에서 르호보암은 장로의 의견을 물리치고, 자기와 함께 자란 젊은이들의 충고를 듣는다. 여기에서 주목할 것은 12장 8절의 말이다. "르호보암은 충고를 계속한 장로들의 충고(עצה 에차)를 물리쳤다." 이 구절에서 충고로 사용된 단어(יעצהו 예아쭈후)는 계속, 습관적으로 사용된다는 의미의 미완료로서 장로의 충고(עצה 에차)가 일시적이 아닌, 과거에서 현재 또는 미래까지 계속된다는 것을 의미한다. 아주 결정적인 구절은 에스겔 7장 26b절로 예레미야 18장 18절과 같은 그룹들을 지시하고 있

다. 명백하게 드러나는 차이점은 충고가 지혜자로부터 나온 것이 아니라, 장로들에게서 나온다는 것이다. 에스겔 7장 26b절은 예레미야보다 후대에 기록된 것으로 생각되기 때문에, 지혜자의 그룹의 존재도 모호해진다. 아마도 예레미야 18장 18절의 지혜자 그룹은 장로 그룹 또는 정치가의 그룹이었을 것이다.[78]

요약하면 우리가 예레미야의 본문을 통하여 살펴보았듯이 예언자의 선포에 대한 지혜의 영향은 주전 8세기 예언자들 -아모스와 이사야- 에게서 그들의 선포에 대한 근거 제시 속에 나타나는 예언자의 어법과 확연히 구분되지만 예레미야에게는 예언자 언어와 지혜의 양식과 지혜 용어가 통합적으로 나타나는 것을 볼 수 있다. 그 때문에 예레미야 본문은 주전 8세기 예언자의 본문보다는 더욱더 복잡하다. 그러나 예레미야의 전승, 즉, 지혜의 전승은 많은 부분에 있어서 독창적이거나 그의 선험자와 단절된 것은 아니었다. 오히려 -여기서는 거의 이사야- 더 고도의 지혜 양식이 (렘 17:5-11) 첨가되었으며, 또한 지혜에 인식이 바탕이 되어 선험자들이 제시한 신 인식을(렘 4:22) 능가하는 어법을 구사하였다.

종합하면, 우리는 지금까지 예언서(거의 주전 8-7세기)의 예언자들에게 나타난 지혜의 영향을 추적하였다. 이러한 영향을 통하여 몇 가지 결론에 도달한다.

첫째, 적어도 예루살렘 멸망 전에 예언자들은 그들의 선포의 근거 제시를 위한 필요성에서 지혜의 영향을 빌려올 수밖에 없었다. 무엇보다도 지혜의 특징이 교육에 있다는 사실이 이러한 점을 더욱더 부각시켜 준다. 효과적인 선포는 효과적인 교육을 통하여 이루어진다.

---

78 N. Ittmann, Die Konfessionen Jeremias Ihre Bedeutung für die Verkündigung des Propheten, WMANT 54, Neukirchen-Vluyn, 1981, 51; R. N. Whybray, The Intellectual Tradition, BZAW 135(1974), 133; B. Dong Hyun, Klagender Gott-Klagende Menschen, BZAW 193, Berlin, 1990, 165-167.

둘째, 주전 8세기를 대표하는 아모스와 이사야가 받은 지혜의 영향은 공통점과 차이점을 인식하게 한다. 전문적인 지혜 용어의 사용은 지방 예언자들에게서 사용되지 않은 반면에, 궁중 예언자인 이사야는 잠언에서 사용하는 전문적인 지혜 용어를 자신의 선포의 많은 부분에 사용하고 있다.

셋째, 지식과 학식에 있어서 아모스와 이사야의 차이점에도 불구하고 이 두 예언자의 지혜의 기원은 배운 자와 못 배운 자(궁중 학교에서 교육)의 차이라기보다는 삶에서 경험된 것이 그들 사상의 핵심을 이루고 있다.

넷째, 예레미야의 경우는 선험자들의 사상과 지혜의 영향을 물려받은 것으로 여겨진다. 그러나 예레미야는 그러한 사상을 더욱더 심화시켜 예언을 위한 신학으로 발전을 가져왔다.

부록: 그 외에 예언자에게 나타난 지혜의 영향

예루살렘 멸망이 임박한 시기와 또한 예루살렘 멸망 후의 시기에는 예언자의 말씀에 나타난 지혜의 영향은 매우 적다. 그것은 예언자들의 특색이 성전과 제의에 매여 있어서 전적으로 성전 언어와 어법을 사용하기 때문이다(하박국 1: 1; 2: 1; 3: 2,16 또는 오바댜). 그럼에도 불구하고 예언자들에게 나타난 말들에서 지혜적 영향이 있는 것들을 단지 몇 구절만 제시하고자 한다. 이러한 구절들은 모르간(D.F. Morgann)[1]이 선험자의 모습으로 작업을 한 것을 다시 구성한 것이다.

A. 양식; B. 주제; C. 지혜 용어; D. 지혜자에 대한 언급.

1. 호세아

A.   4:1b; 5:1, 12; 6:4b; 7:4-5, 1l, 16; 8:7; 10:7; 13:3; 14: 9.

B.   5:10; 12:7; 14:3.

C.   4:6(דעת)

D.   없음

2. 미가

A.   1:8; 2:1, 2; 3:2.

B.   2:2; 3:1, 3, 8, 11.

C.   4:11-12(עצה); 6:9(תושיה)

---

1   D. F. Morgan, "Wisdom", JSOT.S11(1979), 39-44.

3. 하박국

A.   1:4b; 2:5, 6-19.

B.   없음

C.   2:6(משל)

4. 에스겔

A.   12:22; 15:2-4; 16:44b; 17:2-4; 18:2; 24:3-5; 28:3-5.

B.   없음

C.   28:2-4(חכם/חכמה)

D.   7:26; 9:2-3.

5. 다른 예언자들

A.   요나 1:6, 10;3:9, 10; 스가랴 5:1-2.

B.   요나 1:9, 2:1, 4:11; 학개 2:5; 스가랴 4:6.

C.   오바댜 8; 요나 4:2.

D.   오바댜 8.

참고 문헌

Albrecktson, B., History and the Gods, CB1, Sweden, 1967.

Backhaus, F. J., Denn Zeit und Zufall trifft sie alle. Studien zur Komposition und zum Gottesbild im Buch Qohelet (BBB 83) Frankfurt a.M. 1993.

Barthel, J., Prophetenwort und Geschichte, FAT19, Tübingen, 1997.

Baumann, G., Die Weisheitsgestalt in Proverbien 1-9, FAT 16, Tübingen, 1996.

Baumgartner, W., Die israelitische Weisheitsliteratur, in: ThR 5 (1933), 259-288.

Bea, A., Der Zahlenspruch im Hebräischen und Ugaritischen, Bib21, Rom, 1940.

Becker, J., Gottesfurcht im Alten Testament, AnBib 25, Rom, 1965.

Becker, U., Jesaja-von der Botschaft zum Buch, FRLANT 178, Göttingen, 1997.

Begrich, J., Die Priesterliche Tora, TB 21(1964), München, 232-260.

Bergman, J., ידע, ThWATIII (1982), 479-486.

Boer, P. A. H. de, The Counsellor, VT.S 3, 1955, 42 - 72.

Branson,R. D., יסר, ThWATIII, 688-697.

Bratsiotis, N. P., Der Monolog im Alten Testament, ZAW 73, 1961, 30-70.

Brock-Utne, A., "Der Feind." Die at.-liche Satansgestalt im Lichte der sozialen Verhältnisse des nahen Orients, Klio 28, 1935.

Brunner, H., Ägyptische Erziehung, Wiesbaeden, 1957.

Bultmann, R., Die Geschichte der synoptischen Tradition, FRLANT 12, Göttingen, ⁹1979.

Childs, S., Isaiah and the assyrinan Crisis, SBT 3, London, 1967.

Craigie, P. C., 권대영 역, 예레미야 1-25 상, WBC 26, 서울: 솔로몬, 2003.

Crenshaw, J. L., "Method in Determining Wisdom Influence upon Historical Literature," JBL 88 (1969), 129-142.

Crenshaw, J. L., Prolegomenon, in: Studies in Ancient Israelite Wisdom, hrsg. v. J. L. Crenshaw, NewYork, 1976.

Crenshaw, J. L., The Influence of the Wise upon Amos, ZAW 79 (1967), 42-52.

Crenshaw, J. L., 강성열 역, 구약 지혜 문학의 이해, 한국장로교출판사, 1999.

Deck, S., Die Gerichtsbotschaft Jesajas Charakter und Begrndungen, fzb67, Würzburg, 1991.

Delitzsch, F., Hohelied und Kohelet, mit Excursen von Consul D. Wetzstein (BC IV, 4), Leipzig, 1877.

Dell, K. J., "The Misuse of Forms in Amos," VT45 (1995), 45-61.

Dietrich, W., Jesaja und die Politik, BEvTh 74, München, 1976.

Doll, P., 이용호 역, 지혜 문학을 통해 본 창조 이해, 프리칭 아카데미, 2008.

Doll, P., Menschenschöpfung und Weltschöpfung in der alttestamentlichen Weisheit, SBS 117, Stuttgart, 1985.

Dong Hyun, B., Klagender Gott-Klagende Menschen, BZAW 193, Berlin, 1990.

Dürr, L., Das Erziehungswesen im AT und im antiken Orient, Leipzig 1932.

Eissfeldt, O., Der Maschal im Alten Testament. Eine wortgeschichtliche Untersuchung nebst einer literargeschichtlichen Untersuchung der den genannten Gattungen Volkssprichwort und Spottlied, BZAW 24, Giessen, 1913.

Ellermeier, F., Qohelet I, 1. Untersuchungen zum Buch Qohelet, Hertzberg 1967.

Erman, A., Die Literatur der Ägypter, Leipzig 1923.

Ermann, H., Eine ägyptische Quelle der Sprche Salomos, in: Sitzungsberichte der Preussischen Akademie der Wissenschaften, Berlin, 1924, 86-93.

Ernst, A. B., Weisheitliche Kultkritik, BThSt 23, Neukirchen-Vluyn, 1994.

Evans, C. A., Kleinere Beiträge - On the Vineyard Parables of Isaiah 5 and Mark 12, BZ 28(1984), 82-86.

Fabry, H. J., סוד, ThWAT V, 1986, 775-782.

Fahlgren, K. H., Sedaka, nahestehende und entgegengesetzte Begriffe im Alten Testament, Uppsala, 1932.

Fichtner, J., Die altorientalische Weisheit in ihrer israelitisch-jüdischen

Ausprägung, Eine Studie zur Nationalisierung der Weisheit in Israel, BZAW 62, Gie en, 1933.

Fichtner, J., Jahwes Plan in der Botschaft des Jesajas, AzThII/3, 1965, Stuttgart, 27-43.

Fichtner, J., Jesaja unter den Weisen, ThLZ 74(1949) = in: Gottes Weisheit, AZTHII/3, Stuttgart, 1965.

Fischer, C., Die Fremdvölkerspche bei Amos und Jesaja, BBB 136, Bonn, 2002.

Fohrer, G., Das Buch Hiob, KAT 16, Gehr Mohn, 1963.

Fohrer, G., Studien zum Buche Hiob(1956-1979), Berlin/ New York, 1983.

Fontaine, C. R., Traditional Sayings in the Old Testament, Sheffield, 1982.

Fox, M. F., Words for Wisdom, ZAH 6 (1993), 161-164.

Gemser, B., Sprüche Salomo, HAT I/16, Tübingen, ²1963.

Gerstenberger, E., "The Weo - Oracles of the Prophets," JBL 81 (1962), 249-263.

Gerstenberger, E., Wesen und Herkunft des »apodiktischen Rechts«, WMANT 20, Neukirchen-Vluyn, 1965.

Gertz, J. C., תושיה, ThWAT VIII (1995), 641-643.

Gese, H., Lehre und Wirklichkeit in der alten Weisheit. Studien zu den Sprüchen Salomos und zu dem Buche Hiob, Tübingen 1958.

Ginsberg, H. L., The Structure and Contents of the Book of Koheleth, in: FS H.H.Rowley (VT.S 3) Leiden 1935,138-149.

Golka, F. W., Die Flecken des Leoparden. Biblische und afrikanische Weisheit im Sprichwort, in: Schöpfung und Befreiung: für C. Westermann zum 80. Geburtstag. v. R. Albertz, Stuttgart, 1989, 149-165.

Golka, F. W., Die israelitische Weisheitsschule oder »des Kaisers neue Kleider«, in: VT 33 (1983), 257-270.

Golka, F. W., Die Königs- und Hofsprüche und der Ursprung der israelitischen Weisheit, in: VT 36 (1986), 13-36.

Gottwald ,N. K. 김상기 역, 히브리 성서 2, 한국신학연구소, ²2007.

Gressmann, H., Die neugefundene Lehre des Amen-em-ope und die vorexilische Spruchdichtung Israels, ZAW 42 (1924), 272-296.

Gunkel, H., Ägyptische Parallelen zum Alten Testament, in: ZDMG 63 (1909),

531-539.

Gunkel, H., Einleitung in die Psalmen. Die Gattungen der religiösen Lyrik Israels, zu Ende geführt von J. Begrich, Göttingen, 1933.

Haran, M., The Graded numerical sequence and the Phenomenon of "Automatism" in biblical Poetry, VT.S 22, 1971, 238-267.

Hardmeier, Chr., Texttheorie und biblische Exegese, BEvTh 79, München, 1978.

Hausmann, J., Studien zum Menschenbild derälteren Weisheit(Spr 10ff.), FAT 7, Tübingen, 1995.

Hermisson, H.-J., Studien zur Israelitischen Spruchweisheit, WMANT28, Neukirchen- Vluyn, 1968.

Hermisson, H.-J., Weisheit im Jeremiabuch, BZAW 300, Berlin, 2000.

Hermisson, H.-J., Weisheit und Geschichte, FS G.v. Rad (1971), München, 136-154.

Hildebrandt,T., Proverbial Pairs: Compositional Units in Proverbs 10-29, in: JBL 107,2 (1988), 207-224.

Hillers, D. R., "Hoy und Hoy-Oracles: A neglected Syntactic Aspect," FS D. N. Freedman(1983), 185-188.

H genhaven, H.-J., Gott und Volk bei Jesaja, AThD29, Leiden(u.a.), 1988.

Horst, F., Hiob(1- 19), BK XVI/1, Neukirchen-Vluyn, 1974.

Ittmann,N., Die Konfessionen Jeremias Ihre Bedeutung für die Verkündigung des Propheten, WMANT 54, Neukirchen-Vluyn, 1981.

Janzen, W., Mourning Cry und Woe Oracle, BZAW 125, Berlin, 1972.

Jensen, J., The Use of Tora by Isaiah: his debate with the wisdom tradition, CBQ. MS 3, Washington, 1973.

Jensen, J., Yahweh's Plan in Isaiah and in the Rest of the Old Testament, CBQ. 48, Washington, 1986.

Jolles, A., Einfache Formen. Legende - Sage - Mythe - Rätsel - Spruch - Kasus - Memorabile - Märchen - Witz, Halle 1930, Tübingen ⁶1982.

Kaiser, O., Einleitung in das Alte Testament. Eine Einführung in ihre Ergebnisse und Probleme, Gütersloh 1969, ⁵1984.

Kautzsch, E., /신윤수 역, 히브리어 문법, 비블리카 아카데미, 2003.

Kayatz, C. B., Einführung in die alttestamentliche Weisheit, BSt 55,

Neukirchen-Vluyn, 1969.

Kayatz, C. B., Studien zu Proverbien 1-9, WMANT 22, Neukirchen-Vluyn, 1966.

Kieweler, H. V., Erziehung zum guten Verhalten und zur rechten Frömmigkeit, BEAT 49, Frankfurt(u.a.), 2001.

Klostermann, A., Schulwesen im Alten Israel, FSTh. Zahn, Leipzig, 1908.

Kluger, R. Schärf, Satan in the Old Testament, Evanston 1967.

Koch, K., Der Spruch "Sein Blut bleibe auf seinen Haupt" und die Israelitische Auffassung vom Vergossenen Blut, VT 12, 1962, 396-416.

Koch, K., Gibt es ein Vergeltungsdogma im AT?, ZThK52, 1955, 1-21.

Koch, K., 허혁 역, 구약성서의 방법론-양식사학이란 무엇인가?, 분도출판사, 1975.

Köhler, L., Der hebräische Mensch : eine Skizze ; mit einem Anhang Die hebräische Rechtsgemeinschaft, Darmstadt, 1980.

Köhlmoos, M., "Der Tod als Zeichen - Die Insenierung des Todes in Am 5," BN107/108 (2001), 62-77.

Kraus, H.-J., Hoy als prophetische Leichenklage über das eigene Volk im 8. Jahrhundert, ZAW 85 (1973), 15-46.

Kutsch, E., Weisheitsspruch und Prophetenwort, in: Kleine Schriften zum Alten Testament, BZAW 168, Berlin, 1986, 197-215.

Lang, B., Schule und Unterricht im alten Israel, in: ders., Wie wird man Prophet in Israel?, Düsseldorf, 1980, 104-119.

Lauha, A., Kohelet, BKXIX, Neukirchener Vluyn, 22003.

Leeuwen, R. C. v., "The Sage in the prophetic Literature," in: The Sage in Israel and the ancient near East, (ed.) J. G., Gammie, Eisenbrauns: Winona Lake, 1990, 295-306.

Leeuwen, R. C. Van, Context and Meaning in Provorbs 25-27, SBL Diss. Series 96, 1988.

Levin, C., Die Verheissung des neuen Bunds, FRANT137, Göttingen, 1985.

Lindblom, J., Wisdom in the Old Testament Prophets, VT. S3, 1955, 192-204.

Lips, H. v., Weisheitliche Tradition im NT, WMANT 64, Neukirchen-Vluyn, 1990.

Lisowsky, G., Konkordanz zum Hebräischen Alten Testament, Stuttgart, 31993.

Lohfink, N., Koh 1,2 alles ist Windhauch- universale oder anthropologische Aussage?, in: FS A. Deissler, Freiburg 1989, 201-216.

Lohfink, N., melek, sallit und mosel bei Kohelet und die Abfassungszeit des Buches: Bib. 62, 1981, 535-543.

Lohfink, N., Qoheleth 5:17-19 - Revelation by Joy: CBQ 52, 1990, 625-635.

Loretz, O., Qohelet und der Alte Orient. Untersuchungen zu Stil und theologischer Thematik des Buches Qohelet, Freiburg/Basel/Wien 1964.

Loretz, O., Zur Darbietungsform der Ich-Erzählung im Buche Qohelet: CBQ 25 (1963) 46-59.

Lucas, A., 박대영 역, 시편과 지혜서, 성서유니온선교회, 2008.

Lux, L., 구자용 역, 이스라엘의 지혜, 한국학술정보, 2012.

Macintosh, A. A., "Hosea and the wisdom tradition: dependence and independence," in: Wisdom in ancient Israel, FS J. A. Emerton, J. Day(ed.), New York: Cambridge, 1995, 124-132.

Markert, L., Struktur und Bezeichnung des Scheltworts, Berlin, 1977.

McKane, W., "Jeremiah and the wise," in: in: Wisdom in ancient Israel, FS J. A. Emerton, J. Day(ed.), New York: Cambridge, 1995, 142-151.

McKane, W., Prophets and wise men, SBT 44, London, 1965.

Meinhold, A., Die Sprüche Kap. 1-15, ZBK 16.1, Zürich, 1991.

Meinhold, A., Die Sprüche Kap. 16-31, ZBK 16.2, Zürich, 1991.

Meinhold, J., Die Weisheit Israels in Spruch, Sage und Dichtung, Leipzig 1908.

Michel, D., Qohelet, EdF 258, Darmstadt 1988.

Michel, D., Untersuchungen zur Eigenart des Buches Qohelet. Mit einem Anhang von R.G.Lehmann. Bibliographie zu Qohelet (BZAW 183) Berlin/New York 1989.

Morgan, D. F., "Wisdom and the Prophets," JSOT. S11 (1979), 209-244.

Morgan, D. F., Wisdom in the Old Testament Traditions, Atlanta: J. Knox, 1981.

Müller, A., Proverbien 1-9 : Der Weisheit neü Kleider, BZAW 291, Berlin(u.a.), 2000.

Murphy, R. E., Wisdom-Theses and Hypotheses, in: Israelite Wisdom. Theological and Literary Essays in Honor of Samuel Terrien, hrsg. v. J. G. Gammie/W. A. Brueggemann/W. L. Humphreys/J. M. Ward,

Missoula, 1979, 35-42.

Murphy, R. E., 박요한 영식 역, 생명의 나무, 성바오로, 1998.

Neef, H.-D., Gottes himmlischer Thronrat, AzTh 79, Stuttgart, 1994.

Nel, P.L. The Structure and Ethos of the wisdom Admonitions in Proverbs, BZAW158, Berlin(u.a.), 1982.

Newsom, C. A., The Book of Job, Nashville, Abingdon, 1996.

Niehr, H., Zur Gattungvon Jes 5, 1-7, BZ 30 (1986), 99-104.

Nielsen, K., שׁפט, ThWAT VII, 1993, 745-751.

N ldeke, Th., Die Aramaismen im AT untersucht von EKautzsch: ZDMG 57, 1903, 412-421.

Otto, E., "Die Stellung der Wehe-Worte in der Verkndigung des Propheten Habakuk," ZAW 89 (1977), 73-107.

Pedersen, J., Israel 1-2, Kopenhagen, 1946.

Pfeiffer, R. H., Edomitic Wisdom, ZAW 44 (1926), 13-25.

Plöger, O., Sprüche Salomo(Proverbia), BK XVII, Neukirchen-Vluyn, 1984.

Preuss, H. D., Einführung in die alttestamentliche Weisheitsliteratur, UB 383, Stuttgart [u.a.], 1987.

Rad, G. von, "Die deuteronomistische Geschichtstheologie in den Knigsbchern," TB 8 (GSt, 1958), 189-204.

Rad, G. von, Der Anfang der Geschichtsschreibung im alten Israel, TB8, München, 1971.

Rad, G. von, Theologie des Alten Testaments, Bd.I: Die Theologie der geschichtlichen überlieferungen, München 1957.

Rad, G. von, Weisheit in Israel, Neukirchen-Vluyn 1970, [3]1985.

Rad, G. von, 허혁 역, 구약성서 신학III, 분도출판사, 1984.

Rendtorff, R., Geschichtliches und weisheitliches Denken im Alten Testament, FS W. Zimmerli, 1997, 344-354.

Renz, J., Die althebräischen Inschriften I, Darmstadt, 1995.

Ringgren, H., / Zimmerli, W., 잠언/전도서, 국제성서주석, 한국신학연구실번역, 한국신학연구소, 1992.

Ringgren, H., Art. גאל , ThWAT I, 1973, 884-890.

Ringgren, H., Art. בין ThWAT I (1973), 621-629.

Rost, L., Die Überlieferung von der TFG David, 1926.

Roth, W. M. W., Numerical sayings in the Old Testament : a form-critical study, VT. S13, 1965.

Roth, W. M. W., The numerical Sequence x/x+1 in the Old Testament, VT 12, 1962, 300-311.

Rudolph, W., Jeremiah, HAT 12, Tübingen, 1968.

Rüger, H. P., Die gestaffelten Zahlensprüche des AT und Aram. Achikar 92, VT31, 1981, 229-234.

Ruppert, L., יעץ, ThWAT III (1982), 718-751.

Saebe, M. חכם, THAT I, 1976, München, 557-567.

Saebo, M., סוד, THAT I, 1976, München, 148-150.

Sauer, D., Die Sprüche Agurs: Untersuchungen zur Herkunft, Verbreitung und Bedeutung, WMANT 84, Stuttgart, 1963.

Schau (hg), E., Papyri (1911), plate 44 (papyrus 53, lines 14-15a).

Scherer, A., Das weise Wort und seine Wirkung, WMANT 83, Neukirchen-Vluyn, 1999.

Schmid, H. H., "Amos: Zur Frage nach der geistigen Heimat des Propheten," in: Altorientalische Welt in der alttestamentlichen Theologie, Zürich, 1974, 121-144.

Schmid, H. H., Wesen und Geschichte der Weisheit. Eine Untersuchung zur altorientalischen und israelitischen Weisheitsliteratur, BZAW 101, Berlin, 1966.

Schmidt, M., Prophet und Tempel, Zürich, 1948.

Schmidt, W. H., "Die deuteronomistische Redaktion des Amosbuches," ZAW 77 1965, 185-188.

Schmidt, W. H., Alttestamentlicher Glaube, Berlin (u.a.), [8]1966.

Schmidt, W. H., Jesaja 5, 1-7, GPM 76 (1988/88), 146-153.

Schmidt, W. H., Vielfalt und Einheit alttestamentlichen Glaubens, Bd.II, in: "Wie kann der Mensch seinen Weg verstehen?" Weisheitliche Lebenserfahrung - ein Gespräch mit H.D. Preuss, Neukirchen-Vluyn, 1995.

Schmidt, W. H., 차준희/채홍식, 구약성서 입문, 서울: 대한기독교서회, 2007.

Schmidt, W. H., 차준희/채홍식 역, 구약성서 입문 III, 서울: 대한기독교서회, 2001.

Schmidt, W. H., 차준희 역, 구약 신앙, 서울: 대한기독교서회, 2007.

Schönberger(ed.), L. S., Das Buch Kohelet, BZAW 254, 1997, Berlin(u.a.), in: Christoph Uehlinger, Qohelet im Horizont mesopotamischer, levantinischer und ägyptischer Weisheitsliteratur der persischen und hellenistischen Zeit, 155-248.

Schönberger(ed.), L. S., Das Buch Kohelet, BZAW 254, 1997, Berlin(u.a.), in: Reinhold Bohlen Kohelet im Kontext hellenistischer Kultur, 249-274.

Schottroff, W., Der altisraelitische Fluchspruch, WMANT 30, Neukirchen-Vluyn, 1969.

Schwienhorst-Schönberger, L., Kohelet, HThK At, Herder Freiberg Basel Wien, 2011.

Scott, R. B. Y., Folk Proverbs of the Ancient Near East, in: Transactions of the Royal Society of Canada 55, 1961, 47-56.

Scott, R. B. Y., Solomon and the beginnings of wisdom in Israel, in: VTS3 (1955): Wisdom in Israel and in the Ancient Near East, 262-279.

Scott, R. B. Y., The way of wisdom in the Old Testament, New York, 1971.

Sitompul, A. A., Weisheitliche Mahnsprüche und prophetische Mahnrede im Alten Testament auf dem Hintergrund der Mahnungen im Leben der Tobabatak auf Sumatra, Diss. Mainz, 1987.

Skladny, U., Die ältesten Spruchsammlungen in Israel, Göttingen, 1962.

Soggin, J. A., "Amos and Wisdom," in: Wisdom in ancient Israel, FS J. A., Emerton, J. Day, (ed.등), New York: Cambridge, 1995, 119-123.

Stähli, H.-P. יעץ, THAT I, 1976, 748-753.

Strauss, H., Tod(Todeswusch; Jenseits?) im Buch Hiob, FS H. J. Boecker, 1993, 239-249.

Terrien, S., "Amos and Wisdom," in B. W. Anderson and W. Harrelson (eds.), Israel's Prophetic Heritage. Essays in Honor of James Muilenburg, New York, 1962, 108-115.

Thompson, J. M., The Form and Function of Proverbs in Ancient Israel, The Hague, 1974.

Torczyner, H., Wie Satan in die Welt kam?, Mitteilungsblätter der hebr. Universität Jerusalem 4, 1938.

Vanoni, G., Volkssprichwort und JHWH-Ethos. Beobachtungen zu Spr 15, 16, in: Biblische Notizen 35 (1986), 73-108.

Wagner, M., Die lexikalischen und grammatikalischen Aramaismen im alttestamentlichen Hebräisch: ZAWBeih 96, 1966.

Wagner, S., ירד, ThWAT III (1982), 920-930.

Wanke, G., "Weisheit im Jeremiabuch," VWGT10, Güterloh, 1996, 87-106.

Wanke, G., "Mitteilungen היי und איי," ZAW 78 (1966), 215-218.

Watson, E. G. E., "Classical Hebrew Poetry,"JSOT.S 26, Sheffield, 1984.

Wedbee, J. W., Isaiah & Wisdom, Nashville [u.a.], 1971.

Weeks, S., Early Israelite Wisdom, OTM, Oxford, 1994.

Weiss, M., The Pattern of Numerical Seqünce in Amos 1-2, JBL 86, 1967, 416-423.

Wendel, U., Jesaja und Jeremia, BtsT 25, Neukirchen-Vluyn, 1995.

Westermann, C., Weisheit im Sprichwort, in: Schalom. Studien zu Glaube und Geschichte Israels. Alfred Jepsen zum 70. Geburtstag, hrsg. v. K.-H. Bernhardt, ATh 46 (1974), 73-85.

Westermann, C., Wurzeln der Weisheit, 1990.

Westermann, C., 소형근 역, 지혜 문헌 연구사, 한들출판사, 2005.

Westermann, C., 이사야, 국제성서 주석, 한국신학연구소 번역실, 1990.

Whybray, R. N., "Prophecy and wisdom", FS R. Ackroyd(1982), 181-199.

Whybray, R. N., The intellectual Tradition in the Old Testament, BZAW 135, Berlin [u.a.], 1974.

Whybray,R. N., Yahweh-Sayings and their Contexts in Proverbs 10,1-22,16, in: La Sagesse de l'Ancien Testament, hrsg. v. M. Gilbert, BEThL 51, 1979, 153-165.

Wildberger, H., Jesaja, BKX/3, Neukirchen-Vluyn, 1982.

Wildberger, H., Jesaja, BKX/1, Neukirchen-Vluyn, ²1980.

Wildberger, H., Jesajas Verständnis der Geschichte, VT. S 9, 1963, 83-117.

Williams, J. G., "The Alas - Oracles of the eighth century Prophets," HUCA 38 (1967), 75-91.

Wolff, H. W., Amos' geistige Heimat, WMANT 18, Neukirchen-Vluyn, 1964.

Wolff, H. W., Das Geschichtsverständniss der alttestamentlichen Prophetie, TB22 (GSt), 1964, 289-307.

Wolff, H. W., Joel / Amos, BKXIV/ 2, Neukirchen-Vluyn, ²1985.

Wright, A. G., The Riddle of the Sphinx Revisited: Numerical Patterns in the Book of Qoheleth: CBQ 42, 1980, 38-51.

Zenger, E., u.a., Einleitung in das Alte Testament, KStTh Bd1,1, Stuttgart, 2004.

Zimmerli, W., Ort und Grenze der Weisheit im Rahmen der altt. Theologie, TB 19, München, 1963.

Zimmerli, W., Zur Struktur der altt. Weisheit, ZAW51, 1933, 177-204.

Zobel, J., "הוי", ThWAT II, 1977, 382-388.

구덕관, 지혜와 율법, 대한기독교출판사, ⁵1996.

롤란드 해리슨/ 류호준 외 2명 역, 구약 서론 II, 크리스찬 다이제스트, 2007.

샤르팡티에, E., /안병철, 구약성서의 길잡이, 바오로의 딸, 61997.

안근조 외1, 욥기, 두란노 아카데미, 2008.

이용호, "지혜 문학의 수 잠언과 아모스의 이방 신탁의 양식 비교", 한국구약학회 70차 (2006), 133-151.

이용호, 히브리어의 구문론과 문장론, 도서출판 바울, 2012.

폴 루카스, 이지현 역, 악마의 역사, 도서출판 더불어책, 2003.